◎ 相思湖管理论丛

FAZHANXING SHEHUIZHENGCE YU
WOGUONONGCUN FUPIN

发展型社会政策 与 我国农村扶贫

◎ 张新文　著

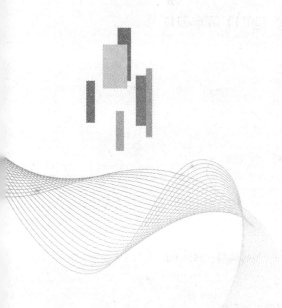

广西师范大学出版社
GUANGXI NORMAL UNIVERSITY PRESS
·桂林·

图书在版编目（CIP）数据

发展型社会政策与我国农村扶贫 / 张新文著 . —桂
林：广西师范大学出版社，2011.5
ISBN 978-7-5495-0496-1

Ⅰ. 发… Ⅱ. 张… Ⅲ. ①社会政策—研究—中国
②农村—扶贫—研究—中国 Ⅳ. ①D601②F323.8

中国版本图书馆 CIP 数据核字（2011）第 069317 号

广西师范大学出版社出版发行

（广西桂林市中华路 22 号　邮政编码：541001）

（网址：http://www.bbtpress.com）

出版人：何林夏
全国新华书店经销
柳州市彩之星印刷有限公司印刷

（柳州市柳东新区官塘创业园水系南侧　邮政编码：545006）
开本：787 mm × 1 092 mm　1/16
印张：15　字数：230 千字
2011 年 5 月第 1 版　　2011 年 5 月第 1 次印刷
定价：32.00 元

如发现印装质量问题，影响阅读，请与印刷厂联系调换。

自　序

　　记得在 2011 年的 2 月 27 日,国务院总理温家宝与全国的网友在线交流,回答的第一个问题是"幸福的标准是什么"。联想到近年来温家宝总理在多个场合曾经强调过这样的观点,即"政府所做的一切,都是为了让人们生活得更加幸福、更有尊严",从人类的终极梦想变成挂在各级政府的施政纲领之时,"幸福"显得很神圣,也有些沉重。正如我国著名的政治学者俞可平所言:"全球化时代,政府的责任清单中增加了'幸福'这一醒目的字眼。"

　　从不同的层面来理解,对幸福的界定自然有不同的含义。每个人都想得到幸福,而每个人都从自身的角度去定义何谓幸福。因为从这种意义上而言,幸福既具有主观上的感觉,也有客观上的认识。不过即便如此,人们心目中对于"幸福"的反义词肯定包含了类似"贫穷"这样的术语。因为"贫穷"既有物质上的匮乏,也有权利上的不足之意。本书的目的并不是讨论"幸福"这样一个具有多重内涵的经济学、政治学和社会学术语,而是从"贫穷"这一概念出发,讨论如何使贫困者获得接近幸福的社会途径或者说政策机制。

　　社会政策的概念来自西欧。随着 19 世纪中叶工业化进程的加快,社会问题,尤其是贫困问题在英、法、德等国尖锐地表现出来,旨在矫正由贫困而引发社会问题的公共机制,即社会政策由此发端。随后在其他地区的资本主义国家内,社会政策的制定与执行机制也开始逐步建立起来。但是无论在社会福利长期发展的欧洲,还是在广泛利用商业保险的北美,社会政策以及与该概念紧密相关的社会保障体系都面临着新的挑战。可以说,社会政策是一个不断变化、不断更新的领域,发展型社会政策的理论与实践就形成于 20 世纪 90 年代中期。这一政策的核心理论是将社会政策看成是生产力的一个要素,是一种社会投资行为。

对我国农村扶贫途径的关注是我在上海交通大学攻读博士学位期间的兴趣,而 2008 年碰巧主持了国家社科基金项目:我国西部农村扶贫与社会政策研究(08BSH030)。在这之前,我又主持了广西民族大学 2006 年的重大社科基金项目:广西城市化进程中失地农民的社会保障研究。可以说,社会保障、失地农民、农村扶贫等相关概念一直属于我这几年在教学和科研道路上努力追寻的几个关键词,本书的出版算是对我这几年教学和科研工作的阶段性回顾。

从"贫困"这一与"幸福"相对概念的比较意义来看,社会政策的嵌入途径既可以作为政府的公共治理活动,也可以作为社会自我运行的机制。对我国广大的贫困农村而言,贫困的内涵体现出层次性的叠进之意,表现出物质的匮乏、政治的弱势、参与机会的丧失、社会资本的缺乏以及人生价值的淡漠。这是社会政策视角下对贫困内涵的解释,但是传统的社会政策是以问题为导向的补缺型公共治理,而发展的内涵与意义凸显不足。此外,我国的农村扶贫是以经济政策为主的政府治理行为,如西部大开发、产业转移等方式,其关注的是效率和收入的增长,这完全可以用线性的数字,如 GDP 增速、脱困人口数量等来表达的。相比而言,今天处于重建中的农村社会保障政策却又具有滞后性,与经济政策的不均衡地位影响了反贫困的效应。发展型社会政策关注的是贫困者的发展和公平,按照我国部分学者的观点,扶贫的指数不仅涉及经济生活质量,还涉及政治生活质量、文化生活质量、社会生活质量、生存环境质量等,最重要的是用社会质量来反映减贫的成效。发展型社会政策重点体现了贫困者在生计上的发展权利,此即本书力图阐明的核心。

当下,发展型社会政策在我国的研究处于一个逐渐被重视的领域,这里面也有许多值得从国外借鉴的经验和启示。缓解贫困的发生是国家制定社会政策的初始原因,但是对于发生贫困现象的个体而言,我们需要在发展的视角下去审视社会政策和经济政策在扶贫路径上的平衡关系,需要国家和社会提供给贫困者持续不断地社会参与、价值重建、权利维护等要素机制。

从扶贫的终极目标而言,我们需要再次回到"幸福"这样一个中心词。因为幸福是使人心情舒畅的境遇和生活,是对未来生活意义的价值认同,是对未来生活前景的坚定信念,这些都会给人们带来莫大的心理愉悦。本书所提出的发展型社会政策与农村扶贫的联系,未尝不是值得尝试的公共治理路径。

由于作者才疏学浅,本书的不足和疏漏之处在所难免,欢迎读者能就本书的观点、问题与作者商榷、直至批评指正。

作者
2011 年 3 月,广西南宁

目 录

第一章 绪论

当前人口(Population)、贫困(Poverty)与污染(Pollution)共同构成了影响国家和社会发展的"3P"问题。而贫困作为生活形态的出现,既是一种对我们所处这个社会的现实描述,更是影响社会进步与和谐的重要问题。从贫困的角度看,人类的历史就是一部摆脱贫困、与贫困抗争的历史。不管是刀耕火种的蛮荒时代还是日新月异的现代文明,消除贫困一直是人类社会不懈追求的主题。

第一节 研究目的及文献回顾

一、问题的提出及本研究的目标

贫困是社会发展过程中的一个普遍现象,即使人们能够缓解贫困,能够帮助一部分人摆脱贫困,但要从根本上消除社会贫困,几乎是不可能的。工业革命以前,人们普遍认为贫困主要是由个人因素导致的,是由于个人的疾病、伤残和懒惰等原因导致的。因此,解决贫困问题主要是靠个人和家庭以及少量的社会救助。19世纪末期以来,对贫困问题的研究逐渐转向从社会根源方面去寻找导致贫困的各种经济和社会因素。如在当代经济学中,主流经济学理论在探讨效率和平等的关系时阐述了贫困问题和社会福利问题;发展经济学针对贫困的恶性循环、低水平均衡陷进以及循环积累因果论等,提出了平衡增长和不平衡增长等多种反贫困的理论和对策;而在社会学中,社会学家把贫困看作是伴随着工业化、城市化而逐步加剧的社会问题,其负面的社会影响非常广泛。如社会学从生活标准的可及性、社会资本、可行能力等视角来研究贫困,深刻揭示了隐藏在贫困背后哪些社会结构发生作用。吉登斯曾这样评述,对于贫困的解释包括两个重要命题:其一是"责备受害者"理论,即贫困者应对自己的贫困负责任;另一个命题是"责备制度"理论,它认为贫困是结构力量制造和再制造的结果。这两种不同的解释框架会导致不同的社会政策,前者侧重于改变穷人的态度和行为,而后者则关注社会层面的变迁。不仅如此,政治层面对贫困的研究则引入了权利的视角。如王绍光就认为,普通老百姓的利益诉求不是表面的经济利益诉求,而是权利的诉求,权利的贫困已成为最大的贫困。所以,从经济、社会与政治等解释角度上看,贫困的研究很自然地从个人问题这一狭窄的命题转向触及贫困背后的经济、社会与政治背景,良好的制度和政策设计成为缓解贫困的重要方向。

从针对穷人所制定政策的整个发展趋势上看,现在的欧盟国家大多实行以社会投资为主导战略的社会福利政策。而社会福利(social welfare)本身也是一个具有相对应用范畴的概念,其含义表现为具有功能描述性的社会政策。在我国的很多研究中,社会福利的概念等同于职业性和制度化的公共服务供给。但是其概念本身也是极富争议的,因为社会福利与社会政策的概念很多时候是交叉运用的,有时候福利制度等同于社会政策这一纯理论术语,有时候福利制度又是操作性的实践术语,但更多时候社会福利则被包含在社会政策①这一范畴中,这一点可见于众多的理论研究文献。

---

① 社会政策(social policy)的概念起源于欧洲。从概念上理解,社会政策直接与社会中人们的具体生活相关。在西方国家,社会政策的核心内容包括了社会保障、医疗与健康政策等。而我国社会政策的范畴往往是广义上的,把人口与计划生育政策、义务教育政策、劳动政策等都包含在内。但是西方社会政策的语境里是没有诸如计划生育、义务教育等政策的,其社会政策基本与社会福利同义。因此本研究对社会政策侧重于狭义的理解,其主要范畴是社会福利、社会保障、养老与医疗等,这主要是出于社会政策的国际比较便利。至于其具体的内涵,将在第二章予以介绍。此外,社会福利(social welfare)范围比社会保障(social security)要广泛。《简明不列颠百科全书》对"社会保障"的定义是:一种公共福利计划,旨在保护个人及其家庭免受因失业、年老、疾病或死亡而在收入上所受的损失,并通过公益服务(如提高免费医疗、生活补助)以提高其福利。社会福利除包括社会保障以外,还包括义务教育、住房津贴等。需要指出的是,"社会福利"是一个被广泛应用的概念,许多西方国家均称自己是"福利国家"。严格说来,"社会福利"是社会学概念,"福利"是经济学概念,而"福利国家"是一种国家形态,这种国家形态突出地强化了现代国家的社会功能,因此是一个政治学概念。详见:周弘《福利国家向何处去》;尚晓援《"社会福利"与"社会保障"再认识》,载《中国社会科学》2001 年第 3 期。

在多数国家,新的福利政策是实行区别性的措施针对那些低技能、年轻人以及女性的社会政策,表现出六个面向:转向教育和研究的知识型经济体;建立更具灵活性的劳动力市场;鼓励低收入者参加工作;从被动消极到主动积极的社会开支;社会救助和案例管理相联系;针对高危人群的特殊方案。[①] 我国的近邻日本及韩国在原有社会政策的路径上一直存在"生产型社会福利"的特征,其对贫困者的社会救助带有明显的残缺式特征,且依附于经济增长的次要地位,而现在也开始提出"超越生产主义福利体制"的观点。[②] 但是从另一方面看,包括日韩以及欧美国家社会政策的理论很大程度上是解释工业化背景下的福利制度变革(其实质是针对相对意义上的弱势与贫困问题),完全用它来分析我国背景下的农村贫困似乎是牵强的。因为在我国扶贫活动的早期,其直接指向的目标是生存意义上的经济贫困。但随着我国工业化的初步完成,"效率优先、兼顾公平"的价值观正在被"和谐社会"的价值观所代替,这正反映出我国以城市居民为制度设计中心的社会政策开始覆盖到全体国民。

在我国农村贫困人口的社会政策方面,长期以来存在与城市社会政策的二元分割。不仅如此,农村以社会保障为核心的社会政策与经济政策是彼此分割且不均衡的关系,以经济政策为导向的扶贫在今天已不能简单地解释反贫困的社会意义。有学者认为,现时的农村贫困是"由信息匮乏、人力资本的流失、社会资本与支持网络系统的不足、政策偏差、文化教育和权利保护缺位,以及农村生

---

① [英]彼得·泰勒一古拜:《社会福利与社会创新》,杨团、葛道顺主编:《社会政策评论》,第1辑,51页,北京,社会科学文献出版社,2007。

② 在部分学者们所探讨的东亚"生产型福利模式"中,普遍把日本、韩国的福利特征归纳为:社会福利方面的公共开支水平较低;社会政策具有为经济增长服务的导向;对"福利国家"理念持批评态度;含有"残缺主义"福利模式的要素;以家庭为中心的福利服务体系;国家扮演体系运作的调解者的角色;渐进的、改良主义和逐步积累的福利体系的发展;国家强化福利政策的社会控制功能;社会政策作为确保体制合法性的手段;人们只具有有限的福利权利和义务的观念。与日韩福利模式类似的还有中国台湾地区、泰国等,其观点是区别于北欧学者安德森所划分的西方福利国家传统的三种模式。具体可参见:[韩]金渊明:《超越"生产主义福利体制":韩国的经验》,《当代社会政策研究(Ⅱ)——第二届社会政策国际论坛论文集》,北京,中国劳动出版社,2007。也可参见:Holliday, Lan. (2000). *Productivist welfare capitalism: Social policy in East Asia*. Political Study, Vol. 48;707—723. 以及 Jacobs, Didier. (2000). *Low public expenditure on social welfare: Do East Asian countries have a secret?* International Journal of Social Welfare, Vol. 9, pp. 2—16. 林卡、陈梦雅:《社会政策的理论和研究范式》,北京,中国劳动社会保障出版社,2008。

活价值的失落等因素而导致的新型贫困"①。可见农村贫困的问题不在于要不要发展经济和改善生活,而在于所谓发展是在什么样的价值观及话语体系下展开的。所以把我国农村以经济增长为主的扶贫战略与社会政策的创新联系起来,应该是解决这一问题的重要途径。国外学者认为,社会政策在反贫困的制定策略上应该有以下的转向:从以部门化、条块化解决穷人生计和制定政策的方法转到认识到穷人谋生策略复杂性的整体、整合方法;从在经济中处于边缘地位的剩余型或补偿性社会政策方法转到将社会计划纳入更广泛的发展战略的制度方法;从自上而下、国家主导、供方驱动的社会政策供给模式转到基于参与式需求确定和干预设计的需求方驱动的方法。②

　　处理我国现有农村扶贫过程中经济政策和社会政策之间的不平等关系,需要建立一种新的概念模式,这一模式应该能重新审视社会政策的基础和目标并有助于寻求经济发展和社会发展之间的平衡。毫无疑问,发展型社会政策就是解释这一平衡关系的重要选择。

　　至此,本研究所提出的问题和研究目标已经明显,即发展型社会政策对我国现有的农村扶贫战略具有什么样的必要性? 其可行性以及实施的路径又如何? 在发展型社会政策如何介入农村扶贫的研究思路上,本研究拟从以下这几个方面入手:首先是从社会政策的视角对贫困的内涵及其致因进行分析,结合我国自新中国成立以来一直实施的经济(扶贫)政策,在发展背景下对这一传统扶贫政策的局限性作出概括。其次,本研究将会对社会政策以及发展型社会政策的兴起、特征等进行理论上的探讨,重点对发展型社会政策在我国农村扶贫的积极功能进行解读。同时,结合国际社会的经验和启示,研究发展型社会政策对我国农村扶贫具有哪些可行的基础。最后,从宏观的层面对发展型社会政策嵌入我国农村扶贫的可行战略进行分析,以达到解决问题的目的。

　　① 赵慧珠:《中国农村社会政策的演进》,载《东岳论丛》2007 年第 1 期。
　　② [英]斯蒂芬·德沃鲁:《社会政策是否满足了社会需求》,沙琳(Sarah Cook)《需要和权利资格:转型期中国社会政策研究的新视角》,32 页,北京,中国劳动社会保障出版社,2007。

二、文献综述

在扶贫或反贫困的理论文献中[1]，付出最多努力的无疑属于经济学。一个主要的原因是世界范围内出现的日益恶化的贫困问题，尤其是发展中国家经济高速增长时期却伴随严峻的贫困问题，"丰裕中的贫困"成为描述这种客观现象的事实图景。对此，理论经济学领域出现了专门研究贫困问题的学科——贫困经济学。在这方面，比较重要的代表性研究有美国学者舒尔茨的《论人力资本投资》(1990)、托达罗的《第三世界的经济发展》(1988)、瑞典学者冈纳·谬尔达尔的《世界贫困的挑战——世界反贫困大纲》(1991)和《亚洲的戏剧——对一些国家贫困问题的研究》(1992)、印裔经济学家阿玛蒂亚·森的《贫困与饥荒》(2001)和《以自由看待发展》(2002)等，从总体上看，国外的这些研究主要集中在如何构建减少贫困的限制要素，如资本结构、人力资本、生产方式等经济发展战略上的政策研究。例如，在资本结构方面，以纳克斯的"贫困恶性循环"为代表的理论认为，导致发展中国家贫困的原因在于这些国家的经济活动中存在若干个互相联系又互相作用的"恶性循环"。因为资本的缺乏，意味着较低的储蓄率，又造成资本形成的不足，进而劳动生产率难以提高，如此形成贫困的恶性循环。其结论就是要不断增加居民储蓄的可能性，借以改变这种循环。而同样强调资本形成的另一理论——"低水平均衡陷阱"认为，如果没有外力的推动，贫困地区靠自身的发展是不能够把问题解决的。在人力资本方面，"临界最小努力"理论认为，激发贫困者的经济增长动机、鼓励创新、创造适宜的资本盈利环境以及大力开发和运用新技术，对于贫困者经济收入的增长将起到重要的支持性作用。此外，法国经济学家佩鲁1955年提出的"发展极理论"认为，经济发展在时间和空间上都不是均衡分布的。在一个国家的经济空间中，经济发展应当以非总量的方法来安排

---

[1]　"扶贫"是中文特有的词汇，表示反贫困的一种具体行为。在国际范围内，反贫困的概念一般有三种表示：一是减少贫困(poverty reduction)；二是减缓贫困(poverty alleviation)；三是消除贫困(poverty eradication)。这三种概念反映了从不同角度对反贫困的理解。减少贫困是从贫困人口数量的角度表达了反贫困的行为过程；减缓贫困则是从贫困程度的角度反映了反贫困的行为过程；消除贫困则反映了反贫困的目的性。扶贫是一种以消除贫困为目标的行为，同时也是一个过程，与前两个概念更为相近，表示减少或减缓贫困的行为和过程。由于中国农村扶贫实质上是采取了瞄准贫困人口(20世纪90年代中期以前主要瞄准贫困地区)的发展援助的方式，所以"扶贫"的政策含义完整表述应该是：扶持农村贫困人口(贫困地区)通过发展摆脱贫困。

发展计划。经济增长不是在不同的部门、行业或地区按相同的速度平衡增长,而是在不同的部门、行业或地区按不同速度增长。一些主导部门和具有创新能力的行业集中于一些地区,以较快的速度优先得到发展,形成"发展极",再通过其吸引力和扩散力不断增大自身规模并对所在部门和地区产生支配作用,从而不仅使所在部门和地区迅速发展,也可以带动其他部门和落后地区的发展,贫困问题的解决应该在"发展极"的总体框架下得到自行解决。

我国对贫困问题的关注在经济政策的研究上与国外似乎是异曲同工。通过本研究的检索,以 2000 年以后为录检时间段,有关对贫困研究的专著和报告在数量上达到了相当丰富的程度,其中也不乏某些精彩之作,如赵昌的《贫困地区可持续扶贫开发战略模式及管理系统研究》(2001)、叶普万的《贫困经济学》(2004)、黄承伟的《中国农村扶贫自愿移民搬迁的理论与实践》(2004)、赵俊超的《扶贫开发理论与实践》(2005)、许源源的《中国农村扶贫:对象、过程与变革》(2007)等。但是绝大部分研究都大同小异,即以脱贫方式上的经济政策路径为绝对主流的分析框架,其中涉及金融制度、土地制度、劳动力转移、城镇化、生产方式等众多的经济发展要素。在期刊方面,有关农村扶贫的理论文章、实践报告以及扶贫信息等更是不计其数,研究的学科视野主要也是来自经济学、管理学和政治学等方面,但更多的是经济(扶贫)政策的视野。

如果对现有我国农村反贫困的各项研究进行梳理,我们会发现有这样两个主要特点:一是学科层面,国内学者大部分对贫困的研究是从经济政策的角度进行,集中关注如何改进经济政策在扶贫措施上的效应问题,例如对移民搬迁的经济学分析、资源开发的项目评估研究等就体现了定量分析的基础,而且主要是从线性的收入增长角度来分析和讨论扶贫的具体措施。二是对扶贫主体层面的研究。学界除了讨论政府作为扶贫的主体如何改进外,对其他扶贫主体的研究也是随着社会组织在扶贫领域的介入而产生。国内著名学者康晓光(2001)等就为此作出了大量的有关 NGO 组织在我国如何进行社会扶贫的实证研究,突出体现非营利性的第三部门在扶贫中的运行机制。[1] 此外,强调营利性组织对农村反贫困的介入也不少,企业的社会责任是放在一种道德的层面上来看待这种扶

---

[1]　可参见康晓光:《NGO 扶贫行为研究》,北京,中国经济出版社,2001。

贫的经济行为,对"公司＋农户"扶贫模式的研究事实上是"道德与市场经济"的融合。

当然,社会学对贫困的关注自然不少。经济社会学就是"将社会学的参考框架、变量和解释模型应用于关于稀缺物品和服务的生产、分配、交换及消费活动这样复杂的现象"[①]。社会学对贫困的研究还在于其社会工作理论对贫困的涉及,而对于社会政策这一具有公共管理、社会保障以及社会工作行政的交叉研究,有关直接涉及反贫困的宏观理论文献少之又少。以近五年中国期刊网出现的文献为录检时间段,以"社会政策"和反"贫困"等为检索词,本研究仅搜集到20篇左右。比较有代表性的有:展敏(2005)与熊贵彬、黄晓燕(2005)对以资产为本的社会政策应用在我国农村的反贫困领域进行了探讨;张秀兰、徐月宾(2007)在我国农村反贫困领域的研究中指出,对贫困者的社会救助需要向动态性的社会保护机制转变;银平均(2007)从社会政策的反社会排斥观点对我国农村贫困者的"福利缺失"展开了多角度的解释;赵慧珠(2007)对中国农村反贫困政策的困境进行了分析,强调确立起让全体社会成员共享社会发展成果的基本理念;毕天云(2008)在农村社会政策的体系构建作出了十个层面的分析;韩嘉玲、孙若梅等(2009)对社会发展视角下的中国农村扶贫政策作出了评论性的总结等。

社会政策从本质上来说,是对弱势群体的保护制度,以便在需要的时候对贫困者施以援助。因此,对贫困者的社会保护制度体现出一种选择性的反贫困理念,这就在一定程度上割裂了经济政策与社会政策的平衡关系。毋庸置疑,一个国家或地区的经济政策和经济状况对弱势群体的社会救助具有重要的影响,这是因为经济政策不但影响社会问题的广度和深度,而且更重要的是,影响社会政策解决这些问题的能力。[②] 由于这些原因,社会政策一直被视为经济政策的附属品,属于政府在公共服务和社会管理层次上的补缺性制度,故此其在政府有关扶贫的政策议程中处于次要地位。

---

① ［美］梅瑟尔斯、斯德威伯格:《经济社会学手册》,罗教讲等译,3页,北京,华夏出版社,2009。

② Gough, I. (2003). *Social Policy and Economic Policy*. In P. Alcock, A. Erskine and M. May. The student's Companion to Social Policy. Malden, MA: Blackwell Pub. pp.137—145.

在贫困作为要解决的社会问题方面,社会政策存在着三种传统的类型,按照英国学者蒂特姆斯的观点来看,它们分别是:社会政策的剩余福利型、社会政策的工作成就型和社会政策的制度再分配型。作为最早表现形式的剩余型社会政策把贫困问题看成是个人的事情,政府只需在必要的时候予以出场而已,而这种必要基本限定在贫困问题成为社会自身无法消化的时候。社会政策的工作成就型对贫困问题的价值理解介于自由主义与保守主义之间,认为福利的获得在于经济发展的程度,生产导向的经济增长观主导了福利增长的基础。而社会政策的制度再分配型理解贫困问题时是放在制度以及权利的基础上,认为贫困者获得来自国家的救助是天经地义的权利,国家应该承担全方位的责任。总之,在这三种类型的社会政策中,政府干预都承担了主要的工具性角色。然而,随着发展理论的深化认识,美国学者安东尼·哈尔(Anthony Hall)和詹姆斯·梅志里(James Midgley)(2006)鲜明地提出了社会政策的发展型模式,其理论把出发点放在了对传统上作为福利服务的社会政策和作为安全网的社会政策的批判。通过综合分析,他们得出这样一个很有意义的结论:发展导向框架下的社会政策也许是最为恰当的政府干预方式,并能满足不同群体的特殊需求。[①] 谢若登更是发展型社会政策的积极倡导者,他提出了旨在帮助穷人的资产建设理论,即资产为本的社会政策。同样,英国学者艾伦·沃克(2006)在一篇论文中指出,21世纪欧洲的社会政策应关注的是社会质量,而不是最低标准。他对社会质量能力的构成作出了详细分解,并作出了很有意义的分析。[②] 彼得·泰勒—古拜(2007)根据欧洲国家在教育、失业培训及通过就业支持弱势与贫困家庭的扶助等方面的数据及实证研究提出了他的理论观点:着力于社会投资的社会政策可

[①] ［美］安东尼·哈尔、詹姆斯·梅志里:《发展型社会政策》,1页,北京,社会科学文献出版社,2006。

[②] 在该论文中,作者把社会质量定义为"民众在提升其福祉和个人潜能的条件下,能够参与社区的社会经济生活的程度",即社会关系的质量的提升与参与和个人发展的程度,并把其分解为社会经济保障、社会整合、社会融和和社会增能等四个方向。应该说,社会质量概念的提出对社会政策的研究起到了非常大的作用,它在更多的层面上重视了国家和地区发展中的非经济因素。参见艾伦沃克:《21世纪的社会政策:最低标准还是社会质量》,杨团、葛道顺主编:《社会政策评论》,第1辑,14—17页,北京,社会科学文献出版社,2007。

以重新为经济和社会目标作出贡献,这也许是解决福利国家困境的一条根本出路。① 很明显,国外社会政策在社会福利、社会保障等传统研究范畴的基础上增加了社会质量(或社会投资)的理论分析,这也许是社会政策在全球化逐步加深的这一新阶段的研究取向。与此极力佐证的是,英国学者吉登斯基于对风险社会的理解后所提出的积极的福利观,即以工作福利观来替代传统的福利观也正是发展型社会政策的理论分析途径。

"第三条道路"的理论在20世纪的后半期盛极一时,其相当程度上影响了欧美等国的社会政策理念。以发展型社会政策的两个国外流派来说,一是以英国的吉登斯、德国的贝克等学者把对贫困的理解概括为风险社会的全面延伸,社会政策的传统理念不能涵盖现代生活所应对的危机领域,即那种消极的应对弱势群体所面临的社会问题是一种制度的危机。所以,当社会福利成为国家的一种负担时,有必要重新看待传统的社会福利政策,并以一种积极的福利态度改变政府、营利性企业、非政府组织、个人在福利供给与接受之间的关系。另一发展型社会政策流派的代表者,如美国的谢若登、梅志里等学者认为,社会政策的传统方案割裂了社会成长与经济发展的互动关系,社会政策的实质本身具有生产导向(productivist-orientation)的生命力,它与经济政策之间的关系是相生相伴的。由此他们认为,对贫困者的增能(empower)尤为重要,只要给予适当的发展机会,积极福利的获得是完全可能的。就此,发展型社会政策的内涵对于政府的治理能力以及治理结构提出了公共服务层面的新的观点和要求,从某种意义上说,自20世纪80年代后兴起的全球性公共管理改革对于福利国家而言就是一场社会政策的再造运动。

相比国外而言,国内对发展型社会政策的研究尚处于起步的阶段,代表性的学术研究文献并不多见。对于反贫困领域,著名学者张秀兰、徐月宾等认为,发展型社会政策对贫困者的社会救助应该体现"上游干预"的基本理念,如果要从源头上解决贫困的恶性循环,就应该改变传统的生产开发性的扶贫方式,创建

---

① [英]彼得·泰勒-古拜:《社会福利与社会投资:福利国家的创新》,杨团、葛道顺主编:《社会政策评论》,第1辑,北京,社会科学文献出版社,2007。

"发展型的家庭福利"方案。① 而彭华民教授对发展型社会政策的研究体现在对"福利三角"(welfare triangle)等方面的探讨。② 彭教授认为,一个社会总体的福利是重要的议题,而社会中的福利来源于三个部门:家庭(household)、市场(market)和国家(state),作为福利的提供方,任何一方对其他两方都有所贡献,将三方提供的福利整合,就形成了一个社会的福利整体,这三者成为一个社会的福利多元组合。此外,部分研究也体现了对美国资产为本的社会政策实践思考,如我国学者杨团、孙柄耀、唐钧、张时飞等在多个层面上的研究发现。③ 他们认为,满足人们的需要,就必须有一定的物质产品和劳务产品,例如食品、教育、医疗和照顾服务等。这种实物及劳务形态的产品,是传统社会政策干预的重点。但是对一些日常生活需要,由于所需物品种类多、个人偏好不同,采取实物形态的供给效率不高,因此采取收入保障的形态,为人们提供一定的收入,然后由受益人持货币到市场选择购买所需的商品。这种逻辑在贫困救助中体现得最典型,它通常是从贫困者的生活需要出发,界定所需的产品,然后再根据价格,确定贫困救助收入保障的标准。这些研究为我们逐步呈现了发展型社会政策的总体印象及其在中国运用这一方案的可能性。但是从总量上来说,发展型社会政策在涉及我国反贫困领域的理论文献方面缺乏一个系统性的整合探讨,要么就事论事,要么挂一漏万。

事实上,发展型社会政策对扶贫策略的实践方案体现在诸多的国际扶贫领域。世界银行曾经在 2007 年出版的《经济政策对贫困和收入分配的影响》一书中表达了这样的看法:当发展的视角已经改变,相应在评估政策的理论和工具也

---

① 北京师范大学的张秀兰教授及徐月宾教授等认为,截断贫困的代际循环需要从儿童入手,着力投资于家庭未成年人员的社会政策对于摆脱贫困产生重要的反贫困效果。在一定意义上,其理论来自对"英国儿童发展账户"的反思。

② 可参见彭华民:《福利三角:一个社会政策分析的范式》,载《社会学研究》2006 年第 4 期。

③ 发展型社会政策的倡导者梅志里、谢若登等学者认为,福利分配的目标不是停留在个人资产的持有和积累上,而只是把个人资产的持有和积累作为一种手段,以实现最终的福利目标,满足人们的需要。就此,我们可以将资产社会政策视作为改善或者改革社会保障制度的一种新的政策手段,它超越了传统的收入保障和实物及劳务福利的传统政策手段。

应该变化,尤其是对经济发展对贫困地区和贫困者福利发展方面需要改变。[①]
在很多发展中国家和地区,世界银行、亚洲开发银行、英国国际发展署等机构对
扶贫逐渐倾向于发展型社会政策所倡导的实践手段,如社区建设、能力和项目培
训等方面的扶贫路径。在我国部分贫困地区,与发展型社会政策理论密切相关
的实践,如 CDD(Community Dominated Development,即社区主导型发展)[②]、
PRCDP(Poor Rural Community Development Program,即贫困地区社会发展项
目)等就是应用了发展型社会政策所倡导的扶贫框架。

第二节　研究意义与研究方法

一、研究意义

在农村经济体制改革以来的大多数时间里,五保供养制度是我国农村唯一
具有反贫困性质的社会福利制度,而医疗救助以及农村低保制度也是在一种不
断调适的非稳定状态下运行。[③] 例如农村社会的养老方面就是不容忽视的社会
问题,在部分农村,养老院的建设及资金不足已成为贫困者养老的软肋。在农村
养老院的入住率及项目建设上仍存在不少的问题,如在湖南就发生了 70 岁五保

---

① 在适用的工具层面,一些针对贫困的效益评估方法在很多发展中国家和地区开始实行,如阿根廷
把"影响—归属"方法应用于贫困者的就业项目,还有些国家应用间接税或补贴分析方法解释福利的分配
效益。具体可参见[法]弗朗西斯·布吉尼翁、[巴]路易斯·A.佩雷拉·达席尔瓦:《经济政策对贫困和收
入分配的影响》,北京,中国人民大学出版社,2007。

② 在实践上,社区主导型发展(CDD)试点项目旨在三个方面有所创新:第一是将资源的决策权、使
用权和控制权完全交给农民,由农民决定实施什么项目、由谁来实施,并由农民掌握、控制项目资金的使
用,依靠农民自己推动社区的发展,实现农民的自我组织、自主管理、自我监督和自我服务。第二是将扶
贫工作与村民自治和民主决策结合起来,为基层组织的建立和发展提供支持。第三是开创政府、国际多
边机构与国际非政府组织合作实施项目的先例,引入非政府组织担任培训者的角色,负责对基层项目实
施机构进行培训,借此探索政府与非政府组织合作的有效模式。

③ 对于农村社会保障、医疗保险等社会政策的制定及执行上,严格来说,我国政府是在 2003 年,即
"新农合"的指导意见形成以后,才逐渐形成主流性的问题正视。而近些年中央政府对于"三农"问题的重
视也逐步采取了倾斜性的政策指导。但总的来说,农村社会政策还是处在一种调适的状态,与城镇居民
的社会政策相比,其制度的稳定性还需假以时日。这点可参阅 2002 年以来中央政府颁布的"涉农"文件。

老人付达信为了住进监狱而选择在北京"一劫成名"的事例。① 这是因为以开发式扶贫为主的农村反贫困政策基本上取代了农村社会保障,致使绝大多数农民长期以来没有获得任何公共财政支持的社会保障安排。2003 年我国实行新型农村合作医疗制度以后,国家相继对农村实行了一系列旨在减轻农民经济负担的惠农政策,如减免农村义务教育收费和减免各项税收,在另一方面,国家对以承包责任制为基础的农村土地制度及林地制度也实行了改革。这些措施在一定程度上有助于调动农民脱贫致富的内在动力机制,对于贫困的缓解起到了不可忽视的重要作用。

制度是抽象意义上的公共产品,对于农村发展和农村扶贫而言,制度的嵌入具有重要的意义。用新制度主义的术语来说,经济政策和社会政策都可以看成是彼此在政策制定过程中公共产品的制度安排,某一政策的改变直接对其他政策的结果产生限制性的影响因素。有国外学者认为,把经济政策和社会政策看成是一枚硬币的正反面是毫不夸张的。② 同时,在实践上,经济政策的内容和形式也会在社会政策的政府角色中反映出来,而经济政策在目标上的变化也直接导致社会政策的修正。于是英国学者希恩(D—M. Shin, 2000)这样认为,"社会目标的优先次序(priorities)实际上是嵌入在经济政策中的,社会目标对经济绩效的影响则根据其目标的类型而具有差别"③。农村反贫困的经济政策和社会政策即是如此,经济政策对扶贫的资源起到了再分配的物质基础,但同样,对社会政策分配模式的改进将有助于经济政策的转型,彼此之间应该是一种正相关的平衡关系。对于我国而言,目前农村扶贫和农村发展的模式有必要在农村经济的转型和农村社会的发展上进行探讨,而这样的研究有必要突破原有的简单发展公式:经济收入的增长+瞄准贫困地区及贫困家庭的扶贫=农村发展和缓

---

① 湖南省祁东县 70 岁的"五保"老人付达信在北京故意抢劫,其目的只是为了享受监狱待遇以便养老。据后续的调查报道,其在祁东当地已有两年没吃上肉,生活很不稳定。而类似付达信这样的五保老人在湖南祁东县有九成以上未能住进养老院,他们除了获得国家不多的补贴外,很少能获得更多的物质和生活帮助,有些地区的村组干部为老人讨要口粮都变得异常艰难。详见吕宗恕、宋喜燕:《农村养老困局调查》,载 2009 年 2 月 25 日《新京报》。

② Gough, I. (1996). Social Welfare and Competitiveness. *New Political Economy* 1(2), p209.

③ D—M. Shin. 2000. *Economic Policy and Social Policy: Policy — Linkages in an Era of Globalization*, International Journal of Social Welfare. p18.

解贫困,这一传统模式的后果体现在风险意识上的准备不足。一旦环境改变,如自然灾害、生计风险、经济波动等,贫困者返贫的可能性就会增加。而持"上游干预"、"预防胜于治疗"等理念的发展型社会政策在扶贫战略框架中的嵌入有助于改进农村生计风险的治理机制,同时也将提高经济政策的扶贫效应。

对我国而言,从 2002 年党的十六大报告提出全面建设小康社会战略目标,到 2003 年党的十六届三中全会提出科学发展观,再到和谐社会的目标创建,这既是一个对经济社会协调发展逐步深入认识的过程,也是一个加强社会政策建设的实践过程,体现出越来越明显的以人为本和全面发展的倾向,尤其是体现了经济增长、社会发展和价值体系的统一。在工业化和城市化进程加快推进的今天,经济增长方式将加速由数量扩张型向质量效益型转变,这是我国经济社会发展转型的关键阶段,同时也是各种矛盾和问题集中呈现的敏感阶段,一个健康和谐的社会对化解各种矛盾与挑战是至关重要的。

基于以上的分析可以看出,本研究的意义在于从理论上辨识和解释发展型社会政策对我国农村扶贫的积极功能,其必要性和可行性的分析是其嵌入农村扶贫框架的重点。从实践上而言,本研究的意义体现在分析农村扶贫的经济战略如何与发展型社会政策结合起来,发展型社会政策嵌入的路径应该是什么方式。从创新的层面上讲,本研究的目的是旨在突破传统的农村扶贫模式,试图以发展型社会政策的嵌入为基础,对我国农村扶贫的战略框架进行宏观上的模式创新。即便如此,本研究也有可能出现面面俱到却缺乏细化的分析缺陷。对此,本研究认为,对于我国而言,宏观上的发展型社会政策在农村扶贫框架上的建构更具有长期性的战略意识,因为我国在社会福利领域的改革需要我们避免西方福利国家在 20 世纪 70 年代后所面临困境的覆辙,一个具有可持续发展的社会政策与经济政策通过相互的平衡和互动将更有助于和谐社会目标的取得。

二、研究方法

研究方法是论证和分析问题的基础性因素,对于发展型社会政策以及农村扶贫这两个层面的联系而言,本研究的研究方法也是多样的。

1. 本研究在对我国既往及现有的农村扶贫方式进行了一定程度的总结和

分析,在这方面,国内的研究已经存在诸多的研究文献及不少的定量研究。此外,在国外的相关文献方面,福利国家在减缓贫困的发生也有许多富有启示性的经验借鉴。所以,在该主题上,本研究采用了文献分析的方法,比较集中地体现在本书的第一章、第二章及第三章的第一节。

2. 在减少及降低贫困发生的政策取向上,国际社会尤其是部分发达国家采取了殊途同归的发展型社会政策。例如,发展型社会政策所主张的"上游干预"理念对于截断贫困的"循环链条"在不同的国家就存在不同的建设方案。社会排斥理论以及资产建设理论就是对我国现行农村扶贫政策的比较性意义所在。当然,盲目引进国外的社会政策经验会存在"本土不服"的可能性,本研究将汲取其普遍性的经验意义予以论证。在这一点上,本研究采取的是比较研究的方法,重点体现在本书的第三章。

3. 实证分析方法同样体现在本研究的论证过程中。自 2008 年 5 月开始,本研究就开始了以访谈和调查为主要方式的实证研究,重点在我国广西、贵州、云南等贫困地区的农村展开了多次实地的调查研究,与贫困家庭、政府官员以及农村扶贫项目的管理者等进行了多次接触。本研究在获得了对现有扶贫框架比较直观感受的同时,也对本研究之后的后续跟进调查打下了良好的基础。这些部分散见于第四章和结语部分。

在理论和实践的观察视角上,本研究也并不局限在发展型社会政策方面,公共管理与政策分析的基本视角也体现在研究过程中。同时,本研究总的技术路线是从面到点再到面的过程,面是指发展型社会政策,而点则是聚焦于农村扶贫,结论部分再回到宏观战略上的整体性分析。

第三节　研究框架与研究思路

本研究的基本框架是按照提出问题、分析问题及解决问题的逻辑来展开,全书共六章。在绪论部分,本研究对贫困作为问题的提出进行了社会政策视角上的辨析,指出经济政策的扶贫措施对于完整的反贫困战略而言并不完整。同时结合我国在构建和谐社会这一目标的基础上,对发展型社会政策在反贫困中的意义进行了分析。文献综述是对随后展开的理论分析进行铺垫,在这方面,尽可能对国内以及国外的有关反贫困战略的社会政策理论进行梳理。

第二章是对社会政策的理论分析部分。需要指出的是,发展型社会政策只是社会政策理念发展的新阶段,体现出社会政策变迁的新思维。在内容上主要是从社会政策的基本概念、传统类型入手,在一定程度上辨析了社会政策与其他公共政策尤其是与经济政策在相比较意义上的区别。该章第二节探讨发展型社会政策的背景、特征、理论观点及运行模式。第三节把反贫困与发展型社会政策有机联系起来,通过理论上的思辨,对发展型社会政策兴起进行了探讨,并结合分析我国农村传统社会政策在现有扶贫战略框架下的依附性和边缘化地位。结论则力图揭示社会政策的新模式,即发展型社会政策对反贫困的功能。

第三章开始对我国农村扶贫进行历时性的回顾分析。在这一部分,本研究需要对贫困的内涵、致贫的原因及其制度机理作出一个描述性和解释性的分析。该章重点在于对现有我国农村扶贫的亲市场主义路径以及政府的扶贫体制作出其存在哪些方面局限性的分析,以此引出发展型社会政策嵌入我国农村扶贫的前提条件和背景要素。

第四章是对发展型社会政策嵌入我国农村扶贫的可行性分析。在这部分章节,本研究通过对西方国家在福利制度的转型分析,以反贫困的国际经验为借鉴性方案,把我国农村扶贫过程中社会政策转型的基础进行理论上的解读,最后提出发展型社会政策运用于我国农村扶贫战略的可行模式。

第五章是对发展型社会政策嵌入我国农村扶贫的宏观路径分析,具体内容分为五节。通过把每节的主题与发展型社会政策的基本观点相关联进行讨论,结合我国农村扶贫的实际情况展开具有宏观的路径探讨,这也正是把社会政策如何与经济政策相联系进行讨论的部分。

第六章是本研究前述内容的概况部分。该部分一方面是对前述章节进行简要的总结,对发展型社会政策嵌入我国农村扶贫的战略框架形成结论性的观点。另一方面,本研究对发展型社会政策在扶贫过程中存在的局限性及可能的风险也进行了分析,最后是未来进一步研究的方向。

第二章 发展型社会政策的理念：从问题导向到发展导向

现代社会的发展带来了复杂的社会问题，对社会问题的关注可能会成为一项具有针对性的公共政策，也可能会昙花一现地被人们忘记。[①] 政治议程就是政治组织尤其是国家（政府）确定公共政策的轻重缓急的过程，社会政策所关注的问题亦是如此。由此说明，只有将社会或者政府所关注的问题提上政府议事日程，由此纳入决策领域，才有可能形成对具有规范性约束性质的政策。作为社

---

① 美国学者金顿对社会问题如何进入决策领域作了有趣的探讨。他认为，决策过程中存在着基本上彼此独立的三类流程。第一类是问题流程，它将公众和决策者的注意力集中在一个特定的社会问题上，界定这一问题，并且为解决这一问题实施一项新政策或让它自然消亡。第二类是政治流程，即需要解决的问题表。它的形成依靠的是各种主要力量的相互作用，如公民的心态、集团利益的认识和影响力、政府自身的运行动力等。第三类是政策流程，即决策者解决问题时可以从中选择的各种政策，其中智力和个人因素是主要的影响力量。当这三类流程——问题、政治和政策交汇时就会形成一项公共政策。除此之外，安德森认为，政治领导人、危机或者引人注目的事件、抗议活动以及大众传播媒介等都形成社会问题进入政府议事日程的途径。我国学者陈振明教授(2003)总结了这样几种建立政策议程的策略：1. 社会中部分团体或者个体主动介入，政府只是有限介入。2. 政府主动介入发现和解决问题，社会中的团体或个人只是有限介入。3. 政府及社会团体与个人都主动。4. 政府与个人、团体都不介入。而顾建光教授(2007)则把判断一项政策问题的条件归结为：属于社会问题；影响面广、社会公众普遍关心的问题；影响程度大的问题；政府及其部门有责任干预的问题。很明显，对贫困问题是什么性质的社会角度识别是促成其成为政策问题的焦点。可参见：[美]尼古拉斯·亨利：《公共行政学》，296—297 页，北京，华夏出版社，2002；[美]詹姆斯·E. 安德森：《公共决策》，72 页，北京，华夏出版社，1990；陈振明：《政策科学——公共政策分析导论》，217—218 页，北京，中国人民大学出版社，2003；顾建光：《公共政策分析概论》，132—133 页，上海，上海人民出版社，2007。

会政策研究的重要领域,社会问题指的是一种社会关系失调,并影响社会大部分成员的共同生活,破坏社会正常活动,妨碍社会协调发展的社会现象。社会问题不仅是一种客观存在的状况,而且还是人们主观构造的产物,是被人们感知、察觉到的现实状况,或者是由于价值、规范和利益冲突引起的,需要加以解决的状况,同时也是社会实际状态与社会期望之间的差距。

从性质上来说,社会问题的发生导致政府的公共干预或社会自身干预行为的出现。由于在资本主义市场经济发展的早期阶段,政府信奉的是亚当·斯密、李嘉图等经济学家所倡导的“管得越少就越好”的自由主义理念,对贫困者的社会救助制度体现出“救助那些不能自助者”的烙印。所以“补缺”成为其最早的政策属性所在,只不过在后期才出现福利干预的制度化或职业化,以及现在所广为讨论的发展理性。

本章的安排是从社会政策这一概念及其传统类型出发,逐步引入发展型社会政策的理论观点及其对反贫困的必要性分析,最后将概括这一新的政策理念对反贫困的功能所在。

第一节　社会政策的内涵、类型及其与其他公共政策的关系

一、社会政策的内涵及其传统类型

(一)社会政策的内涵概述

对社会政策作为国家治理方略的出现,可以理解为自市场经济制度建立以来所必然的社会或国家干预公民生计的行为。研究社会政策的著名学者Alcock(1999)就有这样的观点:社会政策是历史的产物,而不是逻辑的产物。[①]

一般认为,国家层面上最早提出社会政策概念的学者是 19 世纪德国新历史

---

① Alcock, Pete (1999). *Poverty and Social Security*. In British Social Welfare in the Twentieth Century. R. M. Page and R. Silburn. (ed.) Basingstoke New York, Macmillan Press; St. Martin's Press, pp. 199—222.

学派的骨干成员瓦格纳(Adolph Wagner)。他在 1891 年发表的论文中把社会政策定义为"运用立法和行政的手段、以争取公平为目的、消除分配过程中的各种弊害的国家政策"[①]。当时德国社会收入分配不公加剧,贫困人口增加,劳资矛盾十分突出,以瓦格纳为首的历史学派认为这些不符合伦理道德的社会问题在相当大程度上是自由竞争带来的。因此他们建议,国家应该加强对生产、分配和消费过程的干预,运用立法和行政手段来调节财产所得和劳动所得之间的分配不均问题。需要指出的是,历史学派对社会政策发展的最大贡献在于他们提出的国家干预经济和社会生活的主张成为 19 世纪德国俾斯麦政府率先建立社会保险制度的思想基础,从而促进了以社会保障制度为核心内容的社会政策发展。

对社会政策展开研究必须提到英国。第二次世界大战结束后,以《贝弗里奇报告》为基调的英国社会保障制度确立了作为社会政策基本概念之一的社会行政模式。该报告对社会政策的研究"主要集中于社会需求的度量上,特别是贫困和其他社会问题的度量,以便为政府干预的合理性提供证明"[②]。在概念上,马歇尔(T. H. Marshall)早在 1965 年出版的《社会政策》一书中认为,社会政策指的是与政府有关的政策,这些政策涉及向公民提供服务和收入的行动,通过这些行动对公民的福利有直接的结果,其核心由社会保险、公共救助、健康和福利服务、住房政策等组成。[③] 迈克尔·希尔(Michael Hill,2003)的看法与此类似,他认为,社会政策可以定义为"影响福利的政策行为",虽然非国家机构也可以有"政策",但"社会政策"这个一般性的表达方式主要是用来界定与公民福利有关的国家所起的作用。[④] 因此,这一阶段的"社会政策"通常与"社会行政"这个概念互换使用,这在英国的社会政策大师蒂特姆斯(R. M. Titmuss)那里尤为明显。蒂特姆斯(1964)认为,为了满足某些个人需求和为了服务广泛社会利益的集体干预大致可分为三大类,即社会福利(social welfare)、财政福利(fiscal welfare)和

---

① 曾繁正:《西方国家法律制度、社会政策及立法》,165 页,北京,红旗出版社,1998。

② Alcok, Pete, (2003), *The Student's Companion to Social policy* (*2nd ed.*). Malden, MA: Blackwell Pub. p5.

③ T. H. Marshall, (1965) *Social Policy*, London, Hutchinson & Co. Ltd, p7.

④ [英]迈克尔·希尔:《理解社会政策》,北京,商务印书馆,2003。

职业福利(occupational welfare)。① 这里的"社会福利"就是指社会服务，或那些"直接的公共服务(如教育和健康照料)以及直接的现金给付(如退休金和救助金)"。财政福利是指具有明确社会目标的特别减税和退税措施，如在许多发达国家，凡市民参加慈善捐款、社会保险或抚养子女等都能获得所得税减免，从而增加净可支配收入，对此蒂特姆斯把它看成是一种转移支付(transfer payment)。职业福利，也称为附带福利(fringe benefit)，指与就业或缴费记录有关的由企业提供的各种内部福利，可以用现金或实物形式支付，常常由政府依法强制实施，如企业补充医疗和补充养老保险、子女教育和住房补助、有薪假期等等。蒂特姆斯认为，社会福利只是社会政策的显露面，而财政福利和职业福利则是"社会政策冰山的水下部分"，在社会政策体系中占主体地位。②

相对说来，美国学者对社会政策的定义似乎更为宽泛。他们把社会政策看成是"社会的"政策，而不只是"社会福利的"政策。吉尔(Gil，1992)教授认为，社会政策体系是生活方式的指导原则，它的发展动力来自人类基本的感觉性需求，它力图通过一系列制度过程及相关作用进行运作，并形成一些与生活方式相联系的结果变量。③ 艾特迪斯(D. S. Iatridis，1994)教授对社会政策的定义与吉尔类似，他在自己的著作中指出："社会政策作为一个领域，是与整个社会的基本状况及其发展、人类与环境的关系问题以及个人的福祉相联系的。虽然社会政策着眼于宏观层次，但是许多社会政策是从与社会科学相关联的个人、群体、社区的行为中派生出来的，这是一个强调在社会的制度和结构因素之间以及整个人口和个人之间进行合作和分担责任的领域。社会政策是改变基本的社会关系和社会形象，改进全体人民、社会阶级和个人的生活条件和生活方式的共同的工

① Titmuss，R. M. (1964)：*Essay on "The Welfare State"*(2nd ed.). London：Allen & Unwin. p42.

② Titmuss，R. M. (1968)：*Commitment to Welfare*. London：Gerge Allen and Unwin. pp. 192—193.

③ Gil，Davaid G. (1992)，*Unravelling Social Policy：Theory，Analysis，and Political Action towards Social Equality*，Rochester，Vt.：Schenkman Books. pp. 24—25.

具。"①因此,艾特迪斯将社会政策理解为"向全体人民提供公民权利的媒介物"②。受本土学者的影响,美国出版的《社会工作词典》倾向于把社会政策定义为:"一个社会的活动和原则,它们指导社会如何干预和协调其中个人、团体、社区和社会制度之间的关系。这些原则和活动是该社会之价值观和习惯作用的结果,并在很大程度上决定了资源的分配方式及其人民的福祉水平。所以,社会政策既包括由政府、志愿组织和一般大众所提供的教育、健康照料、犯罪和矫治、经济保障以及社会福利领域的计划和项目,也包括那些给人带来社会报酬和社会约束的社会观点。"③

其他国家的学者,如麦肯德文(Thandika Mkandawire,2001)对社会政策的定义是:"社会政策是能直接影响社会福利、社会结构和社会关系转型的集体干预(collective interventions)。"④这里,他所指的社会福利是一种生计和收入的安全框架,社会关系则包括那些从微观一直到全球层次的阶层生计、社区、种族、性别等等。而社会结构是构成人类关系的游戏规则,因为现在人们广泛认识到自己所处的社会结构是经济发展的决定因素。沃克(Walker,1984)就这样认为,应该将社会政策可能起到的、包括将负福利(dis－welfare)强加于人在内的多重作用考虑起来理解社会政策的概念,从这一事实出发的社会政策可以界定为:"社会政策是职称社会制度——它们决定着不同社会群体之间资源、地位和权力分配之发展和再生产的理论基础。"⑤

比较马歇尔、希尔、蒂特姆斯、吉尔、艾特迪斯、麦肯德文、沃克等西方学者对社会政策的定义,共同之处是都指出或强调了社会政策对象的全民性,这是和大多数西欧和北美国家普遍实行"福利国家"或"福利社会"体制的背景相适应的。

---

① Iatridis, Demetrius S. (1994) *Social Policy: Institutional context of Social Development and Human Service*. Pacific Grove, Calif.: Brooks/Cole Pub. Co. p10.

② Iatridis, Demetrius S. (1994) *Social Policy: Institutional context of Social Development and Human Service*. Pacific Grove, Calif.: Brooks/Cole Pub. Co. p11.

③ Barker, Robert L. 1999, *The Social Work Dictionary* (4th ed.). Washington, D. C.: NASW Press. p335.

④ Thandika Mkandawire, (2001). *Social Policy in a Development Context*, Social Policy and Development Program Paper Number 7, UNRISD. p1.

⑤ Walker, (1984), *Social Planning*, Oxford: Blackwell, pp. 39—40.

至于社会政策的内容，它们基本上都限定在再分配领域。

　　我国对社会政策的接触在相当程度上来源于吸收和借鉴国外社会政策的发展成果，受西方学者的影响明显，同时也具有自己的特点。郑杭生等人(2003)认为："社会政策是国家和政府为解决社会问题，以实现公正、福利等特定的社会目标而制定的各种法律、条例、措施和办法的总称。"[①]王思斌(2001)认为："社会政策是国家或机构为解决社会问题、增进成员福利，实现社会进步所采取的基本原则或方针。"[②]他还指出："由于现代市场经济可能伤害较低竞争能力者，并可能对他们的生活和社会秩序带来严重冲击。因此，从社会公正和社会安全的角度考虑，国家应制定一定的社会政策(或称社会福利政策)，对社会或经济资源进行再分配，以公平合理地解决问题。"[③]杨团(2004)认为，社会政策可概括为一定时期、一定地域内的各种社会力量为解决社会问题的协调的成果。[④]关信平(2004)将社会政策定义为政府或其他组织在一定社会价值的指导下，为了达到其社会目标而采取的各种社会性活动的总和。[⑤]很明显，和国外学者有关社会政策的概念相比，我国大部分学者倾向于从社会问题的角度出发来讨论和界定社会政策，即社会政策是社会问题的集体干预行动。但这里凸显的一个基本取向是，如何认识和理解我国"社会问题"的边界和范围。

　　我国多数的研究文献给我们传递了这样一个信息，即中国学者对社会问题的认识伴随着转型经济和转型社会的体制而产生，我们往往将市场经济中"较低竞争能力者"或弱势群体作为社会政策讨论的"社会问题"，同时把对社会问题的认识往往归结为"社会转型"的背景。[⑥]而在这之中的一个基本假设就是，如果没

---

　　①　郑杭生、李迎生：《社会分化、弱势群体与政策选择》，郑杭生主编：《中国人民大学中国社会发展研究报告(2002)——走向更加公正的社会》，15页，北京，中国人民大学出版社，2003。

　　②　王思斌：《社会工作概论》，133页，北京，高等教育出版社，2001。

　　③　王思斌：《改革中弱势群体的政策支持》，载《北京大学学报》(哲社版)2003年第6期。

　　④　杨团：《社会政策的理论与思考》，载《社会学研究》2004年第4期。

　　⑤　关信平：《社会政策概论》，15页，北京，高等教育出版社，2004。

　　⑥　在我国很多的社会问题研究系列丛书中，城市化、工业化、市场化以及全球化等往往成为我国学者对社会问题讨论的背景性框架，一个很明显的观点就是因为是"经济社会的转型"而导致了当今的社会问题，没有"转型"也就没有现在的这些诸多问题。福利制度的社会问题导向是因为"断裂"、"转型"等情形的出现才具有了普遍性。详见我国学者孙立平、何雪松等学者所著的有关文献，如《断裂社会的利益冲突》、《断裂社会的动作逻辑》、《转型社会生活的基础秩序》、《转型与断裂》等专著。

有当代经济结构和社会结构的转型,没有市场化改革,没有全球化的影响等等,
就没有社会问题所产生的中国环境。在计划经济体制下,社会公正、福利平等甚
至人权问题都是在并行不悖的城乡"二元"制度下各自运行的。可以肯定的是,
这样的认识与我国的现实国情是吻合的。而且从政府的行为来看,我国长期以
来的现实促成了必须以经济建设为重点,民生问题,或者说解决弱势群体的问
题,主要是通过政府控制的经济或收入再分配予以解决,反对社会排斥①的问题
虽已开始关注,但仍尚未得到突出的强调。

(二)社会政策的传统类型及其属性

社会政策的不同类型必然与国家的政治生活相关,并且以民主政治为基本
前提。关于社会政策制定的政治过程,希尔(Hill, 2003)认为其存在于四种不同
的民主政治模式之中,即多边主义(pluralism)、精英主义(elitism)、经济决定主
义(economic determinism)、制度主义(instituionalism)。② 多边主义把国家决策
看成是不同利益团体之间相互竞争的产物,即在社会政策的制定过程中,各种利
益团体会通过选举过程来影响议会决策过程。但这种影响不是直接的,他们只
能对作为决策过程当事人的政治团体或政客实施间接的外在影响。因此,在现
实社会中,这种模式很难实现。从理论上看,多边主义常常被看成是实现真正民
主的最佳路径。精英主义认为,政治决策过程具有内在的不平等性,权力往往只
集中在少数人手中。经济决定主义理论则认为,不仅权力主要集中在经济精英
的手中,而且生产制度的逻辑使得这种权力集中具有不可避免性,如社会政策的
决策被看成是服从资本主义的要求,社会政策的作用就是支持或帮助合理化资
本主义秩序。制度主义模式也存在许多形式,它强调从国家制度本身,包括其构
造和组织方式、政治系统和标准的运作程序以及国家官员的利益等角度,来探讨
政治和社会政策的关系。

行政是国家意志的执行,政治是国家意志的表达。不同的政治视角表现出
社会政策作为国家意志所具有的不同出发点。在西方国家,个人主义与集体主

---

① "社会排斥"(social exclusion)是指制度设计及话语导向在某种层面上对于部分群体是非开放性
的安排,或者说排斥某部分群体的进入。关于社会排斥的有关理论,见本研究的后续章节。

② Hill, M. (2003). *Social Policy and Political Process*. In P. Alcock, A. Erskine and M. May.
The student's Companion to Social Policy. Malden, MA: Blackwell Pub, pp. 167—172.

义作为政策出发的不同价值观，在政治理念上产生了保守主义与自由主义这两种谱系的国家意识，由此对社会问题的看法、对市场的看法以及政府的责任产生差异性的认识，进而导致不同的公共政策模式。美国学者吉尔伯特（Neil Gilbert）、保罗·特瑞尔（Paul Terrell）以社会（福利）政策为例，归纳了不同政治视角对此的看法。（见表 2-1）

表 2-1　社会（福利）政策的政治视角

	个人主义	集体主义
政治理念	保守主义	自由/进步主义
对社会问题的看法	问题反映选择失误、个人失能和贫穷文化	问题反映基本社会经济环境，使用的障碍和机会缺失
对市场的看法	自由市场和私有制确保繁荣和福利	自由市场导致危险的经济周期、失业、城市萎缩、贫困不平等以及环境波坏
政府的责任	残补主义角度——政府要小，规模不大而且分散化，是私人机构的附属	制度主义角度——政府应足够大，为广大社群提升社会福利
社会政策的议程	依赖市场、自愿和宗教安排，提供面向穷人的最低要求的安全网	依赖公众的领导地位；提供涵盖广泛的计划，确保充分机会、经济保障和基本的社会商品

资料来源：[美]Neil Gilbert、Paul Terrell：《社会福利政策导论》，黄晨熹等译，27 页，上海，华东理工大学出版社，2003。

基于此，并加入介于保守主义和自由主义者两者之间谱系的社会民主主义的政治观对社会政策的不同理解，从而形成了以下的三种社会政策类型：

1. 剩余福利型（The Residual Welfare Model）。主张剩余福利型的社会政策观点认为，解决个人经济安全有两种管道，即自由市场机制和家庭机制。而在这两种管道遭受阻塞时，社会政策才有其发挥的余地，皮科克（A. Peacock）曾这样说过："福利国家的真正目的在于教导人们如何不需要它。"这成为英国济贫法及美国早期社会福利的主要精神。因此，社会政策的目的在于补充经济的短暂失调，其重点在于公共救助或济贫，用以达到社会均衡。

2. 工业成就表现型（The Industrial Achievement－Performance Model）。

这一类型主张社会政策应附属于经济政策,用以刺激生产。个人社会经济需要的满足,应根据个人的贡献、工作表现及生产的多寡来决定。社会政策辅助经济政策,用以激励及酬赏个人的成就。因此,社会保险是个人延后或保证满足其经济需要的方法,社会服务如职业训练、就业服务及重建职业技能,这样做的最终目的是为了提高劳动者的工作积极性。

3. 制度再分配型(The Institutional Redistribute Model)。制度再分配型的社会政策强调社会福利是社会不可或缺的主要制度,用于提供市场之外的普遍服务功能,与经济制度一样具有重要的意义。社会政策的根本目的在于引导社会变迁、改革经济体制、缔造社会平等,也就是要实行资源支配权的再分配,以保证全体公民生活的安全,增进生活质量,促进社会公平。[①]

英国学者蒂特马斯曾用下表来区分以上三种社会政策类型的差别及其政治立场。(见表 2-2)

表 2-2 三种不同福利模型的基本特征

考察角度	制度化的再分配模型	工业成就模型	剩余模型
国家的作用	普遍主义的国家管理服务,应该重视再分配收入和减少社会的不平等	国家应该根据生产效率和工作表现满足需要	国家只对市场和家庭不能满足的需求进行干预
优先考虑的事项	满足社会需求被给予优先权,超过对经济效率的关注	首先关心的是经济的成功,但社会需求的满足也被看作是必要的	市场自由的价值占主导地位,私人的供给受到偏爱
接受者的地位	具有公民身份的所有社会成员都是接受者	接受者被看作是由于经济原因得到支持,或者是潜在的生产力资源	接受者被打上了失败者的烙印
政治立场	左	中	右

资料来源:杨伟民:《社会政策导论》,297 页,北京,中国人民大学出版社,2004。

社会政策的属性正如表 2-2 所述,剩余模型的社会政策把国家的作用限定

---

① 张敏杰:《社会政策及其在我国社会经济发展过程中的取向》,载《浙江社会科学》1999 年第 6 期。

在对市场和家庭不能满足的需求进行干预,随后发展到福利制度的工业成就型和制度化的再分配型,政治立场从自由主义向保守主义的谱系过渡。换句话说,社会政策正是从"补缺性"开始,进而过渡到全面的制度性及工业成就性。

二、社会政策和公共政策的联系与区别

政策科学是一门相对较新的学科体系,它是在二战以后伴随着研究政治的学者寻求对政府和公民之间关系的重新理解而产生的。① 在此之前,对政治生活的关注往往是政府的规范性或道德方面,或者是具体政治机构操作的细节探究,但这样的探究导致了有关社会的本质、国家的角色以及公民和政府的权利与责任等问题的广泛讨论,这些讨论正在构成今天乃至以后的公共政策研究人员不断追寻的动力环境。

按照此前的理解,社会政策作为国家干预行为的出现应该是早于公共政策作为学术研究术语的出现时间。美国政治学家拉斯韦尔在 1951 年提出的"政策科学"是作为科学研究的目的而出现的,在其一系列的著述中不难看出,政策是想当然地等同于"公共政策"术语的,公共政策的核心在于它是与公共部门相联系的。不过,在理解公共政策的时候,我们往往需要把制定政策的主体、实施目的以及实施过程与社会其他组织的规章、制度等等进行区别,不仅如此,在政策执行过程中的强制性和普遍性方面,公共政策都有其特殊的要求。

对公共政策的分类研究往往有助于我们准确地把握政策领域的内涵与外延。一个比较常见的方法就是以公共政策所涉及人类活动的领域为依据,把人类社会活动的领域分得越细,政策类别就越多。例如,可以将公共政策分为政治领域的政策、经济领域的政策、社会领域的政策以及文化领域的政策。那么社会领域的政策是否必然就是社会政策呢?

对于这个问题,需要我们从公共政策与社会政策之间的关系方面进行回答。在国内外有关政策科学分析的著述中,分别存在两种不同的分析方向。

1. 把社会政策作为公共政策的一部分来看待。如美国著名学者托马斯·戴

---

① ［加］迈克尔·豪利特、M.拉米仕:《公共政策研究》,庞诗等译,3 页,北京,生活·读书·新知三联书店,2006。

伊(Thomas R. Dye)在其著作《理解公共政策》(*Understanding Public Policy*)中,把公共政策的研究内容大致分为司法、医疗保健与社会福利、教育、经济、税收、国际贸易与移民、环境、公民权利、国防等方面。持此同样对政策分类安排的还有詹姆斯·P. 莱斯特(James P. Lester)和小约瑟夫·斯图尔特(Joseph Stewart)等美国学者。① 而专门从事社会政策研究的学者,如 Alock 等人(2002)认为,社会政策研究的教育、住房、社会保障、社会服务等都是国家的干预活动或福利供给。其言外之意是,社会政策是由国家制定的旨在干预社会的政策。② 可以看出,这是根据公共政策研究的内容来进行概括的结果,从它假设的概念框架里不难看出,"公共领域"内的政策必然大于以至于包括"社会领域"内的政策。我们也可以从经济资源配置的角度来看待这种公共政策与社会政策之间的联系,因为公共产品所具有的属性不仅适用于国家领域,也适用于社会福利领域。应该说,把社会政策看作是公共政策这一统领性体系内的分体系是有其高度的认可性的。从词源学来看,"公共"的范畴要大于"社会"所涵盖的要素,这无疑为该观点的认可建立了良好的基础。因为处在现代社会的任何一个国家和地区,作为公共性代表机关的政府干预无处不在,因而公共政策的影响也就无处不在。从这个意义上说,把社会政策视为公共政策的一部分是可以接受的。

2. 把社会政策看作是与公共政策具有紧密联系但又区别于公共政策的观点。持此类观点的以我国学者为多,他们认为,社会政策和公共政策是两个并行不悖但又相互交叉的学科领域,即两者既有共同关注的范畴,又有各自为政的领域。③他们的观点基于这样的认识:公共政策是指社会公共权威机构制定和实施的政策,是国家或政府对社会经济生活的干预,因而它的核心特征是其制定和实施主体为政府或权威机构;而对社会政策来说,虽然政府或权威机构是它制定和

---

① [美]詹姆斯·P. 莱斯特、小约瑟夫·斯图尔特:《公共政策导论》(英文影印第二版),前言,北京,中国人民大学出版社,2004。

② Alock, Pete. & A. Erskin, et al. (2002), *The Blackwell Dictionary of Social Policy*. Oxford; Malden, Mass. Blackwell. p197.

③ 持该观点的学者有陈涛、杨团、杨伟民、张乐。可参见陈涛:《社会政策学:政策科学之外的一种选择》,载《中国行政管理》1999 年第 12 期;杨团:《社会政策研究范式的演化及其启示》,载《中国社会科学》2002 年第 4 期;杨伟民:《社会政策导论》,87—89 页,北京,中国人民大学出版社,2004;张乐:《公共政策与社会政策:一个系统论的比较》,载《天津行政学院学报》2007 年第 2 期。

实施的主要载体，但不是唯一载体。也就是说，除了政府之外，其他社会组织，如以非营利机构为主体的第三部门，也会制定社会政策，也会对社会资源的分配、社会需求的满足和市民福利的提升产生影响。著名学者黄晨熹从如何提升福利的角度进行了社会政策与公共政策的联系与区别。（见图2.1）

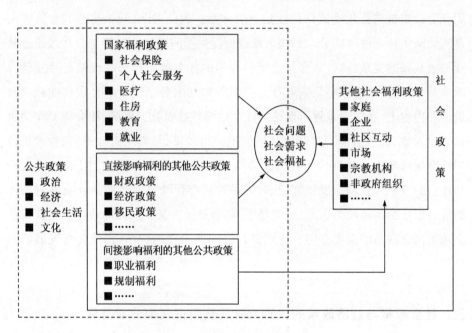

图 2.1　社会政策与公共政策的关系

资料来源：黄晨熹：《社会政策概念辨析》，载《社会学研究》2008 年第 4 期。

　　本研究认为，社会政策与公共政策的联系或者区别存在一个如何认识社会政策的边界问题，这在我国的解释更应如此。从社会政策在西方国家的起源来看，它是在工业化、城市化的发展进程中出现的国家或社会干预行为，其目标指向在一开始就瞄准那些在社会经济变化过程中不能适应以致落后于社会变迁的对象。在西方福利国家建立之前，社会承担了救助那些"能力低下者"的主体性角色。例如，在工业革命之前，基督教会组织的慈善救济以及同业行会内部的互助互济是当时基本的社会自发形态。工业革命之后，诸如疾病、贫困等随着现代工业出现的社会问题逐渐演变为具有公共性的问题，政府才开始从最后的出场者转变为主要的责任者。虽然现代社会在涉及公民福利、教育、疾病等层次的国家保护体系越来越完善,但是社会本身的保护体系并未消失,反而在一定层次上与政府平等分担这些责任,例如在 20 世纪 80 年代西方国家在新公共管理改革所提出的"3P"战略就反映了这种这种传统观念的存在及其自治理念的回归。①基于此,本研究的观点认为,狭义的社会政策概念是公共政策的组成部分,广义的社会政策是与公共政策并行且独立的体系。因此,社会政策与公共政策的关系应该从主体上进行区分。那些依靠政府提供福利的社会政策与公共政策是从属与被从属的关系,那些依靠社会提供福利的社会政策与公共政策是独立运行的体系,那些既依靠政府又依靠社会提供的福利服务就属于混合类别的社会政策。在内容上,我国学术界所谈论的社会政策往往以社会保障、社会福利作为主体讨论对象,而政府的现实制度体系又把户籍政策、计划生育政策、宗教政策等与社会保障政策等并列成为我国总体性的社会政策。② 在当代中国,由于政府与社会的联系和互动愈发频繁,社会领域的转型促使具有政府和社会两种特征的混合型社会政策成为主流,也就是说,福利多元主义正成为沟通广义与狭义社会政策概念联系的重要方向。这既是社会问题治理的使然,也是社会发展的总体趋向。

三、社会政策与经济政策的关系:以反贫困框架为分析基础

按照一般意义上的理解,经济政策是指国家或政府为了达到充分就业、价格水平稳定、经济快速增长、国际收支平衡等宏观目标,为增进经济福利而制定的解决经济问题的指导原则和措施。具体而言,经济政策又包括宏观和微观层面的细分。宏观经济政策包括财政政策、货币政策、收入政策等;微观经济政策是指政府制定的一些反对干扰市场正常运行的立法以及环保政策等。通常认为,经济政策的目标在于效率,而社会政策的目标在于公平,二者存在相互对立的关

---

① "3P"战略的英文表达是 Public—Private Partnership,意为公私合作关系。在英美等西方国家,利用私人部门的力量与政府一道提供面向社会公众的公共服务现已成为摆脱政府在福利供给等方面困境的重要策略。

② 例如,由于我国的特殊国情,对于户籍政策上划分为"非农人口"和"农业人口"两类,而计划生育政策更是我国特殊所在,这些都是西方国家社会政策所不列入其中的。但作为讨论的话题,本研究把社会保障等核心社会政策作为与西方国家可以沟通的话语体系。

系。西方福利国家自 20 世纪 80 年代以来的社会政策改革,相当多的措施是减少国家化的福利供给,以期提高经济效率和国家的竞争力。我国自改革开放以来,长期奉行的是"效率优先,兼顾公平"的发展理念,社会政策处于传统发展战略中的次要和从属地位,在反贫困的过程中更是如此。

在反贫困的战略框架中,经济政策的实施成为绝大多数发展中国家和地区的首要选择,社会政策是其重要的弥补性力量。然而,那些作为国家在社会民生领域所涉及的社会政策,并不一定导致了贫困现象的减少。美国学者托马斯·戴伊认为,穷人并不是(国家)在社会福利方面支出的主要受益对象,大多数福利支出,包括社会保障和医疗保险这些最大的项目,都流向非贫困人口,社会福利支出的主要受益人不是穷人,而是中产阶级。[1] 这正是传统福利再分配的效应割裂了社会政策与经济政策之间的联系所致。美国固然是以自由主义为社会政策理性的主流价值观,但是同样的情况也发生在那些以集体主义原则为理性的国家。例如,在北欧福利国家,"福利依赖"的存在使得物质资源更多地倾向于众多的中产阶级,这就是导致"福利病"出现的原因之一。故此有学者认为,贫困在某种程度上是由国家经济政策创造和再创造的,朝向贫困者的政策的历史,就是贫困本身的历史。[2] 也就是说,经济政策等解决贫困问题的公共政策还需要有不依靠政府为设计主体的社会政策作为福利提供的另一途径。

从比较意义上说,经济政策与社会政策在反贫困的战略体系中分别在功能、政策所涉及的议题、政策目标、政策所涉及的对象以及理论出发点的假设前提等方面存在比较明显的区别。本研究将之概括为以下几个方面(见表 2-3):

表 2-3　经济政策与社会政策在反贫困战略中的区别

反贫困	经济政策	社会政策
功能	使贫困者摆脱生存和物质匮乏的危机	帮助贫困者抵御所面临的生计风险

①　[美]托马斯·R.戴伊:《理解公共政策》,彭勃译,205 页,北京,华夏出版社,2004。
②　Alock,Pete.(1993),*Understanding Poverty*. London:The Macmillan Press. p9.

续表

反贫困	经济政策	社会政策
政策议题	注重技术性和操作性工具的应用	注重国家和社会公民对待贫困的价值观
政策目标	经济效率与收入的增长	平等与发展的权利
政策对象	具有生产能力的贫困者和可供开发的生产性资源	包括具有生产能力的贫困者,也包括失去劳动能力的贫困者
政策假设前提	经济人	经济人和社会人的双重假设
政策运行机制	市场机制	社会机制

　　如何对待经济政策和社会政策的联系,韩国学者金容益(2008)对此作了很好的说明:"最重要的是从二者何为优先的二分法思维中摆脱出来,只有在相生相伴的过程中才可以实现经济增长的可持续和社会整合。"①(见图2.2)

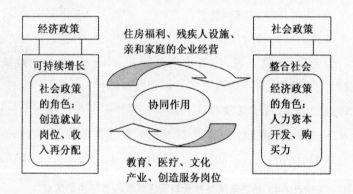

图 2.2　经济政策和社会政策的相生关系

　　改变反贫困战略中社会政策在经济政策面前的附属性地位对我国而言更为迫切。从某种意义上说,我们一直习惯以满足人体生命活动的最低需求标准——"饿死还是饿不死"作为贫困线的划分标准。时至今日,国民经济和综合国力已经有了一个质的飞跃,如果还以此作为贫困线标准,无疑是对弱势群体在

---

① ［韩］金容益:《韩国卢武铉政府的社会政策》,《第四届社会政策国际论坛文集》,上海,2008年。

发展权利上的一种忽视。因此，提高贫困线标准，将贫困生活还原到以人为本的实质性要求，即不仅有维持物质生活的需求，还有就医、教育等多方面的基本社会性需求，已经迫在眉睫。而这些方面的制度安排，需要我们重新审视经济政策与社会政策在扶贫战略中的彼此关系及角色的定位，更迫切需要以发展作为维度的社会政策创新。

第二节　发展型社会政策兴起的背景、特征及运行模式

一、发展型社会政策兴起的背景及其理念

20 世纪 80 年代以来，人们对发展的理解开始发生变化。因为越来越多的案例表明，经济增长与社会福利的关键指标之间存在复杂的关系。人们认识到，尽管经济增长是发展的重要前提，但只是达到目标的一个手段，而不是发展的最终目的。严格区分经济增长与经济增长带来的人们生活质量的改善是人类发展理念的核心。在此之前，人们已逐步认识到，收入仅仅是实现目标的手段之一，换言之，只有让人们买得起药品才能提高人们的健康水平，只有让人们物质上的增收才能改善人们的生活。而现在，这种所谓的高收入等同于高发展水平的观念开始遭到质疑。因为只有在用于提高人们的可行能力、使他们过上充实的生活、享受健康和良好教育、从充分发挥个人能力的就业中获得尊严、享有个人选择和追求个人目标的自由时，经济增长才算真正达到目的。经过数十年的发展，我们才重新发现，人既是发展的手段，也是发展的目的。阿玛蒂亚·森所倡导的"以自由看待发展"的理念更是对人类发展的本质理解起到了推动性认识。于是，旨在修复经济增长与发展理性之间裂痕的发展型社会政策开始悄然出现，尽管它可能冠以不同的名称，如"福利的第三条道路"、"积极的福利观"、"市场友好

型社会政策"、"生产主义社会政策",等等。①

　　从发展型社会政策兴起的背景上看,首先,全球化是造成对各国社会政策变革的主因。在全球化的大背景下,各国政府对"经济主权"的控制被大大削弱,同时对"社会主权"的控制也面临挑战。一方面,一个国家的社会政策不再仅仅是对其国内的经济、政治和社会变化的反映,而是会越来越多地受到各种国际因素的影响;另一方面,社会政策的决策和实施过程也将会超出国界。② 正因如此,经济全球化的加剧给各国带来了两方面的后果:一是导致了国内社会不平等加剧以及贫困(主要是相对贫困)问题增多,进而导致对社会保障的需求增大;二是削弱了政府维持和提高社会保障和其他福利给付的动机,从而使社会成员尤其是下层成员获得的保障和福利水平相对降低,进而使相对贫困问题长期难以解决。在这样严峻的形势下,传统的以社会公平为价值核心、以再分配为主要手段的模式受到极大的挑战。因此,提升国家竞争力和缓解民众普遍不满情绪的压力迫使各国政府积极寻求一种新的社会理论来对此作出积极的回应。其次,积聚的社会风险压力对传统社会政策提出挑战。20世纪80年代以来,德国社会学家贝克和英国社会学家吉登斯等提出了风险社会理论。他们认为,我们正从一个现代化的社会进入一个新型的风险社会之中,全球化所导致的风险的复杂性、不确定性、不可预见性和迅速扩散性都在日益增强。当代所面临的新型社会风险如全球金融危机、SARS、禽流感、疯牛病、甲型H1N1等,都标志着我们进入了一个全球性的社会风险时代。如何应对全球化背景下的各种社会风险就成为对传统社会政策的新挑战,社会政策需要有足够的风险意识,有开放的思维和长期的眼光。具体而言,加强对中长期战略和可持续发展等核心理念的重视,是对风险社会的一种积极回应。最后,现代发展理论日趋成熟和完善的最集中的一个体现就是社会发展观的全面性转向,这直接促成了发展型社会政策的产生。

――――――――

　　① 我国学者林卡认为,发展型社会政府与体现在东亚国家如日韩的生产主义社会政策具有一定的区别。生产主义社会政策模式是一例特殊的社会政策类型,它与传统意义上的再分配理念是具有差别的。详见林卡:《对于生产主义社会政策与发展主义社会政策异同的辨析》,《第五届社会政策国际论坛论文集》,济南,2009年。该文的观点与林卡教授有区别,因为生产主义与发展主义在与经济政策的联系上,其理念是一致的,在事后的控制机制上也是一致的。国外学者所言的生产主义社会政策与市场友好型社会政策其实质是同一的。本书观点供商榷,文责由笔者自负。

　　② 唐钧:《社会政策学导引》,载《社会科学》2009年第4期。

大多数国家和地区的发展案例表明,经济发展并没有带来相应程度的社会进步,未能使经济与社会发展目标相和谐,未能保障经济进步使整体人口受益。因此发展不等于经济发展,发展应该坚持以人为本,坚持可持续发展;此外对社会政策和经济政策关系的深化认识使我们意识到社会政策不能是经济发展的附属品,而是实现发展目标的手段之一。

故此,对福利观的重新认识是发展型社会政策所倡导的重点方向。发展型社会政策把福利的基本原则确定为三个方面:首先,在社会开支方面,发展型社会政策重视效益、主张社会福利项目的生产主义或社会投资取向;其次,在关于福利对象的态度方面,发展型社会政策旨在改变对福利对象那种维持性救助形式的传统社会福利模式及方法,试图促使社会福利接受者的自立和自强;最后,在组织形式上,发展型社会政策继承了费边主义和社会行政学派政府干预的观点,主张实施政府、社区和个人共同参与的多元化制度主义模式。① 很显然,在此原则基础上,诸如人力资本建设、社会资本建设、个人和社区资产建设、生产性就业、生计发展中的消除经济参与障碍等策略得到了广泛的应用。

二、发展型社会政策的基本特征及运行模式

美国学者梅志里、谢若登是发展型社会政策的主要倡导者,其出发点是寻求一种新的理念使社会福利的再分配功能得到更加合理的理解,即将社会资源分配于具有生产性和以投资为导向的社会计划,由此而提高社会成员的经济参与能力,进而对社会发展作出积极的贡献。这一观点的核心思想是强调经济政策和社会政策的融合,具体体现在两个方面:经济的发展必须是包容、协调和可以持续的发展,其中的核心是要让社会的所有成员能够分享到经济发展所带来的成果;社会福利应以社会投资为导向,其目的是提高人们参与经济的能力。② 英国学者吉登斯把发展社会政策解释为积极的福利观,其观点是:(1)积极福利的目标是培养"自发地带有目的的自我"。自发地带有目的的自我不刻意回避风

---

① 彭华民:《西方社会福利理论前沿:论国家、社会、体制与政策》,192—193 页,北京,中国社会科学出版社,2009。

② 梁祖彬:《演变中的社会福利政策思维——由再分配到社会投资》,载《中国社会科学》2004 年第 4 期。

险或设想"其他人会解决这些问题",他们会积极地面对风险。(2)积极福利的社会政策的实施通常要求国家的干预,但不能将问题的解决完全限制在国家范围之内,问题的解决需要多元部门甚至全球范围的合作。(3)积极福利机构提倡有效的风险管理,有效的风险管理不仅仅意味着减小风险或保护人们免受风险影响,还意味着利用风险的积极而富有活力的方面促进社会的改革,并为风险承担部门提供必要的资源。(4)实施积极福利理想的政府的目的应该是鼓励人们追求幸福。[①] 类似的看法还有我国学者邓广良、张秀兰、杨团,等等。[②] 从其著述的观点中我们不难总结出以下关于发展型社会政策的特征及模式。

发展型社会政策首要的特征就是注重协调经济增长和社会福利之间的互动关系。传统的社会政策割裂经济增长与社会进步的有机联系,且把社会政策看作是单纯的社会支出,由此产生把福利看作是社会负担的偏见认识。而发展型社会政策注重社会政策对经济增长的持续性贡献,强调经济资源与社会资源的协调与可持续发展。

发展型社会政策的第二个特征是它具有社会投资或生产主义(productivist)的取向。这主要体现在把社会政策看成是一种生产性政策,对社会层面的或福利上的投资在未来是可以带来收益的,对家庭特别是对儿童和教育的投资更是如此。它认为,投资于儿童不仅被认为是切断贫困代际转移链条的措施,也是提高劳动者素质和国家竞争能力的策略。

发展型社会政策的第三个特征是倡导福利多元主义的路径。传统的社会政策以政府为福利供给的唯一主体,制度型的社会政策更是把政府定义为全能主

---

① [英]吉登斯、安东尼:《超越左与右——激进政治的未来》,李惠斌等译,188 页,北京,社会科学文献出版社,2003。

② 对社会政策理论的完整研究在我国的时间并不长,其时间大概在 2000 年以后才逐渐被我国所重视。就"发展型社会政策"这一新的概念而言,我国学者张秀兰、徐月宾等是重要的倡导者,他们对发展型社会政策的介绍重点在于对社会问题进行"上游干预"、投资人力资本以及加强对家庭和儿童的社会保护等。在扶贫领域,我国学者对发展型社会政策的把握也主要是从社会保障的角度进行。详见:张秀兰、徐月宾:《构建中国的发展型家庭政策》,载《中国社会科学》2003 年第 6 期;徐月宾、刘凤芹、张秀兰:《中国农村反贫困政策的反思——从社会救助向社会保护转变》,载《中国社会科学》2007 年第 3 期。此外,深圳大学的学者徐道稳先生也对发展型社会政策进行了理论思辨性的研究,其主要是从法治及体制层面上分析了我国发展型社会政策的构建路径。参见徐道稳:《迈向发展型社会政策——中国社会政策转型研究》,北京,中国社会科学出版社,2008。

义的角色。发展型社会政策强调国家、市场、社区、公民社会等多元力量的互动，强调权利与义务的平衡。

最后，发展型社会政策的特征也体现在促进社会融合的建设层面。传统的社会政策忽视了公民及社区自身的功能建设，这容易形成福利供给与福利需求的脱节。同时，发展型社会政策反对社会排斥，认为国家福利供给的制度化特征反而使得福利需求者日益被边缘化，被主流社会的生活模式所排斥。

社会政策的理念及其特征体现了一个国家对国民的基本生存和生活条件的承诺，是现代国家的基本职能之一。在对发展型社会政策的运行模式进行探讨的时候，需要以传统型社会政策模式作为分析的参照系。本研究从核心理念、行动目标和执行途径等三方面对发展型社会政策的运行模式进行了如下的分析。（见表 2-4）

表 2-4　传统型社会政策与发展型社会政策的比较

	传统型社会政策	发展型社会政策
核心理念	自由主义思想为主流，认为社会政策是经济政策的附属品，割裂了二者之间的有机联系，视社会政策为纯粹的社会性支出，不会产生收益	注重对人力资本的投资，社会政策与经济政策是相互联系，相互促进的；提倡"可持续生计"与社区建设和社会资本的积累
行动目标	面向中、下层阶级提供暂时的、或有限、或全方位但却僵化的社会福利	以提高积极的福利为目标(减少贫困、社会保护、增强生存能力以及对抗社会排斥等)
执行途径	主要是自上而下的方式提供福利且福利提供主体较单一	倡导准市场模式和福利多元主义；自上而下与自下而上相结合

杨团教授(2009)对社会政策焦点的转变研究很有意义，她认为，社会政策是在社会转型的过程中人类自设的专司社会保护机制的工具。从工业时代开始到现在的信息时代，社会政策焦点干预的理论有不同的表现，它的运行呈现不断推进的形态。（见表 2-5）

表 2-5   社会大转变与社会政策焦点干预

时代分期		社会结构特征	社会基本问题	社会政策干预	社会政策焦点干预的理论解析
工业时代第一次大转变	封建社会解体	农民变成自由民和流民	社会秩序混乱、流民、犯罪、贫困盛行	济贫法	非市场的交换制度受阻,导致社会失范,国家介入
	工业革命开始	劳资对立	资本家剥削压榨工人	劳工疾病、失业、老年、工伤保险	国家与资本家合作,在传统非市场领域抑制市场交换原则
	福利国家成型	中产阶级壮大	公共服务供不应求,政府管理效率低	全面社会保障、全民福利	国家成为国民收入再分配的主体
信息时代第二次大转变	经济(资本)全球化	中产收缩、底层扩大、国家权力减弱、多元文化	失业、贫困、经济不平等在全球大规模加剧,多元文化多元冲突、生态恶化、恐怖主义	社会投资资产建设社区发展公共服务家庭工作	国家联合社会、企业部门在国民生产领域推动融入经济的社会生产与分配

资料来源:杨团:《社会政策研究的学术焦点》,《中国社会政策研究十年》,35 页,北京,社会科学文献出版社,2009。

社会政策从消极的、治疗型的模式向积极的发展型模式转变,实际上就是社会政策的再分配重点从满足基本需要的消费性的物质向能够再创造合理的社会关系的社会结构转变。这种转变向我们传达了这样一个信息,即应当从特定的社会、经济与政治结构中探讨我们要解决的问题。这就意味着社会政策在很大程度上是直接解决已经存在的问题或间接地预防社会问题的发生为任务的。社会政策直接或间接地与社会问题相联系的特点直到今天仍然没有改变,以至于有些学者就从这个角度来定义社会政策,认为"社会政策是解决或对付社会问题的基本原则或方针"[①]。这就提醒我们,社会政策不仅仅是一种思想,是一种制

----

① 陈国钧:《社会政策与社会立法》,3 页,台北,三民书局,1984。

度化的安排,而且还是一种针对社会问题的集体行动。正是通过这种从思想到制度化的安排再到集体行动,或者称之为福利多元化的集体行动,社会政策才成为促进社会发展的有效工具。

第三节 农村扶贫与发展型社会政策的联系

一、反贫困的价值考量:问题导向还是发展导向

贫困作为社会问题的存在在不同国家及不同时期都存在不同的理解,这往往是由于价值观的差异而形成这样或那样的认识。例如,在英国,1601 年颁布实施的旧《济贫法》把贫困者之所以陷入贫困看成是纯属个人的问题,认为其技能的缺乏、个人的品德等原因导致贫困。对此,扶贫的社会干预行为在早期更多的是与慈善、怜悯等心理要素相联系。当工业化的推进使得更多贫困者出现的时候,社会主流的认识才逐渐把社会权利与贫困者的公民身份相联系起来。1834 年之后,新的《济贫法》才得以使福利供给的主体成为国家的责任。英国学者马歇尔(T. H. Marshall)在 1950 年出版的《公民身份与社会阶级》一书中,认为公民身份包括了三种类型的权利,即公民权、政治权和社会权。而这三种类型的权利都要由相应的社会设施来保证。公民的基本自由权利是由司法体系来保证的,公民的政治权利是由议会和地方选举机构这样的社会设施来保证的,而公民的社会权利是与福利国家和公共教育系统相联系的。应该说,马歇尔的公民身份理论对当时欧洲的福利国家建设起到了一定的解释力。但是对于贫困者而言,福利的社会权利与资本主义社会所出现的社会问题并不相适应,缓解贫困的措施在当时依然是一种稳定社会秩序、协调劳资矛盾的工具。同样,直到今天,美国对贫困的认识依然停留在自由主义的意识形态之中,政府尽量不去干扰公民的自我选择,贫困者的自由虽然得到保证,但是作为发展的政治权利在很大程度上仍然缺失。

作为一种长期的并且具有普遍性的社会经济现象,贫困在本质上主要涉及维系生存的物质可获得性和个人获得发展机会、权利的公平性等问题,因此,反贫困政策安排的根本目标就是实现公平和效率的均衡。世界银行 2003 年的报

告对此指出,从公平和发展的角度出发分析问题,可以改进现有减贫方案。与大多数其他人相比,在通常情况下,穷人的发言权小、收入低、享受的服务少。如果社会更加公平,为所有人提供更好的机会,穷人就可以得到"双重红利",体现在:第一,机会的增加,穷人更多地参与发展过程,使穷人直接受益。第二,提高公平程度,可以改善制度,更有效地管理冲突,包括穷人的潜在资源在内,社会上的所有潜在资源都可以得到更好的利用,因此发展过程本身也会更加成功,更有弹性。

对于如何看待发展的问题,美国学者唐纳德·沃斯(2004)指出,发展是一个综合的协调的社会经济转型过程。① 他认为,发展不是纯粹的经济现象,发展是涉及整个经济和社会体系的重组和重新定位的多方面的进程。由此他提出了发展的三个核心价值和三个目标:满足生活基本需求的能力;自尊,成为一个人;摆脱奴役,能够选择。具体来说,发展的这三个目标包括:增加基本的生存必需品,如粮食、房屋、医疗和保护,并扩大分配范围;除了更高的收入外,还包括提供更多的工作岗位和更好的教育,更重视文化和人道主义价值;要使贫困者个人摆脱奴役和依赖的状态,以便扩大他们的经济和社会的选择范围。

观之我国农村的反贫困过程,无论是以经济增长的策略,还是由政府提供的农村社会保障(在很多方面还存在政策缺失的情况下),在相当程度上是以问题为导向的构建。韩嘉玲等学者(2009)这样指出扶贫政策的缺陷:第一,扶贫政策不能及时反映穷人需求,区域扶贫政策始终未能真正地与贫困人群的需求结合起来。第二,缺乏增强穷人抗风险能力的政策。由于缺少健康和生活等各个方面的基本保障,勉强解决温饱的穷人生计是极为脆弱的,意外的灾难与风险(比如自然灾害、疾病)就会让他们立即重返贫困。第三,未能解决穷人的可持续发展问题。对贫困人群来说,解决温饱、增加收入仅仅是解决了眼前的问题,从长远的角度看,通过教育来大幅度地改善他们的人力资本水平才是彻底脱贫的关键。第四,贫困人群无法参与公共决策。在以村民自治为核心的农村基层治理结构中,普通农民特别是贫困农民都缺少制度化的、透明公正的参与渠道,他们

---

① [美]唐纳德·沃斯:《国际发展理论的演变及其对发展的认识》,载《经济社会体制比较》2004年第2期。

基本被排除在公共决策的制定和公共利益的分配之外。① 而对于农村的现有社会政策而言，其基本的导向也是以问题为出发点，忽视了公平与发展，公共服务以及社会保障的非均等化就是明显的例证。

社会保障的非均等化以及低水平导致了农村贫困人口在抵御风险上比非贫困农民更为脆弱，稍有变故或自然灾害就将他们的脱贫之路变得更为艰难。因此，风险和不安全对制定减贫政策具有重要的意义。一方面，对风险的感觉塑造了穷人的行为，而理解脆弱性所导致的穷人的行为后果就是必要的，有效的反贫困政策要关注如何消除穷人的脆弱性。② 而从另一方面来看，贫困也是一种特殊的均衡状态，在封闭条件下，这种均衡是长期的、稳定的。无论是纳克斯的贫困恶性循环理论、纳尔逊的低收入水平陷阱理论，还是舒尔茨的传统农业理论，都从不同角度论证了这种均衡过程和机制。处于贫困均衡的系统确实需要外部资源的注入来改变其原有状态，但是一味地注重外部资源的注入而不注重内部的消化吸收，在贫困地区内部培植增长点，有限的外部资源的注入也不过是杯水车薪。传统的农村社会保障政策即是如此，它偏重于生存权利的救济，而不注重培育发展的理念，导致农村低收入群体的返贫现象亦将难以消除。③ 故此，有学

---

① 韩嘉玲、孙若梅等：《社会发展视角下的中国农村扶贫政策改革 30 年》，载《贵州社会科学》2009 年第 2 期。

② 沈小波、林擎国：《贫困范式的演变及其理论和政策意义》，载《经济学家》2005 年第 5 期。

③ 根据本研究在广西及贵州等地的调研，这样的情况在目前农村大多数贫困地区存在类似性。当下农村社会政策的缺失，在相当程度上影响了贫困村的后续发展，尤其是当扶贫工作组撤离之后。体现在：一是对贫困群体本身的复杂性和扶贫开发的艰巨性认识不够。扶贫面对的是贫困个体，每个个体都有自己期望的目标，在实施具体的扶贫工作时，由于困难家庭的差异性，操作难度很大。二是扶贫政策执行难、落实难。目前的扶贫工作尽管瞄准了贫困村和单个的个体，但是部分地区由于自然环境恶劣、历史欠账多，交通、水利等各种设施依旧很落后。对这类贫困者的扶持需要多个部门的配合。比如交通需要交通局，水利需要水利局。扶贫似乎是大家的事，但是又未明确由谁担总指挥，相应的协调和配合机制没有建立。三是扶贫存在一定的真空地带。多位受访的地方扶贫部门工作人员介绍，因为扶贫工作的规划等主要由扶贫开发领导小组制定，大的方向确定后，具体执行时往往是相关职能部门各干各的事，不在自己范围内的自然就没人管。此外，越贫困的地区，基础设施越落后，在项目申报方面等就越处于弱势地位。想申报项目却不知道怎么去争取，有些甚至连争取项目的意识都没有。四是对扶贫工作缺乏有力的约束。在管理方面，按照要求是省负总责，县抓落实。但是在这一大的框架下缺少细化措施，"没有硬性的要求，重视的领导就抓得好点，不重视的就差些"。五是贫困群体的自我发展意识不强。在一些贫困地区，老百姓还存在一些根深蒂固的观念，认为扶贫的钱不花白不花，不要白不要。安于能勉强维持生存的现状。访谈过的广西某乡项目办的工作人员说："这样的扶贫容易'养懒'，搞到最后就直接赖在你身上了。"

者指出,我国传统的农村扶贫战略陷入了制度性的陷阱循环,即"农村扶贫资源的大量投入→地区性基础设施的供给、地区产业发展或非扶贫性支出(以工代赈或其他)→分配领域中农户利益的剥夺和流失(弱势地位加剧)→放大农村贫困人口的脆弱性→扶贫投入的效率低下→强化农户对扶贫制度的依赖→新一轮农村扶贫资源的加大投入……"①

就此而言,现有农村扶贫的战略应改变问题导向的意识,而辅之以发展内涵的社会建设方向。长期研究农村贫困的学者都阳、蔡昉(2005)指出,根据不同群体实施不同的扶贫措施将是现阶段扶贫战略转移的重要方向,而其根本的转型需要来自我国农村贫困性质的演变。(见表 2-6)

表 2-6　不同阶段农村贫困性质的演变

阶段	时间	贫困性质	减贫方式	减贫的根源
第一阶段	1979—1985	全面贫困	体制改革和发展生产力所带来的自发的经济增长	改革效应
第二阶段	1986—2000	区域性贫困	区域开发带动经济增长	增长和投入效应
第三阶段	2001—	边缘化贫困	就业机会和社会保障	保障效应

资料来源:都阳、蔡昉:《中国农村贫困性质的变化与扶贫战略调整》,载《中国农村观察》2005 年第 5 期。

从上表所展示的演变过程来看,我国农村贫困的性质已经转向贫困者等弱势群体日益积累的边缘化地位,这就需要具有反社会排斥功能的、帮助贫困者自助的社会政策作为减少贫困发生的可能,并在贫困救助的供给环节与贫困者的需求环节上能有效地联系起来,这就自然落入对我国现有农村社会政策的分析和问题检视。

二、我国农村传统社会政策的基本框架及其存在的问题

纵览各国的实践,可以看到这样一个事实:社会政策的体系在相当程度上是以社会保障政策为早期的核心制度,后期的发展则反映出社会福利体系化的建

---

① 胡敏华:《我国农村扶贫的制度性陷阱:一个基于组织的分析框架》,载《财贸研究》2005 年第 6 期。

设思路,我国的情况也不例外。新中国成立后,我国对全体国民实行了一定程度的社会保护制度,如新中国成立初始对农村贫下中农、城市工人阶层等弱势群体在社会政治地位中的平等予以格外关注,这在"文革"期间是非常明显的。但由于以城市工业化为主导战略的原因,我国的社会政策发展在城乡之间的发展很不平衡。社会保障制度分别建立了农村与城市"两条腿"走路的二元社会保障制度。城市社会保障制度的演变及发展相对来说比较体系化,且在相当程度上把西方国家作为各项保险制度建设的参照系。而农村社会保障制度的健全及发展一直成为制约我国农村经济社会全面发展的短腿。

1956 年,随着国家对农业、手工业和资本主义工商业社会主义改造的完成,在农村原有的集体经济体制下实行了一些属于社会政策范畴的措施,体现在农村的"五保"制度、合作医疗制度及贫困救助制度等,这些社会政策是作为当时经济和政治体制之外的一个独立体系。1986 年初,民政部组织了"建立农村社会保障制度问题"的调研,并在经济较发达地区进行了试点。1994 年民政部出台了《关于加强农村社会保障体系建设的意见》和《农村社会保障制度建设指导方案》两个文件,从总体上规划、规范了农村社会保障体系的基本内容和与之相配套的服务网络,即社会救济制度和相应的以救灾扶贫互助储金会、储粮会等各类救灾扶贫实体为依托的救灾扶贫服务网络;养老保险制度以及相应的以敬老院、老年人活动中心为依托的老年人福利服务网络;优抚安置制度及相应的以光荣院、两用人才开发培训中心为依托的优抚安置服务网络;社会福利制度和相应的以福利厂、残疾人康复站等为依托的残疾人福利服务网络;社会互助制度和相应的婚丧服务网络。[①] 在阶段划分上,宋晓梧等学者(2001)认为,中国农村社会保障制度建设的历史可划分为三个阶段:(1)初创阶段,从新中国成立到"文化大革命"时期;(2)改革发展阶段,从党的十一届三中全会到 20 世纪 90 年代初;(3)体系建设阶段,从 1994 年第十次全国民政工作会议召开直到现在。[②] 与此类似的划分也见于段庆林先生的《中国农村社会保障制度的制度变迁(1949—1999)》一

[①] 朱崇实、陈振明:《公共政策——转轨时期我国经济社会政策研究》,288 页,北京,中国人民大学出版社,1999。

[②] 宋晓梧:《中国社会保障体制改革与发展报告》,前言,北京,中国人民大学出版社,2001。

文中,即集权化保障阶段,自 1947—1977 年为止,目的是服从工业化积累资金的需要;分权化保障阶段,自 1979—1988 年为止,目的是分享经济增长的份额;制度化保障阶段,自 1989 年以来,目标是抵御市场的风险。① 李迎生教授(2007)对农村社会保障制度的划分则比较宏观,他把我国农村社会保障制度的演进划分为两个时期,即以集体保障为主的时期(1949—1978)和向社会保障过渡的时期(1979 年至今)。② 应该说这一类学者对农村社会保障制度的划分与中国当时政治社会的现实是较为吻合的。但是对于社会保障与农村本身经济发展的进程而言,上述的划分似乎又有点粗糙。对此,青年学者宋士云博士(2005)从农村社会保障如何与社会经济发展相联系的角度把农村社会保障制度划分为如下三个阶段:(1)农村个体经济基础之上的社会保障制度(1949—1955 年);(2)计划经济体制下"农村集体保障+国家救助制度"的农村社会保障制度(1956—1983 年);(3)向市场经济转轨中的农村社会保障制度(1984—2002 年)。③ 综合上述学者的研究,我国学界对农村社会保障制度演化形成的研究观点基本上是一致的,即农村社会政策依赖于国家在农村实行的经济体制、土地制度与农业生产经营方式的变革,由此产生滞后性的变迁,大体上经历了早期的家庭保障(土地保障)与国家、社区救助模式向中期的集体保障与国家救助模式,最后向家庭保障、国家扶助及现代社会保障模式相结合的转变。

农村社会政策涉及政府在再分配领域对农村居民的关注,正如其他公共政策一样,社会政策对农村社会居民中的"谁、何时、如何"得到哪些资源作出不同程度的选择。从现有我国农村社会的基本合作医疗、五保户制度、选择性的贫困救助等政策中分析,我们不难看出农村社会政策是相对于城市社会政策而呈现独立地位的话语体系,且彼此之间的界线极为明显。不仅城乡之间存在这种割裂,社会保障还存在于公有部门和非公有部门之间。无论从保障范围还是保障标准上来看,相对优势群体享受到的社会保障都远远优于相对弱势群体。我国学者黄晨熹(2008)通过对我国社会保障制度沿革的研究,用以下的图例表示传

---

① 段庆林:《中国农村社会保障的制度变迁(1949—1999)》,http://www.labournet.com.cn.
② 李迎生:《转型时期的社会政策:问题与选择》,182—193 页,北京,中国人民大学出版社,2007。
③ 宋士云:《新中国农村社会保障制度结构与变迁(1949—2002)》,中南财经政法大学,2005 年。

统社会保障制度的双重二元分割。[①]（见图2.3）

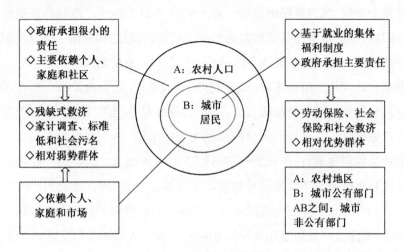

图 2.3　传统社会保障制度的双重二元分割

　　从现实的政策安排来说，农村人口所享受的社会保障方面，政府承担的责任小，农村居民的社会保障安排主要在于个人、家庭的自助以及社会的救助。一旦陷入诸如贫困或需要社会救济的环境下，农村居民的社会保障主要是进行补缺性的社会或政府救助，与之相伴随的就是对贫困家庭的摸底调查，以此来确定是否需要救助。很明显，农村传统社会保障制度在长期的发展过程中，确立的是以保障农村居民的基本生活需要，而且主要是生存性质上的基本生活需要为目标来进行的。一个简单的结论是：在目标取向上，传统农村社会保障实行的是以补缺性社会政策为主要特色的体系，或者说是选择性的社会政策模式。也正如有学者这样所言："中国的社会政策虽然包含着多方面的目标追求，但是在特定的历史条件下，它们并没有被政府均衡地加以实施。在城市与农村之间，全民所有制与集体所有制之间，中央部门与地方政府之间，大单位与小单位之间，都因其处于不同的政治经济地位，而在社会资源的实际占有与使用、收入与社会财富的分配、社会福利与安全保障的提供、风险承担、机会享有与个人行为的自由度等

---

　　① 　按照本书的理解，在其所称之的"双重二元分割"是指城乡户籍制度的分割为第一重分割，社会保障制度的城乡割裂为第二重。可参见黄晨熹：《社会政策》，207页，上海，华东理工大学出版社，2008。

方面呈现出十分明显的等级差别。这种差别由于户籍管理制度、人事管理制度、地区性就业制度、城市补贴制度等一系列壁垒性制度的建立而具有先赋性和身份性,并且在社会资源与社会财富的宏观分配方面,塑造和强化了以身份制为核心内容的城乡二元结构和集团等级结构的特定利益分配格局。"①

　　而从具体的执行层面来看,20 世纪 80 年代之前,社会政策的实施在城市与农村之间也有着完全不同的表现。在城市,政府对社会生活的干预与管理主要体现为对城市居民及其就业人口的福利支出的承担,在一定程度上包揽了城市居民的社会福利要求,这在计划经济体制下的城市社会尤为明显。而在实行农村联产承包责任制改革以及市场经济体制改革之前,政府对社会生活的广泛干预与管理则表现为通过统购统销制度和农副产品价格剪刀差对农村(农业)资源的提取,以及通过户籍制度和人民公社制度对农业人口的生产生活行为加以管制。与城市相比,政府对农村人口只承担了很少的福利支出,农村人口只享有很少和很低的福利待遇。这种在农村提取物质资源、在城市进行分配的政策目标偏好,决定了社会发展的主要成果,即各项社会事业的增长与人民生活的改善就基本体现在城市方面,当时的农村成为社会福利发展的边缘地位。一方面,始自20 世纪 80 年代的市场化改革至今,我国的社会经济条件发生了许多根本性的改变,特别是城乡经济体制改革的推进和深入,前一时期集体保障制度赖以生存的社会经济基础基本丧失,集体福利随之解体。另一方面,由于存在某些缺陷,集体保障制度也在很大程度上阻碍了经济体制改革的深化。众所周知,我国的经济改革首先从农村启动,而社会保障制度改革则先从城市开始,农村社会经济的发展与社会保障制度的改革出现了不同步的现象。

　　在我国农村社会政策的基本内容上,虽然社会保障是作为公共政策的核心要素而存在,但是更多政策体系的安排则体现在以经济发展为主的路径上,社会政策是作为经济政策的附庸而存在。我国学者刘伯龙、竺乾威、程惕杰等学者(2005)从农村社会的整体性角度讨论了农村城镇化政策、村镇环境保护政策、村镇土地政策、税费政策、农村社会养老保险制度、农村最低生活保障制度、农村合

---

① 姜晓星:《论我国社会政策的传统模式及其转变》,载《社会学研究》1992 年第 1 期。

作医疗制度、农村科技与教育政策、基层政府体制改革与农村民主化进程等，这无疑是对农村公共政策这一庞大体系的综合概括。[①] 这里可以从公民福利权利的角度把上述学者所论及的农村养老保险、生活保障、合作医疗、义务教育政策等理解为传统上农村社会政策的主体框架。毕天云教授（2008）则根据"需求导向"为确定农村社会政策的基本原则，把我国农村社会政策的体系需要构成分为十个方面：农村社会救助、农村医疗卫生、农村教育、农村养老保障、农村人口生育、农村反贫困、农民组织的发展与保护、失地农民的社会保障、农村妇女儿童及残疾人权益保护、农村环境保护等。[②] 应该说，毕天云教授的讨论是一个略显宽泛的农村社会政策体系，但这十个方面所涵盖的内容是对农村社会政策在现实客观需要的图景，因为我们对当前农村社会政策的关注往往存在与城市社会政策的对照心理以及对农村遗失层面的弥补。但从现有社会政策的局限性而言，我国农村社会政策存在的滞后性、单向性、非稳定性以及功能弱化等局限性。

在农村发展所存在的问题上，首先，一个明显的问题是社会政策远远滞后于整体社会发展的行动框架。有学者认为，自改革开放以来，"效率优先，兼顾公平"的发展理念严重制约着中国农村社会政策的发展，农村社会政策的主体缺位和政策设计上落后于城市的情形愈发严重，体现在行动主体的缺失（即政府作为社会保障责任者的地位弱化）、实施程序的缺乏、公共财政投入比例过小、城乡二元现象严重、农民自我保障现象严重，而这些现象的存在从总体上降低了中国民众的生活质量，抑制着和谐社会以及社会主义新农村的建设，加剧了城乡之间的差距，加剧了社会排斥。[③] 具体而言，自实行联产承包责任制的改革之后，社会政策在农村社会的发展处于严重缺失的状况。例如，传统合作医疗的解体使得农民在疾病保险中长期处于空白的位置，直到 2003 年国家才重新在全国逐步建立以政府筹资为主、个人少量交费、农民自愿参加、重点提供大病保险的新型农村合作医疗制度。新型农村养老保险制度也是在 2009 年才启动试点。城乡之

①　刘伯龙、竺乾威、程惕杰：《当代中国农村公共政策研究》，上海，复旦大学出版社，2005。

②　毕天云：《论社会政策时代的农村社会政策体系构建》，杨团、王思斌《当代社会政策研究》，北京，中国劳动社会保障出版社，2008。

③　赵慧珠：《中国农村社会政策的演进》，载《东岳论丛》2007 年第 1 期。

间社会保障制度的差距不仅在项目设计上,在体系安排上都滞后于整个社会的发展。

其次,我国农村社会政策的建设是在与经济发展非协调发展的路径上展开,单向性明显。在很多时候,社会政策的地位是以补充经济政策的不足而出现。在改革开放后的 20 多年时间里,就总体而言,中国社会一直认为经济目标优于社会目标,经济发展几近成为现代化建设、社会发展的代名词,经济政策几乎成了压倒一切的基本政策。社会政策与经济政策两者之间呈现出严重的不同步和不平衡。虽然过分强调经济政策是多数国家和地区现代化早期阶段的通病,但是与别的国家和地区相比,中国在经济政策方面的过分看重几乎是有过之而无不及。与经济政策相比,中国真正意义上的社会政策起步较晚,也就是从 20 世纪 90 年代末起,社会政策才开始得到一部分社会成员的认同。即使是在当下,社会政策无论就其受重视的程度,还是就其贯彻的力度而言都是不能与经济政策同日而语的。特别需要指出的是,社会政策是社会公正理念的具体体现。对于现代社会和市场经济社会来说,社会政策是至关重要的。社会政策对于协调社会群体之间的利益关系,保证社会的安全,促进社会的整体化发展,提升社会质量,实现社会的良性运行和健康发展,均有着不可替代的作用。近年来一些影响社会稳定的群体性事件都在一定层面上反映了经济发展优先于社会发展所带来的负面作用。①

再次,农村社会政策的整体性与体系化建设处于弱化的地位,制度化的稳定性欠缺。迄今为止,中国尚未出台完整的《社会保障法》,因而不可能确立起社会保障的基本体系。原有的计划经济体制内那种"低水平,广覆盖"的社会保障体系瓦解了,而新的社会保障体系又没有及时地建立起来。社会保障政策的相对滞后致使中国的社会政策缺少一项基础性的基本内容;而体系化社会保障政策的缺乏,也致使中国的社会政策缺乏完整性和体系化。在全球化持续凸显、城市化不断深入的国家和地区,农村社会政策的健全对劳动力的合理配置及市场化

---

① 在我国,近年来由于征地拆迁、投资办厂等经济行为导致政府或企业与社会民众发生冲突的事例不少,一个很大的因素就是未能解决被征地农民的社会保障问题,或者以牺牲地方自然环境、危害农村居民的身体健康为代价。

有序流动产生着重要的影响。

　　最后，农村社会政策对农村社会发展的支持力偏弱。社会政策强调社会行政的动态行为，其再分配的理念在一定程度上修复各社会阶层之间的裂痕，以达到巩固社会团结的目的性。社会政策意义上的社会排斥是指主导群体在社会意识和政策法规等不同层面上对边缘化的贫弱群体的社会排斥，对社会融合而言，这是极为不利的。适度的社会政策对经济发展产生积极的促进作用。"在全球化环境下，国际社会的一个普遍共识是，社会政策应被看作是对人力资本和社会的投资，它对经济发展和劳动力素质的提高有重要的作用，以投资为导向的社会政策是资产而不是负担。"①对我国而言，农村社会资本在很多地方表现为低水平的循环，迷信活动、不合理的人情开支等在相当程度上制约了农村社会发展的动力。教育和医疗方面的投入不足也影响了农村的发展，因愚致贫、因病致贫、因灾返贫等现象的发生使得国家开发式扶贫战略的实施效益降低。

三、发展型社会政策在反贫困中的功能：生计的支持、保护与发展

　　贫困现象的发生以及有效的减贫途径在相当程度上与贫困者的生计紧密相关。"生计"(livelihood)在英语词典里的含义是维持生活的手段和方式。生计比我们常常谈论的"工作"、"收入"和"职业"等词汇有着更为丰富的内涵和更多的外延，更能完整地描绘出穷人在生存行为上的复杂性，也更利于理解穷人为了生存安全而采取的策略。因此，准确地界定生计为我们进一步研究和实践贫困者的生计途径以及调整国家和社会的扶贫策略奠定了良好基础。部分国外学者所采纳的生计定义是："谋生的方式，该谋生方式建立在能力(capabilities)、资产(assets)(包括储备物、资源、要求权和享有权)和活动(activities)基础之上。"②很明显，这种界定的重要特征就在于它直接关注资产和在实践中所拥有的选择之

---

① 梁祖彬：《演变中的社会福利政策思维——由再分配到社会投资》，载《中国社会科学》2004 年第 6 期。

② Chambers, R., and R. Conway, (1992), *Sustainable Livelihood: Practical Concepts for the 21st Century*, IDS Discussion Paper, No. 296.

间的联系,而在此基础上追求生存所需的收入水平的不同的行动。[1]

　　生计概念的思考与应用为我们提供了一种观察和研究农村扶贫、环境保护和自然资源可持续利用等整体性发展问题的视角。例如,以生计的资产基础来说,现在普遍认为家庭或个人的资产状况既是理解家庭或个人拥有的选择的机会、采用的生计策略和所处的风险环境的基础,也是针对农村贫困地区扶贫开发和发展项目设计和实施、政策制定的切入点。国外学者认为,在采纳以资产为基础的生计分析时,应该考虑以下几方面问题:一是顺序性,指的是建立成功生计策略的开端是什么。对于随后获得的其他资产来说,哪一种资产与这些资产更相关。二是替代性,指的是一种资产能否替代另一种资产,为了特殊的生计策略,这些资本是否需要结合在一起。三是集合性,指的是拥有获得一种资产的权利能否被赋予获得另一种资产的权利,是否存在于特殊生计策略相关的特殊资产组合。四是获得性,指的是导致不同群体获得特殊的资产的因素是什么。五是交易性,指的是在追求特殊的行动组合的过程中,涉及交易的资产是什么。对于被采纳的生计策略的未来的可持续性来说,这些资产交换意味着什么。六是趋势性,指的是资产如何耗尽和积累,以及由谁耗尽和积累资产,资产获得性趋势是什么,随着时间的推移,被创造的新资产是什么。[2]

　　在农村发展中,由于生计途径的单一化,如大部分农民仅仅靠农作物种植作为解决谋生的唯一途径,由此而导致生活不稳定。在自然灾害或家庭人员的变故上,生活上的不稳定或陷入贫困就成为一个反复出现的问题。农村贫困人口一直是特别容易受到冲击的对象,而且在生活的冲击和多变性面前特别的脆弱。国外学者 Stephen Devereux(2001)从涉及农业的多个层面分析了农村贫困人口常见的风险类型及其可能产生的受冲击人群。[3]（见表 2-7）

---

①　Ellis, F., (2000), *Rural Livelihoods and Diversity in Development Countries*, New York: Oxford University Press.

②　Scoones, I., (1998) *Sustainable Rural Livelihoods: A Framework for Analysis*, IDS, Working Paper, No. 72.

③　Stephen Devereux, (2001), *Livelihood Insecurity and Social Protection: A Re-emerging Issue in Rural Development*, Development Policy Review, 19(4).

表 2-7 农村贫困人口面临的生计风险

风险类型	受冲击的人群
作物生产风险(干旱、病虫害及其他)	缺少收入多样化的小农、受限的技术改进、失地农民
农产品贸易风险(出口或进口中断)	以出口农作物为生的农民、小规模的牧民、依靠粮食进口的贫困家庭
粮食价格风险(突发性的价格风险)	贫穷、完全购买粮食的家庭,包括农村地区赤字粮食生产者
就业风险	工资收入家庭和非正规部门的雇员(在城市周边地区就业的农村居民)
健康风险(如感染性疾病而导致的劳动生产率下降)	整个社会,尤其是那些不能提供预防或治疗服务的家庭
政治和政策失败的风险	处于战争或内乱地区的家庭、基础设施低下且与经济中心远离的家庭
人口风险(影响群体的个人风险)	文盲、女性为户主的家庭、处于抚养阶段的孩子、老年人

　　生计的不稳定不仅仅是贫困的一个征兆,同时也是一个诱因。因此,农村生计的可持续发展需要解决农村居民的脆弱性和减少贫困的发生率。Stephen Devereux 认为,由于脆弱性与资产是相互关联的,所以任何增加穷人资产的干预措施都将间接提高生活保障。这表明,不要把社会保障功能界定得过于狭窄是非常重要的。土地改革、农业研究、小额信贷、教育补贴等等,都可以产生积极的结果和积极的社会保障影响。"对长期贫困和极为脆弱的农村人口来说,以制度化的社会保护措施来进行发展干预是一个极大的财政和政治挑战。"Stephen Devereux 同时指出,旧的二分法——国家与市场,亦即公共转移与私人转移无法捕捉到各种行为者之间的关系多样性和复杂性,这里的各种行为者包括了政府、市场、捐助者、非政府组织、社区组织、社会网络等,他们共同给穷人提供了某种程度的生活保障。如果目前的趋势继续下去,越来越多的中间形式将占据两者的体制空间。在农村发展中,如何使这些中间形式有效地付诸实施是一个关键性的问题。

　　很明显,诸如此类对生计这一概念的思考需要我们把扶贫的思路审视社会政策对农村生计的支持与保护的路径。霍尔兹曼(Holzman,R)和乔根森(Jorgenson, S.,2000)认为,社会政策的支持在于尽可能保障贫困者自由选择其谋生方式的权利,这同时也是穷人的政治权利,目的在于保障贫困者在逐渐脱离贫困的过程中能够获得政府和社会的援助,从而避免再次陷入贫困的陷阱。社会保护曾被界定为“公共干预”,其内涵体现在:(1)协助个人、家庭和社区更好地管理风险的公共干预。(2)给特别贫困的人提供支持的公共干预。① 此外,社会保护还被认为是对在一个特定的政治或社会环境里被认为是社会上难以接受的脆弱性、风险和剥夺的程度的一种反映所采取的一种公共行动。霍尔兹曼和乔根森的“社会风险管理”概念框架就把社会保障作为一种安全网和一个脱贫的跳板,其指导原则包括:帮助穷人维持获得基本社会服务的权利,避免社会排斥,尽量减少生活动荡时采用腐蚀性的应对策略,促进采用高回报的经济活动,避免低效非正式的风险分担机制。众所周知,贫困家庭和社区通过利用自己的资源来度过生活的冲击以及维持自身生计的能力有限,因而公共干预是不可或缺的。国家的再分配转让给穷人要么充当一个“社会援助”的功能以减少长期贫困的发生和恶化;要么充当“社会保险”的功能以防止短暂冲击下的贫困(或者死亡)。就此而言,社会政策对生计的支持与保护成为它在扶贫战略中重要的环节。

　　生计分析框架的另一个重要组成部分就是把影响生计的社会、经济和政治背景。Scoones(1998)把背景分成两类:一类是条件和趋势,主要包括历史、政治和经济趋势,此外还有气候、人口和社会差别;另一类是制度和组织。② Ellis(2000)也把背景分成两类:一类是社会关系、制度和组织;另一类是趋势和冲击因素。可以看出,背景组成部分非常复杂,涉及诸多领域。英国国际发展署(DIFD)把一种可持续的生计框架表现为如下方式(见图2.4)。

---

① Holzman, R. and Jorgenson, S. (2000) *Social Risk management: A New Conceptual Framework for Social Protection, and Beyond.* Social Protection Discussion Paper No. 6. Washington, DC: World Bank. p3.

② Scoones, I., (1998) *Sustainable Rural Livelihoods: A Framework for Analysis*, IDS, Working Paper. No. 72.

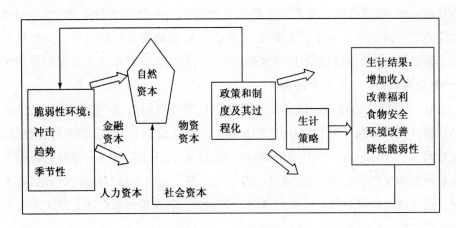

图 2.4　DIFD 可持续生计分析框架图

资料来源：[美]安东尼·哈尔、詹姆斯·梅志里：《发展型社会政策》，罗敏等译，137 页，北京，社会科学文献出版社，2006。

英国国际发展署(DIFD)的生计分析框架是用一个二维平面图来展示生计构成的核心要素及要素之间的机构和关系。在这个分析框架里，生计策略的强化在于从贫困者所在的自然资本、金融资本、物质资本、人力资本以及社会资本等发展过程化的表现中获得。可以看出，发展的理念引导生计的可持续，而农户的发展更多的是涉及社会政策的实施范畴，如对贫困地区在人力资本的投资、社会资本的良性运行等等。而"消除贫困的最大目标在于发展个体、家庭和社区生计系统的能力"[①]。因此，生计途径的研究在特色上就是超越传统社会政策的静态保障性，而强调社会政策对个体、家庭和社区生计系统的发展性。

发展经济学也强调技术、储蓄(投资)和教育的作用，但往往忽略更本质的制度因素。对此，经济学家诺思指出，从家庭承包制开始，中国发展出一种信念结构而非制度因素，这种信念结构无需借助任何西方的标准处方就实现了经济的快速发展。然而，如果中国想继续保持经济增长势头，就必须在政治经济结构中

---

① 唐均：《中国城乡地保制度发展的现状与前瞻》，《首届社会政策国际论坛暨系列讲座论文集》，127 页，天津，南开大学，2005 年。

构建激励体系,这可能需要建立更具西方社会的适应性效率特征的制度。① 这里所说的在政治结构中建立激励体系,就在于社会政策是否具有与经济发展相协调发展的潜力。而发展型社会政策对农村反贫困以及贫困者生计保护作用的凸显,具体表现在以下几个方面。

1. 发展型社会政策的策略是强调面向贫困人群的赋权。赋权的含义是使某些群体有能力对发展过程中的产出施加积极性的影响,从而增进自身利益。就贫困而言,国家和政府的扶贫战略在一定程度上是以某种一相情愿的心态介入贫困者的生产和生活过程,在某些方面却忽视了贫困者自身的权利诉求,因为自上而下式的扶贫政策途径总是倾向于依据官方的议程来操纵扶贫程序的路径和估量贫困者的实际需求。

2. 发展型社会政策强调与扶贫性质的经济政策保持同步的功能。毋庸置疑,一个国家或地区的经济政策和经济状况对社会政策具有极端重要的影响,这是因为经济政策不但影响社会问题的广度和深度,而且更重要的是,影响社会政策解决这些问题的能力。首先,经济政策会影响 GDP 的增长,进而影响可用来实现社会目标的社会资源总量;其次,经济政策会影响失业状况,而后者则产生对收入保障的需求;再次,经济政策会影响收入的不平等状况以及贫困范围;最后,经济政策会通过利率来影响社会建设的成本,通过影响投资来影响年轻人的工作机会。② 然而,发展型社会政策对经济发展所起到的正面作用更为明显。例如,发展型社会政策强调与劳动力市场的密切配合,它不仅有帮助经济政策在促进社会生产力方面的功用,对个人和家庭在市场化交易过程中也能体现公平的价值理念。

3. 发展型社会政策在诸如贫困等社会问题的策略上重视"预防胜于治疗"的理念,对社会问题的解决以事前预防为主。"头痛医头,脚痛医脚"的社会政策,如剩余模式的社会政策,在解决社会问题时往往陷入首尾难顾的局面。而发展型社会政策主张对社会问题进行"上游干预",重视建立针对家庭和儿童的投

---

① ［美］道格拉斯·C. 诺思:《理解经济变迁过程》,143 页,钟正生等译,北京,中国人民大学出版社,2008。

② Gough, I. (2003). *Social Policy and Economic Policy*. In P. Alcock, A. Erskine and M. May. The student's Companion to Social Policy. Malden, MA: Blackwell Pub. Pp. 137—145.

资体系,采取事先预防的措施以降低解决社会问题的成本。

4. 发展型社会政策在扶贫的实施途径上提倡整体性的思路,具备丰富的"善治"理念。制度性的社会政策依靠政府作为社会福利的唯一实施机构,以科层制为基础的权力体系弱化了对经济效率的追求,导致政府在再分配体制和自身运行体制上的僵化。发展型社会政策认为,尽管不同机构的角色无疑会有一些重叠,但是每一个机构本身都为这一进程作出其独特的贡献;一旦善加组织,就可能会出现这样一种结构性的状况:整体大于部分之和。[①] 善治就是"良好的治理",它强调公私机构、国家与社会、政府与公民对社会问题的协同治理,整体性的社会政策是国家主义、企业化思路以及平民主义范式的融合。而这样的社会政策只能是发展型社会政策。

5. 发展型社会政策在扶贫的政策目标上力图促进社会融合和社会全面的发展。传统的社会政策以福利的再分配为主要关注点,以至于在促进社会融合和社会建设的目标上欠缺排序上的优先考量。而发展型社会政策不仅关注最基本的问题,而且更注重与经济发展的动态过程相协调,以此促进整体的社会福祉。发展型社会政策在扶贫的目标上,力图把生计发展的思路和各种以权利为基础的思路以及社会质量的指数都包括进来,以此来缓解贫困并满足人们的基本需要。

---

① ［美］安东尼·哈尔、詹姆斯·梅志里:《发展型社会政策》,罗敏等译,北京,社会科学文献出版社,2006。

本章小结

对社会问题的治理是社会政策出场的序幕。社会政策是促使社会问题产生变化的过程，对于社会发展而言具有深远的影响，它可能是积极的，也可能是消极的。在国家看来，传统意义上的社会政策是被用来解决经济发展过程中出现的社会民生问题，因而被看成是为经济发展"收拾残局"的工具，即经济政策的附属品。然而由于其再分配功能是将资源从生产性领域转向非生产性领域，因而会减少生产性投资，对经济发展产生负面影响。因此，那些经济不景气的高福利国家常常受到这样的责难：社会开支膨胀拖垮经济。[①] 对此，一个普遍性的国际共识正逐步形成：这是一种对社会政策的偏见认识。现在人们逐渐意识到，在国家和地区发展的经济战略上，社会政策不是弥补性的存在，或者说是辅助性的，它本身就具备产出性的投资效应。本章的结论认为，对于我国农村的贫困者而言，现有的以增加生产性收入为脱贫目标的经济政策忽视了帮助他们如何融入经济与社会联系的概念，而政府一直倾力的收入转移支付也在一定程度上只强调给贫困者提供生活条件，而忽视了如何帮助发展自身的能力。比较其他类型的社会政策而言，发展型社会政策更提倡在社会融合、反社会排斥、基本需要的满足等方面与经济发展的战略相同步。

20世纪90年代，许多政府发展机构和非政府组织发展机构认为，过去几十年，发展中国家在消除贫困和发展农村工作中所取得的成绩是有限的。在回顾他们的发展策略和总结经验基础上，提出一条尤其是针对解决关于农村贫困、性别和环境等主题的生计途径。这些发展机构的生计理念来自 Chambers 和 Conway(1992)的可持续生计定义："生计是由生活所需的能力、资产(包括储备物、资源)、要求权、享有权和活动组成。当人们能应对风险和冲击，并从中恢复、维持和增加资产，保持和提高能力，并且为下一代生存提供机会，那么，该生计就具有可持续性。"[②]相比较而言，发展型社会政策对农村生计的支持、保护以及生计的发展框架具有传统社会政策所不具备的"发展"这一维度，其强调的理念嵌入在经济发展与社会发展同等重要的基础之上。对于我国农村的扶贫战略而言，运用发展型社会政策的理念已是必要之举。

---

① 黄晨熹：《社会政策概念辨析》，载《社会学研究》2008年第4期。
② 李斌、李小云、左停：《农村发展中的生计途径研究与实践》，载《农业技术经济》2004年第4期。

第三章 贫困、农村扶贫模式与政府基本公共服务的现状

　　人类的发展史从某种意义上说就是一部与贫困斗争的历史。犹太经典《圣哲箴言》说:"世界上没有什么比贫穷更糟糕的了——它是所有痛苦中最可怕的。如果把世界上所有的痛苦都放在天平的一边,天平的另一边放的是贫穷,而贫穷在重量上将超过所有痛苦的总和。"我国古代更有"饥寒生盗心"、"衣食足而知荣辱"等对贫穷影响人们正常生活的经验总结。贫困对于个人来说,它伴随着个体在生活物质上的缺乏、受社会排斥程度的加剧,这无疑是可怕的生活经历。贫困对于社会而言,更是影响一个国家长治久安、和谐稳定的基础性问题。例如,在我国历史上曾经有很多次的农民起义,其鲜明的宗旨就是改变底层群体贫穷的局面,"均贫富"等思想成为历代社会动荡时期的口号。而由于贫穷产生的暴动之后,带给整个社会的是长久的休养生息期和生活恢复期。

　　当代中国的发展差距,存在着各区域经济和社会发展的不平衡以及城乡居民在贫富差距上的现实存在。著名国情研究专家胡鞍钢(2005)曾用"一个中国,四个世界"来概括我国目前整体的发展状况。北京、上海、深圳等占全国人口2.2%的大城市是第一世界;广东、江苏、浙江、辽宁等占全国人口21.8%的沿海省市是第二世界;东北、华北、中部地区占全国人口26%的各省区市是第三世

界;中西部地区比较穷的省区是第四世界。① 具体而言,我国的贫困现象存在这样几个重要特征:一是社会经济结构特征。即穷人多在农村,农村贫困人口占全国贫困人口的 86%。二是自然地理特征。农村贫困人口的 63% 分布在西部自然条件恶劣和交通极为困难的山区、沙漠和边境地区;中部和东部占 37% 的农村贫困人口基本上也是在山区、丘陵地带、黄土高原地区、库区和自然灾害频繁的洪涝地区。70% 的贫困人口集中在近 500 个中西部的深山、石山、荒漠、高寒区、高原区的贫困县中。三是社会阶层特征。贫困人口往往是那些在社会的政治资源和经济资源分配格局中处于弱势地位的人。四是个人素质特征。贫困人口身体状况比较差,文化程度比较低。而且已经脱贫的贫困人口,由于脱贫的标准较低,与国际通行的脱贫标准尚存较大差距,更重要的是,由于自然灾害频繁、人口增长过快、扶贫资金有限、社会救济能力极其脆弱,很容易返贫。② 以这样的格局和特征来说,对农村扶贫的研究就显得尤为重要。本章将从贫困的内涵出发,逐步探讨我国现有的扶贫模式,而对这一部分的内容分析主要也是从社会政策的视角来进行。

第一节　贫困的基本内涵与农村贫困的形成机理

一、贫困内涵的多维视角

美国著名经济学家萨缪尔森生前曾认为:"贫困是一个非常难以捉摸的概念,它具有社会性、历史性、长期性、复杂性、综合性以及国际性等诸多特点。"在不同的历史时期和不同的地理区域,人们从不同的角度去认识贫困,对贫困的内涵自然产生差异性的认识。贫困作为理论和实践频繁探讨的话题,其内涵在多个层面上予以反映。对贫困内涵的区分也有助于了解一个国家和社会在反贫困策略上的思考以及宏观战略的政策制定,这里将其归结为以下几种。

---

① 胡鞍钢:《转型与稳定:中国如何长治久安》,北京,人民出版社,2005。
② 关于贫困数量分布的数据转引自王碧玉:《中国农村反贫困问题研究》,3 页,北京,中国农业出版社,2006。

1. 经济学的观点。这方面以国外学者的观点为主流。奥本海默（Oppenheim，1993）认为，贫困是指物质上的、社会上的和情感上的匮乏，它意味着在食物、保暖和衣着方面的开支要少于平均水平。① 另一位著名学者舒尔茨则明确支持经济学家应该将贫困问题的理论纳入经济学的研究范畴。欧共体把贫困理解为个人、家庭和群体资源的有限，以致他们被排除在他们的成员可以接受的生活方式之外。此外，我国国家统计局所定义的贫困也是指个人或家庭依靠劳动所得和其他合法收入不能维持其基本的生存需求。应该说，对贫困内涵的理解最初就是来自经济方面的认识。

2. 政治学的观点。此类观点把贫困看成是制度以及权利缺乏的结果，即贫困不仅仅是贫困人口收入低的结果，贫困的真正含义是创造收入和机会的缺乏，只有从权利、机会、能力等层面才可以理解贫困的内涵。印度著名学者阿玛蒂亚·森（2001）认为，要理解普遍存在的贫困，频繁出现的饥饿或饥荒，我们不仅要关注所有权模式和交换模式，还要关注在它们背后的因素。这就要求我们认真思考生产方式、经济等级结构以及它们之间的相互关系，饥饿应该在权利体系中得到维护。② 我国著名学者王绍光认为，普通老百姓的利益诉求不是表面的经济利益诉求，而是权利的诉求，权利的贫困已成为最大的贫困。

3. 社会学的观点。社会学倾向于从社会分层的角度理解贫困，认为只有观察处于社会最底层那些数量在 10%—20% 的人与其他人之间具有差别的本质和程度，才可以理解贫困的真实内涵，故此社会学通常把这部分人的生活方式、态度和行为等联系起来看待贫困的内涵。如破裂的家庭、情感和行为的变异、社会歧视、社会排斥的加剧等等就是社会学对贫困的最初理解。如今，越来越多的社会学研究者倾向于从社会政策的角度来看待农民贫困问题，他们认为，城乡社会政策的偏差也是影响农村贫困的主要因素，而社会政策的弱化是贫困者所处环境的一个重要因素。

4. 综合的观点。世界银行《2000—2001 年度报告》指出了这样的观点："贫困不仅指收入低微和人力发展不足，它还包括人对外部冲击的脆弱性，包括缺少

---

① Oppenheim，(1993). *Poverty: the Facts*, Child Poverty Action Group, p83.
② ［印］阿玛蒂亚·森：《贫困与饥荒》，北京，商务印书馆，2001。

发言权、权利和被社会排斥在外。"①联合国开发计划署的《人类发展报告》和《贫困报告》则更为拓展贫困的含义，认为人类的贫困指的是缺乏发展的机会和选择——长寿、健康、体面的生活、自由、社会地位、自尊和他人的尊重。我国著名学者童星和林闽钢(1993)也把贫困看成是经济、社会、文化落后的总称，是由低收入造成的缺乏生活必需的基本物质和服务以及没有发展的机会和手段的生活状况。②

以上对贫困内涵的基本概括，是把贫困放在一个比较容易识别的学科研究层面上来进行的，而不同的研究者对于贫困作为学术和实践的话语分析则是放在两个层面上展开的。一是显形的角度，即贫困是一种资源可及性的丧失，包括健康、物质、教育等方面，它们对贫困者与非贫困者的可获得性比较上处于一种非均衡的状态。二是隐性的层面，即贫困意味着权利和机会的不对等状态，由此而伴随行为方式上的变化。这两个层面是互为因果的关系，即贫困的表象与内容存在一个频繁交换的链接，对于部分贫困者而言，贫困是资源可及性的丧失，例如由于疾病而产生的贫困。对于另一部分贫困者而言，贫困又是能力和权利的缺乏，例如市场经济的"马太效应"又催生的新的贫困。

作为一个复杂的社会问题，贫困毫无疑问是一个包括多个层面及意蕴的范畴，因此对贫困的分类显得尤为重要。由于经济发展水平、社会文化背景、判断及衡量标准的差异等，贫困表现出不同的类别。根据对贫困现象的理解程度和认识程度，大致说来，可以划分为绝对贫困和相对贫困两类，或划分为我们所常说的狭义贫困和广义贫困。

绝对贫困往往被理解为生存性的贫困，是指在一定的社会生活方式下，个人或家庭不能维持一个基本生存需要的状况。而相对贫困是经济发达国家通常采用的，一般可视为带有个人主观性的比较概念。同样的，狭义贫困与绝对贫困的理解是一致的，仅仅涉及物质上的不满足，处于这种贫困状况中的人所追求的是生活上的满足，希望得到与其他社会成员相等的收入、食品、燃料、衣着、住房和

---

① 世界银行：《2000—2001年世界发展报告——与贫困作斗争》，15页，北京，中国财政经济出版社，2001。

② 童星、林闽钢：《我国农村贫困标准线研究》，载《中国社会科学》1993年第3期。

生存环境,数量上的满足很重要,它也可以用一些经济指标来衡量。而广义贫困除了包括经济意义上的狭义贫困之外,还包括社会方面、环境方面、精神方面的贫困,即贫困者享受不到作为一个正常的"社会人"所应该享受的物质生活和精神生活。

从反贫困的政策措施上看,大多数国家都存在经济政策与社会政策等多项制度安排。从这些政策的结果出发,其目的都是基于满足贫困者在某种程度上的基本需要。经济政策的扶贫策略强调生活资源的有效供给,因此,它最大的目标是注重增长的物质属性,体现为要素增加、技术创新以及资源配置效率的提高。社会政策的反贫困战略有选择性(或称剩余型)和普惠性两种模式。反贫困战略的选择性社会政策关注的是贫困者个体,例如,通过识别谁是贫困者之后,社会工作者对贫困者个体和家庭的介入及行为干预,而普惠性的社会政策关注的是贫困者的社会制度建设。从贫困者所需要的层次上看,不管是经济政策还是社会政策,所针对的都是未满足的需要。不同的是,经济政策对人的理论假设是"经济人"的物质需要,社会政策对人的假设注重"社会人"的情感需要。由此,经济政策对贫困者那些未满足的需要倾向于用数量来测度,社会政策则采用生活质量指标考察那些未满足的需要。

这样,从需要的视角定义贫困可以成为比较稳定的概念体系,我国学者彭华民教授(2008)就把贫困定义为:基本需要的未满足。而这一内涵的解释同样也运用到政治学对贫困的考察,如王绍光、张英洪等学者(2007)认为,贫困的实质也是一种权利的贫困",因此贫困者的"需要未满足"成为反贫困战略中各项政策的共同出发点。

综上所述,贫困在内涵上,可以从依次递进的四个表现形式来界定其"需要的未满足"。本研究认为,首先,贫困是一种处于低水平的物质生活、缺乏起码的生存资源的生活状况,主要表现为低收入,即物质需要的未满足;其次,贫困还涉及社会生活上的孤立,这使得贫困与社会排斥紧密联系在一起,即社会参与需要的未满足;再次,贫困还体现为能力之不足,这与教育、权力和自由相关,即能力需要的未满足;最后,贫困还体现为缺乏发展机会,进而导致贫困的恶性循环,即发展权利的未满足。同时,本研究也旨在把贫困的概念看作是一个动态过程中的一点。当一个动态过程向前推进时,贫困概念的内涵也在发生变化,例如,生计途径的变化就需要以不同的方式来理解贫困。①

二、贫困致因的机理:社会政策视角的分析

关于贫困的形成,或者说是什么因素导致贫困的产生,存在着多种多样的解释。有的研究者把地理以及自然环境不利于改善人们的生存条件看成是贫困的成因,有的研究者把经济发展的阶段性波动看成是贫困的主要成因,有的研究者把贫困的成因看成是社会环境变化的结果,例如动荡、战争,等等。从社会政策所倡导的基本观点来说,具有代表性的贫困致因理论有文化范式的解释、政治权利的解释以及可行能力的解释等,它们与社会政策的贫困致因解释非常类似。

20 世纪 60 年代,西方国家出现用文化范式进行贫困问题研究的趋势,一些西方学者,代表性人物如美国的刘易斯(Lewis)、布迪厄(Bouridieu)等相继在贫困文化(poverty culture)方面进行了研究。刘易斯指出,贫困文化是一个特定的概念标签,是一个拥有自己的结构与理性的社会亚文化。它表达着在既定的历史和社会中,贫穷者共享的有别于主流文化的一种生活方式;也体现了在阶层化、高度个人化的社会里,贫穷者对其边缘地位的适应和反应;贫困还代表着一种努力,即贫穷者面对并处理那些根据主流社会的价值并不成功的种种努力。贫困文化是贫穷者解决日常生活问题的方法,它为那些无法达到主流社会要求的人提供自我安抚与防卫的机制。② 布迪厄认为,贫穷者的窘迫往往在于他们没有选择,而没有选择的主要原因是贫穷者在市场竞争中缺乏必要的文化资本(Culture Capital),文化资本是人们长期内化的生存心态,包括那些由合法性制度所确认的各种学衔、学位,以及那些已经物化或对象化的文化财产。③ 很明显,对贫穷问题的文化解释是带有"经济发展无法拯救贫穷者"的断言而走进贫穷研究领域的。应该说,文化的解释既是对贫穷结构解释的再解释,也是对贫穷内涵的新理解,它注重的是贫穷问题中的非经济要素。

---

① 生计途径的变化表现为就业和谋生方式的变迁。由于个体的技能、社会地位、社会心理等方面随着生计途径的变化而变化,贫困的内涵就具有不同的形式,所以贫困也是动态的表现。

② Lewis, O. (1968). *On Understanding Poverty*, New York: Basic Books, p215.

③ Bourdieu, P. (1983), *The Forms of Capital*, John G., Richardson, pp. 241—258.

　　贫困的政治范式理解认为,贫穷问题进入公众讨论范围,必然伴随两个主体性的发展:一是贫穷本身已经由个体逐渐发展为一个贫穷阶层或贫穷群体;二是置身于社会转型中的人们,已经意识到贫穷者不再是以往那种失业而无所事事的人,而是作为社会群体整体、作为社会问题而存在。美国学者米德(Mead,1991)更进一步提出了新贫穷的政治观点,他认为,今天下层阶级的新贫穷不同于过去的贫穷,下层阶级的贫穷源于机会的缺乏而不是无能力或不愿意利用能力,改变贫穷的性质在于改变我们政治的基础。[1] 社会排斥理论和这里所指的新贫困问题是相关的。它强调从参与权利的角度研究贫困问题,给贫穷问题的解决提供了新的思考路径。戈登(Gordon,2000)认为,贫穷是具有社会公民身份的社会成员对社会活动参与不足而造成的,他们在劳动力市场、社会服务和社会关系的参与方面普遍存在不足。[2] 因为参与的程度不同,社会成员处于中心或边缘的位置,贫穷的社会成员在某个向度上因被社会排斥而具有边缘性。应该说,社会排斥概念的应用为我们展示了贫困者面临什么样的边缘化地位。与贫困的概念相比,社会排斥的研究整合了社会和文化制度要素中福利要素的缺失,如农村的教育和医疗制度相比于城市就是公民在平等权利上的一种剥夺。故此,贫困的社会成员一直被认为是生活在社会的边缘。[3] 银平均(2007)认为,我国农村贫困得不到彻底解决,除自然、历史因素影响外,最根本的原因是农村在经济、政治、社会生活、福利制度和文化等五个维度长期遭受着社会排斥。社会排斥和其他因素的综合作用,形成了农村贫困再生产机制,使农村贫困处于恶性的代际传递与循环之中。[4] 同样是发展中国家的学者穆罕默德·尤努斯(2006)则有这样的结论:"贫困是制度安排和机制失败的结果,是'人为'的,如果

　　[1]　Mead, L. M. (1991). *The New Politics of the New Poverty*. Public Interest, Spring (91): pp. 103—106.

　　[2]　Gordon, D. (2000). *Poverty and Social Exclusion in Britain*. New York: Joseph Rowntree Foundation. p12.

　　[3]　Milbourne, L. (2002). Unspoken Exclusion: Experiences of Continued Marginalisation from Education among "Hard to Reach" Groups of Adults and Children in the UK. British Journal of Sociology of Education, 23(2).

　　[4]　银平均:《社会排斥视角下的中国农村贫困》,载《思想战线》2007年第1期。

改变制度设计,给穷人一个平等的机会,他们就会创造出一个没有贫困的世界。"①所以贫困也是"一种锁定状态,就我国而言,以户籍制度为核心的二元经济体制、人力资本的低水平、匮乏的公共设施等等,均是引发贫困累计循环的'诱致因素'。正是这些因素,使生活在农村的多数居民丧失了或者难以具备改善他们处境的机会与能力,而决定这些因素的,就是制度"②。学者张英洪(2007)也把农民政治权利的不足看成是导致农村贫困的一个重要因素。③ 很明显,政治范式对贫困成因的解释重在对社会制度作横向面的分析和比较。

经济学家阿玛蒂亚·森(2001)把"可行能力"看成是贫困成因的解释也使得其理论具有社会政策的广泛内涵。他的"能力方法"的分析框架非常独特。他认为,应当用"个人在生活中实现各种有价值功能的实际能力"来研究贫困问题。原因在于,一个人能够利用所拥有的资源禀赋交换到各种商品组合的能力非常重要。④ 图3.1可以这样理解"可行能力"对个人脱离贫困的影响:个人的资源禀赋与直接交换权利集相关,同时所处的交换地位也同样进入交换权利集,当"交换权利集"扩张时,某个人将进入到富裕的均衡中去,反之,则陷入贫困状态。所以其结论是,贫困问题既是缺乏交换权利使然,也是缺乏可行能力使然。换言之,贫困既是经济政策使然,也是社会政策使然。

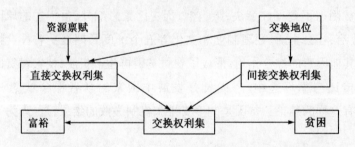

图3.1　阿玛蒂亚·森的能力与权利理论:贫困的形成机理

以上三种代表性的贫困成因解释从理论层面上回答了贫困的部分内部及外

---

① [孟加拉]穆罕默德·尤努斯:《穷人的银行家》,181页,吴士宏译,北京,生活·读书·新知三联书店,2006。
② 赵玉亮、邓宏图:《制度与贫困:以中国农村贫困的制度成因为例》,载《经济科学》2009年第1期。
③ 张英洪:《农民权论》,北京,中国经济出版社,2007。
④ [印]阿玛蒂亚·森:《贫困与饥荒》,12~16页,北京,商务印书馆,2001。

部致因,而从表面上看,贫困也呈现出不同的形式。以我国为例,一份对中国中西部九省(区、市)贫困农户的样本调查反映了他们陷入贫困的原因。(见表 3-1)

表 3-1　中国中西部九省(区、市)样本农户生活困难的原因

	绝对贫困户	全部样本数
1.农业收入太少(%)	71.6	70.9
2.看病花钱多(%)	54.7	49.2
3.遭受了自然灾害(%)	41.9	20.2
4.没钱投资搞经营(%)	30.4	25.8
5.家里人口多,或者缺劳力(%)	24.3	15.0
6.孩子上学花钱多(%)	18.9	36.8
有经济困难的样本数	148	1623
有效样本总数	187	3427

注:以有经济困难的样本户数为 100%。

资料来源:《中国发展报告(2007):在发展中消除贫困》,《中国发展研究基金会 2007 年》,第 80 页。

以上的问卷调查告诉我们,从事农业而获得的收入太少、医疗花费、自然灾害、缺少投资、人口因素以及教育等这方面成为当代我国农村贫困的基本致因,这其中与社会政策相关的致因因素有 4 项之多。这里用以下的图例来表示这一具有循环性的致因。(见图 3.2)

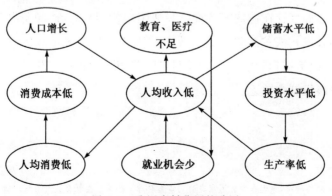

图 3.2　我国农村贫困的致因

很明显,社会政策将一些社会成员视为贫困群体,其最先的依据也是指贫穷社群某种经济资源(收入、家庭资产等)的匮乏状态,到后期才开始对社会结构进行分析。这种以经济状况为主的界定,具有十分明确的标签性。然而这种标签性的背后,反映出贫困者难以获得最低生活水准的能力。联合国计划发展署(UNDP,1990)的人类发展报告把这种最低生活水准涵盖为家庭收入、人均支出,以及医疗保险、识字能力和公共财产资源的可获得性。此外,从制度对贫困者财富积累效应的层次说,缺乏资产也是导致持续产生贫穷的机制,农村贫困人口的金融支持来源目前只有就业、家庭和政府福利这三个层次,不存在有利于资产积累的制度机制。一个人一生能否得到资产福利效应的惠顾,是穷与非穷的机制性标志。由于穷人没有资产,而政府有关家庭资产积累的制度规定都是有利于非穷人,这就形成了持续拉开贫富差距的社会性趋势。

同时,对于我国而言,农村社会的公共医疗、养老保障、社会工作等服务体系的不健全对贫困产生了重要影响。贫困与健康的缺失在相当程度上存在着紧密相关的联系,计划体制下原有农村合作医疗制度在市场体制下的解体对贫困缓解的质量产生影响,而农村养老制度的缺乏又使得家庭计划生育制度的执行变得艰难。[①] 同样,相较于城市而言,农村社会工作在人员、体制等方面的保障更使得与物质无关的情感需求在农村得不到表达和疏导。此外,作为社会政策所需要的社会资本要素而言,贫困群体的社会资本构成比较简单,血缘化的社会交往和互动联系成为大多数贫困者的社会网络机制。

综上所述,农村贫困的致因机理除了自然和历史因素外,在交换权利、社会保护等诸多方面都存在使贫困者难以脱离困境的因素存在,单靠开发贫困地区自然资源的开发式扶贫战略不足以改变贫困这一具有多重致因机理的社会问题,而从社会政策视角的解释更能说明我国贫困致因的循环机理在于贫困者生计保护和发展机制的缺乏。

---

① 在研究的调研中,绝大多数贫困家庭的人口数量都比较多。在社会政策看来,"越生越穷、越穷越生"正是反映了贫困者对抚养未成年子女的把握及自身未来的养老保障都缺少确定性的心理支持。

第二节　新中国成立以来我国农村扶贫的基本模式

一、我国农村扶贫的进程与扶贫体系、扶贫模式

(一)我国农村扶贫的历史进程

对农村贫困的关注是我国政府长期以来的工作重点。从新中国成立初期至今,中国农村反贫困的历史进程可以分为以下四个阶段。[①]

1. 1949—1977 年,计划经济体制下的广义扶贫。在建立农村土地公有制的同时,国家在农村生产力发展方面采取了一些有效措施,主要包括:(1)在全国范围内开展大规模的基础设施建设,进行农田水利建设,改善农村灌溉设施和交通条件。(2)建立农村科技服务网络,形成基本覆盖全国所有农村乡镇的农业技术推广服务网络系统。(3)建立全国性的农村合作信用体系,改善农村金融服务。(4)推进农村基础教育和农村基本医疗事业,实行了免费教育、乡村合作医疗等政策措施。(5)初步建立以社区"五保"制度和农村特困人口救济为主的农村社会基本保障体系,为农村人口中没有劳动能力和无法解决最低生存需要的特困人口提供基本的社会保障和最低水平的生活保障。

2. 1978—1985 年,制度性变革引发的大规模缓解贫困。主要体现在:(1)以家庭联产承包责任制替代生产队体制,使得农民再次获得土地的经营权。(2)以市场化为取向的农产品价格和流通体制改革。(3)促进农村劳动力的非农化转移。这一时期,我国政府已经开始尝试开展相关扶贫活动的主要措施,如建立针对老少边穷地区的专项资金积累体系,针对改善生态建设的"三西扶贫"(指甘肃定西地区、河西地区、宁夏西海固地区)建设,尝试建立以实物形式的"以工代赈"扶贫方案等。这些措施为后来有计划、有组织、大规模的扶贫开发提供了许多可以借鉴的经验。

3. 1986—2000 年,高速经济增长背景下以区域性瞄准为主的开发式扶贫。体现在:(1)确立开发式扶贫方针,在国家必要的支持下,利用贫困地区的自然资

---

① 张磊:《中国扶贫开发政策演变(1949—2005 年)》,3—9 页,北京,中国财政经济出版社,2007。

源进行开发式生产建设。(2)确定贫困标准和重点扶持区域,以县为单位确定国家扶持的重点,形成按区域实施反贫困计划的基础。(3)继续执行"支援不发达地区发展基金"、"以工代赈"、"三西扶贫"等资金投入政策,开始实施信贷扶贫政策。在这一阶段,我国政府开始了政府主导、有组织的开发式扶贫,农村贫困人口持续减少,农村贫困问题从普遍性、区域性、绝对贫困型向点状分布和相对贫困演变。

4. 2001—2005 年,全面建设小康社会进程中的扶贫开发。"整村推进"成为这一时期扶贫的主要模式,在这个过程中,开始强调贫困地区的群众参与,参与式的扶贫规划是其主要的实践途径。与以往的政府扶贫工作相比,这一时期最明显的特征是扶贫目标瞄准从县级转移到村级。从 2001 年 9 月起,中国政府开始把参与式村级扶贫开发规划作为"整村推进"工作的主要理念和方法,将扶贫资源倾向到村到户。村级扶贫规划在微观层面一定程度地矫正了扶贫项目与贫困群体需求之间的错位。

自 2006 年以来,我国提出建立和谐社会和建设社会主义新农村的宏伟目标,新农村建设成为现时农村发展的主要思路。在《中共中央、国务院关于推进社会主义新农村建设的若干意见》中,包括了"生产发展、生活宽裕、乡风文明、村容整洁、管理民主"五部分内容,体现了全面、系统而综合地建设农村的思路。与农村扶贫相联系起来,新农村建设也更多地把目光投向了民生建设这一重要主题,而扶贫就是民生建设中的重要步骤。在此背景下,本研究认为它应该是我国政府在农村反贫困进程中的第五个阶段,况且始于 2008 年的全球性金融危机更是促成了社会政策在我国现时农村发展战略的重要地位。

在上述不同阶段的扶贫政策和措施下,我国农村的贫困人口贫困发生率呈现逐年下降的趋势。但由于贫困标准的变化,我国农村贫困率呈现不同程度的变化。2000 年,我国农村贫困标准是每年每人 625 元为基准线,2008 年提高到每年每人的基准线是 1196 元。由此,贫困人口的数量由于标准的变化而变化。以 2008 年制定的每人每年 1196 元的标准看,我国仍有 4000 多万的绝对贫困人口,贫困的发生率达到 4.2%,而相对贫困人口则更难以测量。(见表 3-2)

表 3-2　我国农村居民贫困状况

指标	2000	2001	2002	2003	2004	2005	2006	2007	2008
贫困标准 （元／人）	625	630	627	637	668	683	693	785	1196
贫困人口 （万人）	3209	2927	2820	2900	2610	2365	2148	1479	4007
贫困发生率 （%）	3.5	3.2	3.0	3.1	2.8	2.5	2.3	1.6	4.2

数据来源：民政部网站：http://www.mca.gov.cn/，2009 年 8 月 28 日。

（二）我国农村扶贫的组织体系

长期以来，我国农村扶贫的体系是围绕以政府为主体建立起来的，政府在负责帮助贫困地区的农民脱离贫困上负有不可推卸的责任。在新中国成立初期以后的很长一段时间里，计划经济体制成为我国社会发展的唯一模式。在这个过程中，政府扮演的是全能主义的角色，农村扶贫的义务和责任必须由政府全力承担。20 世纪 80 年代以来，我国才逐步走向以建设社会主义市场经济体制为方向的发展道路。经过多年的探索和努力，我国现已逐步形成多部门参与、多种资金来源和管理渠道、多种扶贫行动干预和多项扶贫政策构成的完整的反贫困体系。在这个反贫困的体系中，国家扶贫与社会组织扶贫、国际援助相互配合，在涉及农村发展的多个方面进行针对性的扶助，展开了如基础设施建设、公共服务设施建设、劳务输出、科技和文化下乡等体系性安排。（见图 3.3）

在扶贫体系的主体组织上，我国政府确立的是以各级行政组织为角色来进行。在国务院以至地方都设置独立性的行政机构来规划、组织和实施扶贫，扶贫办的建立就是一个整合政府组织以及社会资源、国际援助并具有协调性功能的政府内设机构。同样，在发展与改革委员会、财政部门、农业银行和其他部门也设立了相应的扶贫主管机构。这些扶贫机构统一由国务院扶贫开发领导小组来指挥和协调，而且领导小组的组长通常由国务院总理来担任。这一方面使得扶贫开发更具有政府权威性，也使得扶贫工作的开展能有序进行。政府组织的扶贫系统的表现形式详见图 3.4。

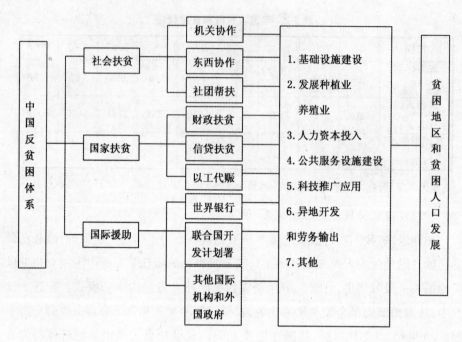

图 3.3 中国反贫困体系构成

资料来源：张岩松：《发展与中国农村反贫困》，74 页，北京，中国财政经济出版社，2004。

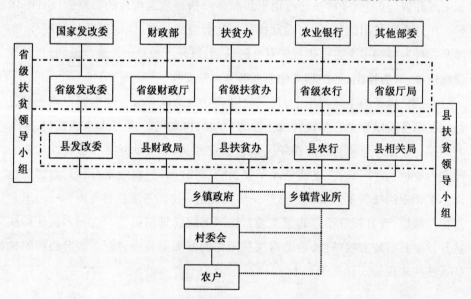

图 3.4 我国农村扶贫工作的政府组织系统

从图 3.4 中可以明显地看出,在我国农村扶贫进程中,政府及其相关部门对农村贫困的缓解起到了绝对的主导性作用。这表现在:(1)政府主导农村扶贫策略和政策的制定。(2)政府主导扶贫资源的组织和动员,中央和地方政府直接拿出大量的财政资金用于农村扶贫开发,通过各种方式(有些是强制性的)动员社会力量参与扶贫。政府在扶贫资源方面强大的动员能力,保证了大量的资金和其他资源投入农村扶贫中去。(3)政府利用行政组织系统主导扶贫资金的分配和扶贫项目的实施。

在扶贫的其他主体上,针对我国农村扶贫的还有社会扶贫体系和国际援助体系。在社会扶贫体系上,非政府、非营利、企业和个人都在一定程度上参与了扶贫进程,影响比较持久的主要是社会团体的扶贫活动,例如中国扶贫基金会、中华慈善总会、中国光彩事业促进会、中国青少年发展基金会等大量全国性的民间组织,它们直接或间接地参与着扶贫运动,不仅在一定程度上弥补了政府扶贫财力的不足,还为提高政府扶贫效率提供了参照系。例如光彩事业,它是为配合《国家八七扶贫攻坚计划》,由希望集团董事长刘永好等 10 位非公有制经济代表1994 年倡议开展的以扶贫开发为主旨的非政府行为。通过组织民营企业家,根据互惠互利的原则,对贫困地区进行投资,利用项目拉动,帮助贫困地区发展经济。而中国青少年发展基金会则通过帮助贫困地区的失学儿童、帮助贫困地区建立校舍和加强贫困地区师资队伍建设为基本导向参与我国贫困农村的扶贫战略。尽管非政府机构、非营利机构、企业等组织的扶贫行为在资源、财力、组织保证等方面弱于政府甚至需要借助于政府的力量,但它们对贫困地区的社会影响力是深远的。

(三)我国农村扶贫的基本模式

扶贫模式可以定义为扶贫方法和技巧的集合。关于我国农村扶贫模式的研究,我国部分学者对此有多样的探讨。汪三贵(1994)等专家对贫困地区的经济开发模式概括为:"以资源为主体的资源依托型,以资金积累为主的资产积累型和以技术带动的技术驱动型等三类模式。"[①]陈彬文(1998)分析了我国五种扶贫模式,即直接扶持贫困农户模式、农民自愿组成经济合作互助组织模式、开发项

---

① 汪三贵:《贫困与政府干预》,载《管理世界》1994 年第 3 期。

目建设模式、组织社会力量模式和东西合作帮扶模式。陈彬文认为,应特别重视因地制宜的选择和应用扶贫攻坚模式。[①] 1998 年,中国(海南)改革发展研究院"反贫困研究"课题组提出了三种扶贫的新模式,即项目带动模式、"公司＋基地＋农户"模式、直接扶持贫困农户模式。该课题组还认为,可以把扶贫开发的一定组织形式、公共援助的传导机制称为反贫困的操作模式,由此提出了我国有代表性的七种操作模式,即山区综合开发、温饱工程、人力资源开发、"巾帼扶贫"行动、小额信贷扶贫、以工代赈和项目带动农户发展等七种贫困治理的实践模式。卢淑华(1999)认为,"公司＋农户"扶贫模式是农民摆脱贫困、走向市场的重要途径。[②] 国家统计局农调队从政府扶贫资源传递的角度,提出了贴息贷款、以工代赈和财政扶贫等三种农村扶贫模式。而赵昌文、郭晓鸣等人(2000)的研究则是在比较了不同的扶贫模式后,认为政府支持背景下的农户参与式扶贫模式是贫困地区扶贫活动的理想选择。[③] 曹洪民(2003)以系统理论为基础,把中国农村开发式扶贫模式分为决策、传递、接受、控制等四个内部组织子系统,并对各子系统的主体结构和运行机制进行了分析。[④]

　　在理论上,对扶贫模式的多样化探讨属于总结性质的归纳,但上述所回顾的扶贫模式有一点比较明确:不管是救济式、开发式、参与式还是合作式的扶贫模式,我国扶贫的进程一直是在多种模式中不断组合或选择,其中最明显的特征表现为经济上的"亲市场主义"特征。也就是说,扶贫模式是在贫困者具有生产能力或具有可开发性自然资源的基础上进行的。

　　从我国农村扶贫作为一个历时性的进展来说,农村扶贫的有关政策是在一个偏经济发展导向的路径上展开。从其发展的表现形式上看,我国农村贫困的缓解与国家在各个不同时期的经济发展策略基本相适应。根据李兴江(2005)的前期研究基础[⑤],这里把我国农村扶贫政策的演变所表现出的模式分为四种。

　　1. 1949—1977 年,我国农村的减贫战略是从生产关系的变革入手,通过整

　　① 陈彬文:《扶贫攻坚:重视模式选择》,载《经济体制改革》1998 年第 3 期。
　　② 卢淑华:《科技扶贫社会支持系统的实现——比较扶贫模式的实证研究》,载《北京大学学报》(哲社版) 1999 年第 6 期。
　　③ 赵昌文、郭晓鸣:《贫困地区扶贫模式:比较与选择》,载《中国农村观察》2000 年第 6 期。
　　④ 曹洪民:《中国农村开发式扶贫模式研究》,13—14 页,北京,中国农业大学,2003 年。
　　⑤ 李兴江:《中国农村扶贫开发的伟大实践与创新》,北京,中国社会科学出版社,2005。

体经济的增长和救济相结合的"双轨制"来缓解贫困。在这一阶段,国家进行土地改革,建立农村集体所有制经济,加快工业化进程,待整体经济好转后,再拨出专项资金对农村特困人口和受灾群众进行物质上的救济。

2. 1978—1990 年,这一阶段的减贫战略是从变革我国农村经济体制开始,通过家庭承包责任制加速农村经济的发展来减轻贫困。"效率优先,兼顾公平"的发展战略体现了市场经济的基本原则,政府重视通过有计划的市场化手段减轻贫困,这可理解为"体制转轨型"的扶贫模式。

3. 1990—2001 年,农村扶贫战略开始从贫困地区的资源开发角度出发,通过多样化的政策支持达到减少贫困的目的。1994 年实施的《国家八七扶贫攻坚计划》强调以区域性为扶贫政策的瞄准对象,把贫困地区的资源优势转化成经济优势,市场化扶贫模式表现明显。

4. 2001 年至今,是我国农村扶贫战略向经济增长与社会建设的双重转型阶段。2001 年开始实施的《中国农村扶贫开发纲要》,表明一个"有利于穷人的经济增长"模式正逐渐出现。① 政府通过加强宏观调控,加大对农业、农村的投入,进一步促进农民减贫增收。与此同时,我国还大力推进农村扶贫开发,提高贫困农民自我激励和自我发展的能力,促进各项社会事业发展。

从扶贫模式的侧重点上看,经济发展是首要的考虑因素,这自然是一个毋庸置疑的话题和扶贫的首要出发点。因为在新中国成立初期,我国农村贫困人口生存权利的危机需要我们首先选择经济增长模式来缓解。随着工业化积累的初步完成,生存的权利随着我国社会主义经济体制的变革而逐步转向为市场化的扶贫模式,如今,我国的扶贫模式正朝着作为国家公民的社会权利模式转变。这里可用下表来描述这种变化。(见表 3-3)

表 3-3　我国农村扶贫的模式变迁

阶段	模式	主要特点	政策取向
1949—1977	双轨制扶贫	经济增长为重点;提供基本的生存保障	集体主义的路径;经济发展的取向

① 张丽霞:《四大措施促进"有利于穷人的经济增长"》,载 2005 年 5 月 23 日《中国社会报》。

续表

阶段	模式	主要特点	政策取向
1978—1990	体制转轨型	农村土地制度改革及实施家庭承包责任制	效率至上的路径;自由选择的增强
1990—2001	市场化扶贫	区域的生产性开发为重点;提供有选择的基本保障	市场体制的创新;经济发展的取向
2001 年至今	有利于穷人的经济增长	加大对农村的投资及贫困地区的转移支付、社会建设得到重视	经济发展与农村社会建设并重的取向

二、发展背景下我国农村贫困与经济增长的关系

在人们追求发展的过程中,对于什么是发展,以及如何才能更好地发展,不同的发展观对社会的进步具有不同的解读,而其中所体现的发展思想也在历史的更迭中不断演进。通过一种动态的审视,发展的内涵凸显而出。

在 20 世纪 50 年代和 60 年代的大部分时间里,发展从概念上讲与总量增长是同义词。在这一时期,大部分学者都倾向于从广义上认识贫困和发展的关系。一个流行的观点是"发展万能论",主张"靠发展解决一切问题"。他们的基本假设是一个社会或国家的贫困或不发达的根源在于人均国民生产总值太低,社会发展就是国民生产总值增长的过程。直至今天,这样的思维仍然存在于许多国家和地区的实践中,其理论逻辑可以用下图来表示。(见图 3.5)

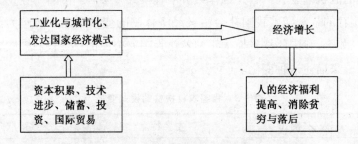

图 3.5　经济增长观的逻辑

把经济增长作为消除贫困的主要途径,在很长时间里成为发展中国家和地区在反贫困战略的主要取向。但是经济增长并不能自动地惠及穷人,众所周知,经济增长的动力来自投资的回报率,而不是谁从投资中获利。因为经济增长模

式总是给那些境况较好的群体带来更多的好处,而穷人可能只是边缘化地从经济增长中受益。也就是说,经济增长关心的是经济,而不是对穷人的公平问题。诚然,一个国家或地区的经济增长必定会给穷人带来机会,使他们有可能增加收入,而且工业的发展和城市的发展也能够为穷人的就业提供机会,使那些靠有限的土地不能维持生计的穷人可能获得工资收入的机会。但问题是怎样提高贫困人口直接从经济增长中受益的程度,因为贫困人口总是处于受益于经济增长的边缘。直至近几十年的探索与实践,人们逐渐认识到贫困不仅仅是一个单纯的经济收入问题,而是涉及健康、教育、社会资本、自然资源、基础设施、社会公正、参与权利、性别平等、个人尊严等多种复杂因素的社会问题。从 20 世纪 80 年代起,人们就已抛弃单纯依靠经济增长来解决发展中国家贫穷落后问题的思路,转而强调经济与社会两个方面的共同发展,并陆续提出了参与式发展、可持续发展、以人为中心的发展等新的发展理论。

著名学者王绍光先生曾经指出,中国的经济增长率一直是世界上最快的国家之一,但正是在同一时期,中国社会的不稳定因素显著增加。下表反映了在我国经济快速增长时期社会发展过程中出现的不稳定因素(2000—2005 年),而这些因素中直接与农村贫困相关的就有三个方面,即"三农"问题、收入差距问题和贫困问题。(见表 3-4)

表 3-4 我国社会发展中存在的主要问题(2000—2005 年)

社会问题	2000	2001	2002	2003	2004	2005	小计
就业	☆	☆		☆	☆	☆	5
"三农"问题	☆			☆	☆	☆ ☆	5
收入差距/地区差距	☆	☆			☆		5
腐败	☆	☆	☆ ☆		☆		4
贫困	☆	☆	☆		☆	☆	4
社会稳定	☆	☆		☆	☆		4
发展方式			☆		☆		2
自然灾害/安全事故				☆		☆	2
经济体制改革			☆				1
生活设施						☆	1
生态环境		☆					1

资料来源:汝信等:《2000—2006 年中国社会形势分析与预测》,北京,社会科学文献出版社,2006。

很明显,并不是所有的经济增长都会带来社会的稳定和贫困的缓解。各国的历史经验告诉我们,只有公平的经济增长才会带来社会稳定;不公平的经济增长则往往带来社会不稳定甚至是社会动荡。王绍光先生认为,20 世纪 90 年代以来,我国的经济增长越来越像是"无就业增长"(不创造就业机会的经济增长,jobless growth)、"不公平增长"(unequal growth),其结论是,经济发展固然是硬道理,社会公正也是硬道理。① 同样如此,在发展思维的工具化②方面也出现了类似的思考,即实现发展目标实际起作用的因素是什么,以及为什么这些因素会起作用。越来越多的研究者认为,反贫困不是一个简单的使用公共资源对不幸者施以救助的过程,更不是简单地用经济收入的指标来衡量贫困是否缓解的过程。有效的反贫困政策首先需要对贫困的风险因素和反贫困的政策工具的功能有充分的了解,然后在此基础上根据风险的类型和特征选择不同的政策工具。只有这样,才能使反贫困政策更具有针对性,效果也更加持久。③

发展不等于纯粹的经济增长,发展的概念来源于政治、经济和社会等具有多重内涵的体系。有增长而无社会建设,或者说有经济增长而无社会发展对整个社会结构体系而言都是无益的。就我国而言,经济增长固然需要发展的概念要素,但增长、发展与社会建设是紧密相连的系统工程,体现在国家政策方面,就是把经济的发展与社会的整体建设综合起来。图 3.6 就反映了我国自中共十一大以来,在执政党报告中所体现出来的政策意识与重点。(见图 3.6)

尽管在政府高层的重视下,我国农村扶贫工作取得了重大的成就,但与其他国家相比,我国处于绝对贫困的农民在数量上仍然是巨大的。这固然与我国庞大的人口基数分不开,但是从侧面也反映出经济快速增长时期解决贫困问题的难度加大,经济总量的增长并不能自动地惠及数量众多的穷人,尤其是那些缺少地理区位优势和市场技能的农户更是鲜少能从经济增长中受益。从计划经济体

---

① 王绍光:《安邦之道——国家转型的目标与途径》,383 页,北京,生活·读书·新知三联书店,2007。

② 发展的工具其含义应当是十分广泛的,包括任何国家行动和制度——包括经济政策和方案,也包括社会干预和政治制度,自然也包括技术层面的含义。

③ 张秀兰、徐月宾、梅志里(Midgley):《中国发展型社会政策论纲》,33 页,北京,中国劳动社会保障出版社,2007。

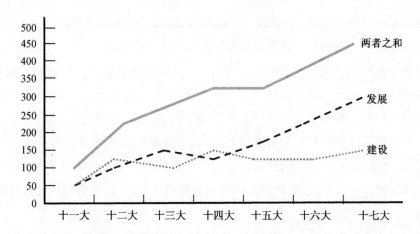

图 3.6 "发展"和"建设"两个词汇在十一大至十七大报告中出现频率

资料来源:刘小彪:《中共党代会报告 30 年的词汇变迁》,载 2008 年 11 月 27 日《南方周末》。

制向市场经济体制的转型使得部分地区和部分农民的脱贫难度加大,一些脱贫的农户由于缺少与社会转型经济同步的谋生能力,返贫现象时有发生。例如,2003 年我国首次出现了绝对贫困人口数量增加的局面,全年新增加的返贫人口占到了总贫困人口的 53.3%,基数达到 3000 万人的绝对贫困人口。[①] 2008 年,根据国家统计局发布的《2008 年全国国民经济和社会发展统计公报》显示,按 2008 年农村贫困标准线的 1196 元测算,截止到 2008 年年末,我国农村尚有贫困人口 4007 万人。这一庞大的贫困人口数量表明我国农村扶贫的形势依然严峻。

三、我国农村扶贫模式存在的局限性分析

我国现有农村扶贫模式存在的问题可以从两个层面来分析,其一是组织体系层面,包括扶贫的组织体制和治理结构,其二是扶贫政策的执行层面。

在组织层面上,扶贫的组织机构是以科层制的政府组织为主导。有学者指出,目前的中央、省、地级市、县、乡五层行政体制导致两个突出的问题:一是从机

---

① 数据来自张磊:《中国扶贫开发政策演变(1949—2005 年)》,北京,中国财政经济出版社,2007。

构数量和人员规模上讲,五级政府行政成本极高;二是五级政府格局中,最终大部分事权都是由多级政府共担的格局,在财政支出上出现责任重点不清的问题,很容易出现对同一项公共服务重复提供或对某些地区急需的公共服务因上下级政府推诿责任而无人提供的现象。有报道指出,正是在这一行政架构下,一些基层政府的财权与事权出现了某种不对等,造成一些基层政府积极参与经济活动,缺乏增加民生支出的动力和财力。同时,财力更好的更高级别政府乐于投资项目,注重地区 GDP。① 可以看出,由于处于社会底层的绝对贫困人群人数少,其利益表达的渠道过于狭窄,故此基层民生问题在以 GDP 为战略导向的政府组织面前显得很脆弱。

尽管政府重视扶贫问题的存在,也建立了专门的扶贫机构,但是在扶贫的组织体制和治理结构方面仍然存在一些根本性的问题,从而影响了扶贫的效率,表现在以下几个方面。

1. 在管理体制上,政府部门过度主导扶贫资源的分配和使用,无疑带来寻租的可能。与其他发展中国家相比,中国政府有强大的政府组织系统和资源动员能力,非政府组织和农民自组织的发展空间存在严重的不足甚至缺乏。大量的扶贫资源只能通过各级政府组织来传递和管理,各级政府也非常习惯由自己组织、控制、传递和管理资源。然而各级政府都是具有多重目标的组织,不同级别的政府在某一项职能上有可能出现明显的利益矛盾,从而导致初始目标在某些层次出现偏离,最终使得大量的扶贫资源偏离目标群体。同时,政府官员个人的“经济人”意识也具备使行政官员出现寻租的可能性增加,扶贫资金的被滥用也是屡见不鲜。与政府部门管理体系相同的农业银行也存在类似的问题,例如在扶贫贷款上,随着市场化进程的加快,具备扶贫性质的农业银行倾向于把政府的贴息贷款发放给效率高、风险小的大中型基础设施项目以及效益好的乡村龙头企业和富裕的农户,只有很少的贴息贷款真正到达贫困农户手中。世界银行这样总结其中的原因:一是穷人需要的贷款额度小,交易成本高;二是农行复杂的贷款申请和审批程序使穷人望而却步;三是为确保贷款的偿还,农业银行要求贷款申请者提供实物担保,而穷人普遍缺乏担保物;四是农业银行承担贷款偿还

---

① 张立伟:《财事权不匹配导致基层政府忽视民生》,载 2009 年 1 月 7 日《21 世纪经济报道》。

风险的责任和它作为商业银行的角色冲突促使它将贷款转向商业用途和富裕农户。

2. 扶贫资金和项目管理方面的问题。目前,多数从省到县的资金分配仍采用基数法,而且主要通过项目的申报来获得资金,"跑项目"成为贫困地区获得资金支持的主要方法。但是由于资金分配的灵活性意味着更大的支配权和寻租的可能,如果没有政策和制度上的明确限制,资金分配部门不会主动放弃这种灵活性,甚至会用各种理由来维护这种灵活性,"跑项目"、"批条子"成为基层部门的唯一与之对应的策略。在项目管理上,政府部门历来主导扶贫项目的计划和管理,倾向于怀疑农户特别是贫困农户参与项目管理的能力,更为重要的是,农户参与项目中的管理在一定程度上意味着政府管理部门行政权力的削弱,因此,现有的扶贫体制缺乏让政府相关扶贫部门推行社会参与式项目管理的动力和可能性。同时,由于扶贫部门的多样化,它们自身之间也存在协调的内在要求,除纵向的管理关系之外,横向的部门之间也存在协调关系的要求,从而增加项目不合理的交易成本。

3. 缺乏有效的监督、评估系统和问责制度。由于扶贫主要是政府来主导的行为,所以在监督上,下对上负责、上对下问责则成为主要的方式。在扶贫项目的审批以及监督方面,很多时候是出于各自利益的需要,而不一定是真实的统计和数据。况且,以财务和资金的审查为主的监督手段只能从一个层面上反映扶贫的面貌,在社会效益上不足以表现扶贫的综合效应。

从扶贫政策的执行层面审视我国农村扶贫模式存在的问题,需要对具有代表性的扶贫措施进行分析。以目前正在实施中的农村开发式扶贫为例,我国著名学者张秀兰认为,开发式扶贫从利用农村资源和改善农村基础设施出发,将农村发展与提高贫困家庭的劳动和发展能力相结合,对减少农村贫困发挥了重要的作用。但是,开发式扶贫要想达到预期的目标,需要有两个条件:一是贫困人口相对集中,具有明显的地域性;二是有赖于贫困人口的自我发展能力。然而,当前的农村剩余贫困人口大都不能满足这两个条件,这是因为,首先,贫困人口的地理分布呈现为"既相对集中又遍布全国"的格局。在这种情况下,立足于地域发展式的开发式扶贫显然难以覆盖这些分散的贫困人群。其次,在当前的农村贫困人口中,有相当一部分是因残疾或大病等原因失去了劳动能力的人群,对于他们来说,开发式扶贫的边际效益几乎为零,这也是导致我国近年来农村减贫速度呈现减缓趋势的主要原因之一。很明显,开发式扶贫的局限凸显了社会政策在反贫困战略中的重要性(张秀兰等,2007)。[①] 最后,从经济政策视角研究农村扶贫项目的学者也对不同扶贫模式下农村扶贫的政策效益进行了定量分析。这些扶贫策略可以分为整村推进、外资扶贫、对口帮扶和异地安置等政策,这也是我国目前正在实施中的主要扶贫政策。在该分析中,异地安置获得了贫困农户最好的满意度,外资扶贫策略次之,整村推进以及对口帮扶的效果不尽如人意,而在这些策略里,政府组织作为主导者占据了三个,即整村推进、对口帮扶和异地安置。(见表 3-5)

表 3-5　不同扶贫模式下统计分析结果的排序

	整村推进	外资扶贫	对口帮扶	异地安置
1.项目选择决策的民主化水平	B	A	C	D
2.项目瞄准的科学性与合理性	B	A	D	C
3.村民对项目决策程序的满意	B	A	C	D
4.村民参与项目的程度	B	A	D	C
5.妇女参与项目决策的程度	B	A	D	C
6.项目决策程序的透明度	C	A	D	B
7.项目按工期完成度	A	C	D	B
8.项目经费预算充裕度	A	B	C	D
9.基础设施项目后续管护机制的健全程度	B	A	D	C
10.对项目的总体满意度	C	B	D	A

注:A 代表最优,D 代表最差,其他依此类推。

资料来源:帅传敏等:《中国农村扶贫项目管理效率的定量分析》,载《中国农村经济》2008年第 3 期。

从另一方面看,农村扶贫政策以及制度安排的基本目标是实现公平与效率

---

① 张秀兰等:《中国发展型社会政策论纲》,32—34 页,北京,中国劳动社会保障出版社,2007。

的均衡。我国原有以经济政策为主导的扶贫政策在哪些方面存在治理机制上的缺陷？部分学者这样概括反贫困治理的制度障碍及冲突：(1)决策系统多元。1986 年以前从事农村扶贫的机构是民政部门，1986 年以后呈现多元化的扶贫体制，在中央，有国务院扶贫开发领导小组办公室管扶贫的议事协调，国家发展改革委员会地方司管以工代赈扶贫资金项目，国家农业银行管信贷资金扶贫项目，国家民政部管救济(供养)扶贫等；在地方，从省到县也设立上述相应机构，特别是西部各省区市除了对应设立上述机构外，还有民族地区开发办等。导致的问题就是各行其是、职能重叠、责权分离等。(2)政策扶持主导。一直以来我国农村反贫困治理主要由国家在不同时期出台的扶贫政策主导，并依靠自上而下的纵向传递机制来执行。这种模式最大的特点是具有计划经济时代的痕迹，刚性约束强，但是稳定性、可预期性以及形式平等方面存在不足。(3)参与程度不高。就普遍性而言，当前贫困人口和非政府组织在反贫困过程中存在不足。表现为：一方面，贫困人口的问题治理以解决温饱为主，以经济援助为手段，过分注重物质投入，而贫困人口的健康和教育问题一直没有得到充分重视，贫困者始终以一种被动接受的姿态出现。另一方面，横向的社会参与机制没有建立，各种非政府组织等民间机构很难广泛加入到反贫困行列。(4)监督机制缺失。具体表现为：一方面，没有专门设立监督反贫困治理工作的机构，政府无法对扶贫项目实施必要的管理和对扶贫部门的工作绩效进行有效核查，财权和事权分离的现代管理制度在一定程度上滋生了寻租等腐败现象的可能。另一方面，缺乏公众强有力的外部监督，而政府部门暂时也未能把扶贫项目实施的步骤、对象、存在问题、资金到位和发放等情况全面公示。[①] 有学者也对政府扶贫贷款这一行为的研究指出，中国政府的扶贫贷款对缓解贫困的作用最小，而政府的反贫困项目之所以对减轻贫困的效果一般都非常小，主要在于其目标瞄准机制的低效率以及对资金的错误使用。[②]

　　农村扶贫固然需要经济增长的支持，但是以增长为目标的经济政策与扶贫

---

① 赵曦、成卓：《中国农村反贫困治理的制度安排》，载《贵州社会科学》2008 年第 9 期。

② Fan Shenggen, (2003), *Public Investment and Poverty Reduction: What Have We Learnt from India and China*? Paper prepared for the ADBI Conference, Infrastructure Investment for Poverty Reduction: What Do We Know? Tokyo, June 12－13, 2003.

是有一定的区别的。有学者指出,从理念和方法论的角度来看,经济增长和扶贫之间的差别主要表现在以下几个方面:(1)促进经济增长和扶贫的原则是不同的。经济增长提倡的是市场经济原则,而扶贫则是为那些在自由市场经济中的脆弱和没有竞争力的贫困群体提供特殊的政策支持和其他支持。(2)经济增长和扶贫的步调是不同的。我们可以在一定程度上用线性思维来评估/评价经济增长,例如成本效益分析和投入产出分析等,并且可以在高投入的基础上对经济增长有一定的甚至较高的预期。然而由于贫困原因的复杂性以及贫困与制度安排、影响力结构之间的复杂关系,预期和评价一个扶贫项目的效果是非常困难和复杂的,也很难预测什么时候能够实现预期的扶贫效果,因为脱贫的步伐一般来讲是缓慢的。(3)对经济增长和扶贫要采用不同的测量方法。经济增长的成就需要考察经济指标即可,其中收入是一个最重要的指标。而测量扶贫程度和扶贫的效果则是非常复杂的。而且很多贫困的本质和根源问题如制度问题和性别问题,是很难用定量的指标去测量的,而只能透过一些定性的指标或一些概念来进行分析和讨论。① 就此而言,经济政策的扶贫策略首先需要思考的问题就是如何把增长或者说发展有效地与扶贫联系起来。

当然,经济政策对农村扶贫无疑是重要的,因为经济增长提供了可供支配的物质资源和财力基础,但是农村扶贫战略本身应该是系列性的政策组合和良好的公共治理。为了使得最贫困的群体能从政府的扶贫干预中受益,我们首先要在思想上明确扶贫和经济增长之间的区别,这样也许会促进在战略、方式和方法上来区别对待扶贫和经济增长。同时,对以经济政策为主的农村扶贫效果的衡量也不是一件容易的事情。目前,在我国包括政府在内的很多组织,为了使衡量扶贫效果的工作简单化和标准化,一般首先用经济指标来衡量扶贫的成绩。这很容易让经济指标片面地取代了其他指标,如公平、公正和人权。我们并不反对经济指标的使用,因为它是毋庸置疑的重要指标。但问题是,一旦经济与其他指标并列成为项目成绩的衡量指标,对经济目标的追求就很容易取代了对其他指标的追求,在我国地方政府现实的实际表现上,经济增长的理念主导着政府的扶

---

① 林志斌:《谁搬迁了?——自愿性移民扶贫项目的社会、经济和政策分析》,213—214页,北京,社会科学文献出版社,2006。

贫行为。一些研究发展经济学的学者发现,在大部分时期,经济增长是减贫的重要工具,但是在经济衰退或宏观经济出现波动的时候,反贫困的成本大幅度上升,贫困人口的脆弱性就更为加剧。[1] 因此,在经济增长的同时,保持物价和宏观经济的稳定,通过有序的转移支付和社会保障等互补性政策来减轻贫困人口的生计风险,可以对扶贫效果起到良好的补充作用,而这就是社会政策所具备的独特功能。

第三节　我国农村基本公共服务的现状：以西部为例

一、西部地区基本公共服务的省际差异：基于泰尔指数[2]的分析

政治统治到处以执行某种社会职能为基础,而且只有在它执行了这种社会职能的时候,其政治的合法性才能延续下去。从政府行政的层面来说,公共服务是指政府使用公共权力或公共资源,从而满足公民或组织各种直接需求的社会生产过程,按其内容可以分为基础性、经济型和社会性公共服务。换言之,基础性的公共服务就是我们所指称的基本公共服务。

2006 年以来,有关公共服务均等化的研究受到我国中央政府以及学术界的普遍重视。在公共管理研究看来,公共服务均等化是指在一国之内处于不同地区的所有居民都能享受到大致相等的基本公共服务,并依法纳入均等分配的范围。具有代表性的观点认为,与民生有关的基础教育、公共文化、初级医疗保健、环境保护以及社会保障等公共服务应该纳入最基本的公共服务之列。[3] 一个常见的事实就是,不管是依据法理还是具体的实践,从中央到地方的各级政府均以

---

① 张全红、张建华:《中国经济增长的减贫效果评估》,载《南方经济》2007 年第 5 期。

② 泰尔指数(Theil Index,简称 T 值)具有在样本之间分解的特性,可将地区整体差异分解成不同地区之间的差异,它虽然不像基尼系数那样提供一个公平性的合理判断标准,但是它的最大优点是:它所代表的公平性可以分解,求出不同层次、不同组别的公平性。当泰尔指数为 1 时,说明分配处于最不公平状况,而当泰尔指数为 0 时,说明分配处于绝对公平状况。

③ 周明海:《民生的关注与追寻——当前基本公共服务均等化问题研究的主要观点综述》,载《兰州学刊》2008 年第 4 期。

此作为获取合法性的重要基础。

贫困问题的深度层面与公共服务是否均等化直接相关,故此,对扶贫的研究离不开对基本公共服务的均等化讨论。就学界而言,目前涉及基本公共服务均等化问题的研究较多,但在以下两方面却略显不足:一是在研究对象上专门研究西部省区的比较少,现有的研究多以全国为样本,只有极少数的研究涉及西部省区市与中东部地区的对比,而对西部区际之间的非均衡研究极为匮乏。二是在研究方法上,定性分析多,定量研究少。由于我国幅员辽阔,人口众多,地区经济社会发展、文化风俗和自然环境等差异很大,单纯用地方政府财政能力的高低来评估各地区基本公共服务的均等化很难真实反映不同地区的居民享有的基本公共服务的差异。由于我国贫困地区的分布绝大多数处于西部省区,因此,本研究在研究西部基本公共服务的省际差异时,将在考察地区经济发展和地方财政能力差距的基础上,以全国平均水平为参照样本,综合选取西部十二省(区、市)的五项基本公共服务[①]指标的数据对西部省市之间的分化和西部与全国之间的非均衡状况进行分析。

(一)西部地区经济发展水平和财政能力的总体状况

我们选取西部十二省(区、市) 2000—2008 年的人均 GDP 指标来反映西部地区经济发展水平的省际差异(见表 2-6),结果显示:2000—2008 年 9 年间人均 GDP 最低的均为贵州(这也是我国农村贫困程度最严重的省份),GDP 最高的,2000 年为新疆,2004 年和 2008 年均为内蒙古。2000 年新疆人均 GDP 为贵州的 2.51 倍,变异系数为 0.2151;2004 年最高的内蒙古人均 GDP 为贵州的 2.79 倍,变异系数增大,为 0.2869;而到了 2008 年内蒙古人均 GDP 已经是贵州的 3.65 倍,变异系数达到了 0.3459。这表明,以扶贫为重要目标的西部大开发 10 年来,西部地区人均 GDP 的省际差距在逐渐拉大,经济发展的非均衡状况在迅速恶化。与此同时,从全国均值与西部均值之差的变化可以看出,西部人均 GDP 均值与全国的差距也在逐年拉大,由 2000 年的 2251.5 元增长到 2008 年

---

① 本研究把五项基本公共服务分为:教育、科技、文化、医疗卫生与社会保障。在政府的统计报告中对应的数据名称在 2000 年分别为:教育事业费;科学事业费、科技三项费用;文化广播事业费;卫生经费与抚恤和社会福利救济费、行政事业单位离退休经费、社会保障支出之和。2008 年为教育;科学技术、文化体育与传媒;医疗卫生;社会保障和就业之和。

的 6084.1 元,而且西部地区经济发展的省际差距大于西部与全国的差距。

表 3-6　西部地区人均 GDP 的非均衡状况　（单位:元）

	最大值	最小值	变异系数	西部均值	全国均值	全国均值—西部均值
2000	7087.5	2818.5	0.2151	4802.4	7053.9	2251.5
2004	11376.1	4077.6	0.2869	7065.2	10507.4	3442.2
2008	32153.2	8788.3	0.3459	16720.7	22804.8	6084.1

数据来源:《中国统计年鉴》(2001、2005、2009 年)

在考察西部地区地方财政能力的省际差异层面,我们选用 2000—2008 年西部各省区市人均财政收入指标来研究(见表 3-7),结果显示:2000 年最高的云南人均财政收入是西藏的 2.05 倍,变异系数为 0.2245;2004 年最高的内蒙古是贵州的 2.15 倍,变异系数为 0.276;到了 2008 年,内蒙古是西藏的 3.1 倍,变异系数上升到了 0.3615。这说明西部地区人均财政收入的差距在逐年拉大,由 2000 年的 216 元增长到 2008 年的 1828.4 元;同时,全国均值与西部均值之差由 2000 年的 738.6 元迅速扩大到 2008 年的 3174.3 元。

表 3-7　西部地区人均财政收入的非均衡状况　（单位:元）

	最大值	最小值	变异系数	西部均值	全国均值	全国均值—西部均值
2000	421.5	205.5	0.2245	318.2	1056.8	738.6
2004	825.3	382.4	0.276	554.1	2030.6	1476.5
2008	2695.4	867	0.3615	1443.8	4618.1	3174.3

数据来源:《中国统计年鉴》(2001、2005、2009 年)

通过对西部地区人均财政收入省际差异和人均 GDP 的省际差异进行比较,可以发现,西部地区人均财政收入的差异系数大于人均 GDP 的差异系数,人均财政收入全国均值与西部均值之差占西部均值的比重(2000 年为 2.32,2008 年为 2.19)也远远大于人均 GDP 全国均值与西部均值之差占西部均值的比重(2000 年为 0.46,2008 年为 0.36)。这表明两个现象:一是我国西部地区目前在财政能力上的省际差异要大于在经济发展水平上的省际差异;二是贫困地区居多的西部地区与全国其他地区在财政能力上的不均衡大于在经济发展水平上的不均衡。也就是说,西部地区在财政能力上的不平等状况要比在经济发展水平上的不均衡状况更为严重。显然,这种状况的出现并不符合民生财政的初衷,由此直接影响贫困问题的解决。

(二)西部地区基本公共服务的泰尔指数分析

在上述对西部地区经济发展水平和地方财政能力进行总体描述的基础上,我们从教育、科技、文化、医疗卫生和社会保障等五个涉及扶贫的社会政策方面,以人均GDP为标准把西部十二省(区、市)划分为三大区域:相对发达地区、中等地区和欠发达地区①,并运用泰尔指数对西部十二省(区、市)的基本公共服务支出情况进行分析。

1. 西部地区间 2000、2008 年公共服务支出总体的泰尔指数。从表 3-8 可以看出 2008 年西部三大区域公共服务支出的泰尔指数贡献值。中等地区和欠发达地区为负值,为-0.0201 和-0.0052,说明这些地区在公共服务支出中处于劣势地位,享有的公共服务支出份额小于其人口比重,尤其是中等地区;相对发达地区的泰尔指数为 0.0295,说明相对发达地区公共服务支出处于有利地位,享有的公共服务支出份额大于其人口比重。对比 2000 年公共服务支出的泰尔指数合计值,T 值由 2000 年的 0.0051 下降为 2008 年的 0.0042,降幅为 17.6%,地区间公共服务均等化水平有所提高,但是不明显。分地区来看,相对发达地区与中等地区、欠发达地区的差距由 2000 年的 0.0498、0.0108 变为 2008 年的 0.0496、0.0347,相对发达地区与中等地区的差距有一定的缩小,但是幅度不大,而相对发达地区与欠发达地区的差距在不断扩大。因此,三大区域间公共服务支出差距仍然比较大。

---

① 根据西部地区人均 GDP 这一相对稳定的指标体系,相对发达的地区为内蒙古、重庆、陕西、新疆;中等地区为广西、四川、青海、宁夏;欠发达地区为贵州、云南、西藏、甘肃。

表 3-8 三大地区公共服务支出的泰尔指数

	2000 年 T 值				2008 年 T 值			
	相对发达地区	中等地区	欠发达地区	T值合计	相对发达地区	中等地区	欠发达地区	T值合计
人口比例（%）	0.3094	0.3911	0.2995		0.3051	0.3867	0.3082	
T 值	0.0219	−0.0279	0.0111	0.0051	0.0295	−0.0201	−0.0052	0.0042

数据来源:《中国统计年鉴》(2001、2009 年)

2. 相对发达地区 2000、2008 年公共服务支出的泰尔指数。从表 3-9 可以看出,2008 年相对发达地区公共服务支出的泰尔指数为 0.0039。而内蒙古和新疆是影响该地区公共服务支出分布不均的主要原因,两者对公共服务支出的泰尔指数贡献分别为 0.0193、0.0039;处于不利地位的是重庆和陕西,其泰尔指数为−0.018 和−0.0053,均为负值,这可能受到人口因素影响。比较 2000 年和 2008 年两个年度相对发达地区公共服务支出泰尔指数可以发现,2008 年 T 值合计数由 2000 年的 0.0072 下降到 2008 年的 0.0039,降幅为 45.8%,公共服务均等化程度提高。但从区域内各地来看,除重庆的 T 值 2008 年比 2000 年变小外,其他三省区市的 T 值均变大,说明三省区市的公共服务支出不均等程度拉大,地区间的公共服务支出差距不断扩大。

表 3-9 相对发达地区 2000、2008 年公共服务支出的泰尔指数

省区市	2000 年 T 值	2008 年 T 值
内蒙古	0.0126	0.0193
重庆	−0.0197	−0.018
陕西	−0.0138	−0.0053
新疆	0.0281	0.0079
合计	0.0072	0.0039

数据来源:《中国统计年鉴》(2001、2009 年)

3. 中等地区 2000、2008 年公共服务支出的泰尔指数。从表 3-10 可以看出,2008 年中等地区公共服务支出的泰尔指数为 0.0134。青海和宁夏为正,处于公

共服务支出的有利地位,而广西和四川则为-0.0238、-0.0034,均为负数,表明其享有的公共服务支出份额小于其人口份额。比较 2000 年和 2008 年两个年度中等地区公共服务支出的泰尔指数,可以发现 2008 年 T 值合计数由 2000 年的 0.0214 下降到 2008 年 0.0134,降幅为 37.3%,公共服务均等化程度有所提高。从区域内各地来看,除四川的 T 值 2008 年比 2000 年增大外,其他三省区的 T 值都在减小,说明三省区的公共服务均等化程度提高。中等地区公共服务地区差距有所缩小。

表 3-10　中等地区 2000、2008 年公共服务支出的泰尔指数

省区	2000 年 T 值	2008 年 T 值
广西	-0.0116	-0.0238
四川	-0.0266	-0.0034
青海	0.041	0.0285
宁夏	0.0186	0.0121
合计	0.0214	0.0134

数据来源:《中国统计年鉴》(2001、2009 年)

4. 欠发达地区 2000、2008 年公共服务支出的泰尔指数。从表 3-11 看出,2008 年欠发达地区公共服务支出的泰尔指数为 0.0132。西藏和甘肃是影响该地区公共服务差距的主要因素,其泰尔指数分别为 0.0268 和 0.0161;而贵州和云南的泰尔指数分别为-0.0241 和-0.0056,均为负值,说明这两个省在公共服务支出分配中处于劣势。对比 2000 年数据我们可以发现,甘肃的 T 值由负值转为正值,增长幅度最大,为 4.28 倍,这与近几年来中央加大转移支付力度有关,而云南的 T 值则由正值转为负值,这可能受到人口众多这一因素影响。比较欠发达地区公共服务支出在 2000 年和 2008 年两个年度的泰尔指数,可以发现,2008 年的 T 值合计数由 2000 年的 0.0183 下降到 2008 年的 0.0132,降幅为 27.8%,公共服务均等化程度有所提高。从区域内各地来看,贵州和云南的 T 值 2008 年比 2000 年减小,西藏和甘肃的 T 值都在增大,说明这两个省区的公共服务差距拉大。总体来说,欠发达地区公共服务的地区差距有所缩小。

表 3-11　欠发达地区 2000、2008 年公共服务支出的泰尔指数

省区	2000 年 T 值	2008 年 T 值
贵州	−0.0389	−0.0241
云南	0.0458	−0.0056
西藏	0.0163	0.0268
甘肃	−0.0049	0.0161
合计	0.0183	0.0132

数据来源:《中国统计年鉴》(2001、2009 年)

综合上述定量和比较研究的泰尔指数分析,我们可以对西部地区的基本公共服务现状基本作出如下判断。

首先,从总体 T 值指标来看,由 2000 年的 0.0111 下降到 2008 年的 0.0042,说明近年来我国西部地区基本公共服务支出的财政均等化程度在不断地提高,公共服务支出的地区差距在缩小。出现这种局面的原因是国家发展战略的调整,尤其是科学发展观的提出使基本公共服务均等化的理念深入人心,各级政府加大了对基本公共服务的财政投入力度。但是从区域内部来看,基本公共服务存在很明显的分化,相对发达地区的 T 值增大,其占有的公共服务支出比重远远超过其人口比重,欠发达地区由正值转为负值,说明欠发达地区公共服务的支出恶化,而中等地区变化不大。

其次,从三大区域间的比较来看,三大区域间公共服务的差距有所缩小,但各区域缩小的幅度不一,呈现出相对发达地区、中等地区、欠发达地区依次递减的特点。相对发达地区缩小的幅度最大,这可能与其财力较强有关。而从 T 值来看,公共服务支出均等化程度却呈现出相对发达地区、中等地区、欠发达地区依次递增性,欠发达地区是三大地区中均等化程度最好的地区。

再次,从三大区域内各省(区、市)来看,由于各省(区、市)间财力上的差异,2000—2008 年有的省(区、市)T 值变大,如内蒙古、陕西、新疆、四川、西藏和甘肃,其他六省(区、市)T 值变小;此外有的省(区、市)T 值从负数变为正数,有的则由正数变为负数,各省(区、市)间公共服务支出差异比较大。

最后,我们从西部与全国的比较来看,西部与全国在地区经济发展水平、地方政府财政能力和基本公共服务供给水平上也存在很大的差距。与西部地区省

际差异一样,西部与全国在政府财政能力上的差距大于经济发展水平上的差距。从西部地区省际差异和西部与全国的整体差距这两种差异的比较来看,西部与全国整体水平的差距大于西部地区之间的省际差异。尤其令人担忧的是,上述两种差距都在最近几年内以较快的速度进一步拉大。显然,这种不均衡现状的加剧无论是对西部贫困地区的农村发展,还是对宏观层次上的贫困问题的解决都是极为不利的。

二、地方政府基本公共服务供给的特征：扶贫策略的"趋中"

（一）问题的提出：作为"趋中"特征的基本公共服务与农村扶贫策略

改革开放 30 多年来,中国经济取得了举世瞩目的成就,这在相当程度上得益于"地方政府为经济增长而展开的竞争"①。但不可置否的是,伴随着经济的快速增长,近年来我国城乡社会不断涌现的上学难、看病难、房价高等民生问题依然突出,贫困地区的情况更为严重。向全体公民提供基本的公共服务既是政府的责任,也是公民应享有的一项权利。相比于中央政府频频颁布惠及民生的政策和举措,地方政府在公共服务领域所承担责任的程度非但没有提升,反而不断出现下降的趋势。② 作为有助于减缓贫困发生的基本公共服务供给方,地方政府层面到底出现了哪些问题？ 为什么经济得到了发展,改善民生的意愿却难以实现？

我国对地方政府提供公共服务的分析讨论基本上都是在中央—地方政府间关系的分权框架下展开。这里有两种差异较大的流派：一种是以财政竞争为内核的分权理论,以汪永成、李涛、周业安等为代表的学者认为,地方政府间的财政竞争是决定公共服务提供结构的关键机制,地方财政支出会偏向有益于流动性要素的公共服务。③ 另一种是以委托代理为框架的分权理论,如傅勇、郑磊等学者认为,中央政府对地方政府的激励契约是决定公共服务提供结构的关键机制,

---

① 周天勇：《中国行政体制改革 30 年》,76 页,上海,上海人民出版社,2008。
② 汪永成：《亲流动性要素的服务型政府：形成机理与矫正策略》,载《学习与探索》2008 年第 3 期。
③ 有关这方面的研究,可参见李涛、周业安《中国地方政府间支出竞争研究》（载《管理世界》2009 年第 2 期）以及傅勇、张晏《中国式分权与财政支出结构偏向：为增长而竞争的代价》（载《管理世界》2007 年第 3 期）。

地方财政支出会偏向具有生产性质、政绩明显的公共服务。① 很明显,财政竞争的分权理论把提供公共服务的地方政府看作是流动性的角色,而以委托代理为基础的分权理论把地方政府的行为看作是代理人的偏好。应该说,这两派理论都只是抓住了我国财政经济体制的一个方面——财政分权或政治集权,而事实上地方政府是财政分权与政治集权的结合。地方政府在由改革前的"代理型政权经营者"转变为改革之后的"谋利型政权经营者"角色过程中②,其获得了谋求自身利益的动机和行动空间。然而官员升迁的命运又主要掌握在上级政府手中,压力型体制并没有发生重大改变。③ 为此,本研究尝试运用地方政府的"多任务代理者角色"为分析框架,依据地方政府基本公共服务的供给情况,对我国地方政府在涉及扶贫行为中的一个普遍现象即"趋中"行为进行探讨④,以对上述问题作一分析。

(二)地方政府基本公共服务供给的"趋中"

社会学把"趋中"行为作为客观的并可以观察到的社会心理现象,而行为经济学对此的研究则关注于人类的心理以及行为倾向在经济发展过程中的影响。这一理论认为,人是处在群体中的动物,一个人的决策行为必然受到周围其他人行为的影响。在信息约束的环境下,由于人类天然的风险规避性,人类行为往往表现为"随大流"的跟从行为,于是"投资者跟随大流,投资选择行为是对大众行为的模仿,并不是参照自己挖掘的信息"⑤,人们形象地将其称为"羊群行为"。这一理论构成了目前金融市场的主要解释性分析。在分析地方政府公共服务供给的问题上,行为经济学具有同样的解释力。把地方政府比作市场经济中的投资经理人,我们会发现,如果投资经理人的报酬数量依赖于同其他经理人比较后的表现,那么这些经理人的激励将被扭曲,他们的投资行为也最终将以一种不合

① 可参见郑磊:《财政分权、政府竞争与公共支出结构——政府教育支出比重的影响因素分析》,载《经济科学》2008 年第 1 期;吕炜、王伟同《发展失衡、公共服务与政府责任》,载《中国社会科学》2008 年第 8 期。

② 杨善华、苏红:《从"代理型政权经营者"到"谋利型政权经营者"——向市场经济转型背景下的乡镇政权》,载《社会学研究》2002 年第 1 期。

③ 荣敬本:《从压力型体制向民主合作体制的转变:县乡两级政治体制改革》,1 页,北京,中央编译出版社,1998。

④ 本研究所指的"趋中"是指地方政府,尤其是省级政府(包括自治区、直辖市),对于地方性的公共服务在供给方面上存在中间位置的财政支出取向,即不存在多大的热情和重视程度去做这些,但也绝非忽视公共服务的供给。

⑤ 董志勇:《行为经济学》,248 页,北京,北京大学出版社,2005。

理的投资组合而收尾。[①] 很明显,公共服务供给的趋中行为就是指地方政府在提供公共服务时,首先是横向(其他同级别的政府)与纵向(上级政府及下级政府)的对比,然后作出投入资金的决定,但是资金投入量的多少大致上趋为中位,即努力做到"不冒尖"。

我国地方政府的财政支出无疑是衡量公共服务在项目安排和项目质量上是否"趋中"的重要指标,而且近年来持续快速的经济增长为此奠定了良好的基础。但是政府有钱之后,是否一定会投向涉及民生的公共服务领域? 是否一定有改善贫困状况的实质性举措? 从全国的总体数据上看,涉及民生的主要公共服务项目,如教育、社会保障与就业、医疗卫生、文化等,其财政支出占地方财政支出的总比例从 2001 年的 34.2% 增长到 2008 年的 37.8%,变化非常稳定;而同时期的经济建设支出在 22.1%—29.8% 之间变动,政府行政费用从 8.9% 增长到 16.5%,三者的极值比分别为 1.1:1.3:1.8,后两者的变化幅度比较大;而地方政府财政总支出的平均增长率为 20% 左右,超过公共服务的支出增长率。很明显,大多数地方政府对主体公共服务支出的积极性是趋中的,即稳定而不冒尖,远不如经济建设与行政费用支出的增长幅度。(见图 3.7)

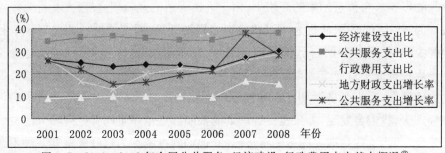

图 3.7 2001—2008 年全国公共服务、经济建设、行政费用支出基本概况[②]

数据来源:根据 2002—2009 年《中国统计年鉴》数据整理绘制。

---

① 公共选择理论也是把政府作为类似于市场行为中的"经济人"属性来看待。它认为在经济市场和政治市场活动的人是同样的,没有理由认为同一个人由于场所不同就以不同的动机进行活动。在这层意义上,行为经济学理论与公共选择理论都是相同的假设前提。

② 按政府的支出项目来说,主要的公共服务支出一般包括教育、社会保障与就业、医疗卫生、文化等多项之和。经济建设支出为基础设施建设、企业挖潜改造资金、地质勘探、科技研发、流动资金、工交商部门事业费支出(即工业及交通行业的事业费、商业流通部门的事业费)、支援农村生产、农林综合开发、与水利气象等费用之和。其他的则为用于行政管理的经费支出。

　　在分项目统计上,以地方政府在文化服务方面的财政支出为例,文化方面的财政支出在总财政支出 2％－3％的省(区、市)在 2001 年为全国的 87％,2003年为 74％,2005 年为 87％,2008 年为 80％,而财政支出在 2％以下以及 3％以上的省(区、市)比较少(即在文化支出比较冒尖的省、区、市比较少)。与此同时,我们也可以从 2008 年教育支出在地方政府的财政开支中观察到这种"趋中"现象。支出比在 15％—19％之间的占了近六成的省(区、市),为主体其中东部 4 个,中西部各 7 个,超过平均值 17.2％的有 16 个,占了大半。而在 15％以下的西部 4个,东部 2 个;在 19％以上的西部 2 个,中部 1 个,东部 4 个。全国超过平均值17.2％的省(区、市)有 16 个。[①]

　　此外,我国地区差异大,东、中、西部各省(区、市)的财力都不一样。但是财政状况较好的省(区、市)会投入更多的比例在医疗卫生上吗?实际上,2001—2008 年间东部地区对医疗卫生支出的平均值为 4.53％,而同期的中部和西部比例分别为 4.14％和 4.58％,区域间差距较小,各省(区、市)的医疗支出比较趋中。(见表 3-12)

表 3-12　2001—2008 年各省(区、市)医疗卫生支出占地方财政支出比例(％)

地区	2001	2002	2003	2004	2005	2006	2007	2008	平均值
东部	4.34	4.30	4.56	4.21	4.14	4.38	4.90	5.41	4.53
中部	3.73	3.55	3.96	3.63	3.61	3.90	5.11	5.65	4.14
西部	4.53	4.00	4.42	4.07	4.30	4.37	5.46	5.51	4.58

数据来源:根据 2002—2009 年《中国统计年鉴》数据整理绘制。

　　与此形成鲜明对比的是地方政府投资增长率连年上升,从 2001 年的平均13％增长到 2008 年的平均 25.9％,固定资产投资占 GDP 的比重从 2001 年的34.4％跃升到 2008 年的 57％。在 2009 年地方财政收入增长率中,超过 15％的省(区、市)在固定资产投资上占 GDP 的比重为 48.4％,10％－15％的省(区、市)为 35.4％,增幅在 10％以下的只有 16.2％的省(区、市)。因此,在平均意义

---

　　①　注:关于地方政府在文化方面的财政支出数据来源于 2002—2009 年的《中国统计年鉴》,其项目名称在 2001、2003 以及 2005 年是冠以文化广播事业费的形式,而 2008 年是以文化体育与传媒事业支出费的形式。教育方面的支出比例是以 2008 年单独年份作为比较。

上,地方财政支出对主要公共服务的支出明显偏低。(见表 3-13)

表 3-13　2009 年各地财政收入增幅

各省(自治区、直辖市)财政收入增长率	占全国总数之比
15%以上	48.4%
10%—15%之间	35.4%
10%以下	16.2%

数据来源:根据各省(自治区、直辖市)官方网站 2010 年公布的政府工作报告整理而成。

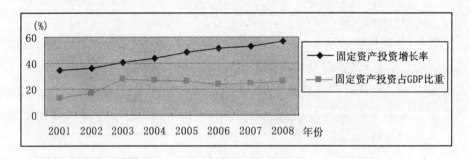

图 3.8　地方政府在固定资产投资的变化

数据来源:根据 2002—2009 年《中国统计年鉴》数据整理绘制。

(三)地方政府基本公共服务"趋中"供给的原因

为什么地方政府在社会性公共服务支出方面长期呈现低水平的"趋中"特征,特别是在中央提出建设服务型政府目标后也没有大的改变? 问题的核心就是地方政府在财政支出上存在着一种"选择性"的政治和经济动因,即能够根据自身的效用偏好,有选择性地履行职能。换言之,地方政府已演变为一个相对独立的利益集团,其政治职能不再是一个简单的行政主体角色认知,而在经济职能上却感受到更多的财政压力,由此决定了地方政府"多任务代理者"的角色运行模式。从这一角色在公共服务"趋中"供给的外部与内部环境,以及改革过程中发展总导向的偏好来看,存在以下三个方面的原因。

1. 分税制与预算软约束——外部环境。1994 年的分税制使得地方政府能支配的收入相对下降,事权扩大伴随着支出压力的加重。尽管中央政府一再从制度上规范转移支付体系,但是地方政府并没有表现出改变既有财力的分配格局。2002 年实行中央与地方共享部分所得税后,更是提高了地方财政支出对中央财政的依存度。[①] 也正因为地方政府的所谓"机动财力"相应减少,从而或多或少地削弱地方政府在相关方面的积极性。[②] 从公共服务供给的"趋中"行为的动机上看,以土地出让所得的预算外收入是地方财政一个重要原因,因为"资金集中获得了更为优先的地位,资金集中的逻辑优先对中央政府与地方关系的进一步制度化发展产生了一定程度的冲击"[③]。自上而下的财政分权强调的是发挥中央政府的宏观调控作用和保证中央政府取得足够的财政资源。虽然财政集中使中央财政收入明显提高,但这样做的成本非常高,因为集权过度不但打击地方的经济性,而且重犯计划经济的老毛病、重开寻租大门。[④] 基层财政陷入困境,公共服务支出显然受到了影响,于是以土地出让所得的预算外收入成为地方政府一种"合理的寻租",高房价问题自然不可避免。此外,中央政府对地方政府的财政预算也存在软约束问题。因为公共服务供给的关键之处在于地方政府可支配财力的多少,同时应该加上中央的税收返还与预算外收入。1993—2007 年,中央与地方的财政收入差距就一直在缩小,但是地方收入自 1995 年以来就一直高于中央收入,中央、地方的财政支出变化也并不显著,在这层意义上,中央政府所希望的"强干弱枝"目标并没有实现。[⑤] 从扶贫的视角看,地方政府的财政收入一直处于上升的态势,而农村贫困的投入却在一定程度上服务于地方经济发展的中心指标。因为如果把投入与产出的效益进行相比,政府自然愿意把资金投入到那些更能促进发展指标的层次。

2. 晋升——以 GDP 为考核机制中心的行政官员动机。以经济体制改革为起点,中央通过"有选择性的分权",即行政分权和财政分权,有效地激发了地方

---

① 李森:《中国基层财政困境问题研究:症结与出路》,135 页,上海,上海三联书店,2009。

② 王敬尧、宋哲:《地方政府财力投入与基本公共服务均等化》,载《华中师范大学学报》2008 年第 1 期。

③ 林尚立:《制度创新与国家成长:中国的探索》,301—302 页,天津,天津人民出版社,2005。

④ 陈抗、Hilman A、顾清扬:《财政集权与地方政府行为变化——从援助之手到攫取之手》,载《经济学》2002 年第 1 期。

⑤ 1993 年分税制前,地方政府占所有财政收入的 80%,中央政府是 20%,分税制后逐渐缩小差距。到 2007 年,中央政府与地方政府几乎各占所有财政收入的 50%。具体可参见 1994—2007 年有关财政收支方面的《中国统计年鉴》。

政府发展经济的积极性,其行为的自主性、独立性增强,成为"谋利型政权经营者",由此经济增长的强激励与地方政府较强的经济自主相结合,产生了"经济增长市场"。① 但是经济增长目标的驱动取向也更多地关系到地方政府行政官员的利益,所以其效用目标同时包括了经济利益与政治晋升,而后者似乎更加重要。正如国外学者所言:"有效行为的主要诱因就是,通过晋升和安全,实现一个人职业的发展。"②在当前的环境下,行政官员政绩包含的因素固然包括有效地缓解贫困,但是扶贫还不是政绩的唯一表现。

从具体的方面来说,在宏观的"经济增长市场"环境下,中央政府—地方政府之间的委托代理关系事实上是以一对多。为了节省监督费用与激励地方政府,中央政府采取的是多任务的"政治承包"形式,并通过财政集权,使地方政府达到中央的治理要求。表现在:承包合同里不仅要负责招商引资、维护稳定,促进地方经济发展,还要提供教育、医疗、环境保护等多种地方公共产品。从微观上看,因为绩效考核机制偏重于 GDP 为中心,导致行政官员在事业晋升上的政治锦标赛使地方政府产生了"为经济增长而竞争"的局面。而正是由于这一外部动力机制促使了地方政府在公共服务供给上的选择。有部分学者指出,寻求 GDP 的增长而不断扩大固定资产投资,无论是衰退期还是繁荣期,中国的地方政府都有强大的激励来实施其扩张偏向的财政政策。为了免于中央政府对地方行政官员有意或无意的"惩罚",各地都在寻找一个合适的比例,这样的"趋中"行为也就不难理解了。

3. 公共服务意义中的社会建设"脱嵌"于经济发展之中。在传统的发展理论中,经济政策与社会政策是两个相对独立的体系。人们将经济政策看作是创造财富的手段,而将社会政策视为对贫困者提供收入保障的再分配机制,是不得已而为之,社会建设必定会拖累经济的发展。以建立市场经济体制为目标的"效率优先,兼顾公平"导向,事实上也推动了以经济建设为核心目标的地方政府职能。在保持经济增长的目标驱动下,发展的体制要素在一定意义上加剧和固化

---

① 徐现祥:《渐进改革经济中的最优增长》,载《数量经济与技术经济研究》2005 年第 8 期。
② [美]乔治·弗雷德里克森:《公共行政的精神》,张成福译,182—183 页,北京,中国人民大学出版社,2003。

了地方政府在公共支出结构上的扭曲。

因此,公共服务供给的不足使得本应由政府承担的公共服务成本有相当一部分被转嫁到了普通居民手中,从而加大了居民在教育、医疗、住房等方面的支出。这种成本的转嫁很有可能将迫使居民以增加储蓄、缩减当期消费来应对,从而与其他支出一起改变着居民的长期预期和消费倾向,进而导致地方政府难以启动和扩大内需的动机,这无疑对地方经济的持续增长构成了严重威胁。内需不足与官员晋升构成了双重压力环境,故此在面对解决民生问题与解除经济增长放缓之威胁的抉择面前,地方政府选择了后者。为了维持一定的经济增长,解决内需不足的问题,唯有选择政府性的投资来弥补,从而实现经济发展的目标。在这样的行为逻辑下,经济发展的冲动与公共服务层面上的社会建设在一定意义上"水火不容",公共服务的"趋中"支出也就不难理解了。

本章小结

阿玛蒂亚·森因关注"可行能力"这一具有社会政策蕴意的理论视角研究贫困问题,由此产生了关于自由与发展的广泛讨论。与其他学者的贫困理论相比,其理论的独特魅力在于深刻分析了在贫困背后的生产方式、社会结构的作用,以及贫困的实质。他认为,要理解普遍存在的贫困,频繁出现的饥饿或饥荒,我们不仅要关注所有权模式和交换权利,还要关注隐藏在它们背后的因素。这就要求我们认真思考生产方式、经济等级结构以和它们之间的相互关系。而这一解释对于我们从社会政策的视角觉察到,撇开经济发展的制度因素,贫困在一定程度上是社会结构的致因结果,是社会保护体系不足所产生的社会问题。

20世纪80年代全球盛行的新自由主义把分配和贫困放在了一边,坚持建立市场机制来促进经济增长。国家的治理者是强调改进政策,而且主要是改进经济和贸易政策来促进国家和社会的进步与发展,这一传统扶贫方式的导向也暴露出诸多的局限性。经济发展是否有效地解决贫困问题? 答案无疑是多样的。一个比较切合实际的答案是,经济发展是扶贫的必要手段,但绝对不是脱离

贫困的充分条件。或者说,生存权是一面永远舞动着"社会弱者之权利"的旗帜,
而发展权利的价值在于给予弱势群体和弱势个人提供缩小与强势群体和强者之
间差距的机会。鉴于我国目前的贫困线只是"生存贫困线",本研究认为,应该在
此基础上加载"权利扶贫线"的内涵,至于这个权利扶贫线如何描绘,应该说它的
重点是要提升贫困人口的自身发展潜力,而不是简单地为他们提供处于生存水
平的最低生活保障。唯有通过赋予弱势群体的教育权、培训权、医疗保障权以及
社会保障权,使贫困人口具有一定发展能力,才能从根本上消除贫困,使他们稳
定地远离贫困的困扰。社会政策所体现的二次分配或三次分配对于农村贫困者
的发展权利而言,是重要且不可或缺的。我国正处于这样的时代,既然现时代的
农村贫困不同于计划经济体制下的农村贫困,这就更需要我们用新的战略框架
来有效地进行农村扶贫,而可行的思路就是把具有扶贫性质的经济政策与社会
政策放在同一水平线的平衡发展道路,舍弃那些倚轻倚重的思维习惯,即"亲市
场"以及单向依靠政府组织的扶贫思路,因为扶贫的策略也存在"趋中"行为的倾
向。尤其需要引入以发展理念为导向的社会政策,打破福利分配和福利战略的
传统习惯,对于一个经济和社会体制快速转型的国家和社会而言,这无疑是重
要的。

第四章 发展型社会政策的国际经验及其在我国扶贫的可行性

公共政策是社会价值的权威性分配过程,而"一个社会关心其穷人的方式反映该社会的价值"①。从起源上看,社会政策初始对象的选择就是对贫困问题的关注以及对贫困者的社会关怀。一般认为,20世纪50年代以英国为代表的福利国家的建立是西方国家社会政策发展走向顶峰的标志。以此为依据,我国学者唐钧教授(2004)把福利国家社会政策的发展分成三个历史阶段:前福利国家阶段、福利国家阶段和后福利国家阶段。② 前福利国家阶段社会政策的主体是"消除贫困",贫困研究是这一阶段社会政策的"主题曲"。当贫困问题得到初步缓解后进入福利国家阶段,这一阶段延续至70年代西方社会出现的"经济滞胀"为止,再进入后福利国家阶段。在福利国家阶段以及后福利国家阶段,对贫困的治理依然是社会政策研究的重要课题,只不过在研究的框架上应用了"社会质量"、"社会排斥"以及"资产建设"等这些重要的分析概念,而其中的许多理念和实践都来自对传统社会政策的反思、改革与创新。

我国就贫困问题正式提出政策议程的时间是1984年,由中共中央和国务院

---

① [美]查尔斯·H.扎斯特罗:《社会工作与社会福利导论》,孙唐水等译,134页,北京,中国人民大学出版社,2005。

② 唐钧:《社会政策学科发展报告》,中国社科院社会政策研究中心,2004年10月15日,见中国社科院网站:http://www.sociology.cass.net.cn/shxw/shzc/p020041015286966877949O.

颁布的《关于帮助贫困地区尽快改变面貌的通知》为标志,围绕"进一步放宽政策"、"减轻负担、给予优惠"、"增加智力投资"等思路,提出了一系列具体的扶贫政策。① 1994 年,国务院公布了以消除农村贫困问题为目标的著名的《国家八七扶贫攻坚计划》,决定"从 1994 年到 2000 年间,集中人力、物力、财力,动员社会各界力量,力争用 7 年左右的时间,基本解决当前全国农村 8000 万贫困人口的温饱问题"。1996 年中共中央和国务院作出了《关于尽快解决农村贫困人口温饱问题的决定》,就进一步落实《国家八七扶贫攻坚计划》提出更为明确的要求。2001 年,党中央、国务院制定并颁布实施《中国农村扶贫开发纲要(2001—2010年)》,就新阶段的农村扶贫制定了总体目标、任务、政策和措施。② 国家采取的种种农村扶贫政策,在这一时期也取得了比较明显的成效。但是,作为社会政策这一缓解农村贫困的首要手段而言,我国欠缺发展上的考虑。在开发式扶贫成为绝对主流的经济政策面前,我国的各种农村扶贫政策只是作为选择性的弥补者而存在。本章拟在对国外社会政策的改革与转型进行分析的基础上,对发展型社会政策应用于农村扶贫战略的可行性上进行阐述,同时对我国农村社会政策建设的类型方面展开五个层面的分析。

第一节　西方社会政策价值与实践的转型:
对我国具有借鉴性的视野框架

一、社会政策在福利国家的价值演变

(一)福利国家社会政策的传统价值

社会政策具有强烈的意识形态意蕴,突出表现在其价值观的选择上。20 世

---

① 孟昭华、王明寰:《中国民政史》,539 页,哈尔滨,黑龙江人民出版社,1986。

② 在 2001 年制定的《中国农村扶贫纲要(2001—2010 年)》,政府强调了这样的扶贫措施:一是瞄准贫困群体,采取有针对性的帮扶措施;二是因地制宜实施整村推进扶贫开发;三是加大培训力度,努力提高劳动者素质;四是抓好产业化扶贫,培育增收产业;五是加强扶贫资金管理,提高使用效益;六是动员社会各界积极参与扶贫开发。很明显,措施中涉及经济政策扶贫的有四条,涉及社会政策的扶贫措施仅有两条。

纪上半叶,德国的《魏玛宪法》规定:"为了保持健康和劳动能力,为了保护母亲,为了应付由于老年和生活中的软弱地位以及情况变化造成的经济上的后果,国家将在投保人的决定性参与影响下,创造一个全面广泛的福利保险制度。"它明确提出了建立全面的、国家性的、义务的社会保障体制的方向,以解决工业化过程中出现的社会问题。这可以被看作是在宪法层面确立的一种基本制度。1930年,法国政府正式颁布《社会保障法》。1942年,英国的《贝弗里奇报告》问世。第二次世界大战结束后,福利国家开始逐步在西方国家建立起来。

西方福利国家的基本标志是,有一个集全面性、国家性、集体性、义务性为一体的社会保障计划,以应对市场经济的风险。这个风险来自残疾、疾病、年迈、缺乏工作机会或家庭主要劳动力的死亡等等。在传统的福利国家,一个全面的、国家的社会保障计划意味着对所有或几乎所有的公民,不论是否有工作,不论城乡之别,都一律提供社会保障。在确立对全体公民实行国家保护的过程中,西方国家分别有以下几个价值观主导其创建福利国家的行动:

1. 保守主义的秩序观。保守主义最基本的特征是希望对已经存在过的东西有所保存。Gilmour(1978)认为,福利国家在本质上是一个保守主义的机制,它是遵循着保守主义的原则建立起来的。[1] 保守主义的政治价值观认为,秩序是社会存在的先决条件,而社会秩序的维持主要靠权威、传统和宗教这些对维持秩序和一致性具有重要作用的资源。保守主义者重视社会有机体的概念,不过这种有机体与社会等级观念是密切相关的,社会控制正是为了维持这种统一性和一体性。因此,在保守主义的理念中,社会政策的主要功能不在于保护人们的基本权利,而在于进行社会控制、维护社会秩序与等级层次。不过,保守主义也强调公共利益,为了符合公共利益的目标,国家有必要对社会进行干预。保守主义主张把国家扮演成家长的角色,以此保证社会秩序的有效性。除此之外,保守主义还强调社团主义的观念,倡导并强化社会网络,反对使公民社会屈服于市场力量。保守主义认为市场会引导社会自觉走向自由化、无序化,不利于建立一个伦理的、和谐的和稳定的社会制度。因此,从保守主义出发的社会政策拒绝把福

---

① Gilmour, Ian. (1978): *Inside Right: A Study of the Conservatism*, London: Quarter Books, p152.

利与市场机制联系起来,那些公共服务私有化的策略不适宜于社会政策的发展方向。保守主义认为现代社会的主要问题大多是由市场造成的,这也是它与自由主义所不同的立场。

2. 自由主义的效率观。在社会政策的发展史中,自由主义的理论具有很长的传统。亚当·斯密把市场看作一只看不见的手支配着社会运行,因而政府对市场和社会要尽可能地少干预。这一古典自由主义理论在第二次世界大战以后逐渐为新自由主义理论所取代,新自由主义者部分接受了凯恩斯的国家干预理念。[①] 如自由主义思想家弗里德曼(2001)认为,自由主义的核心是相信个人尊严,相信根据自身的意志来尽量发挥自己的能力和机会,只要他不妨碍别人进行同样活动的即可。对于自由主义者来说,重要的是把自由作为第一个考虑因素的出发点,至于个人如何使用他的自由,则是其本身的伦理范畴。例如,如果把对穷人的救济看作是个人的事而不是政府的责任,那么这种"旨在于帮助较不幸的人的私人慈善行为就被看作正确使用自由的一个例子"[②]。相反,如果由国家以再分配的方式来实行福利制度,改善穷人的贫困状况,那就是用强制代替自愿,就是对自由主义原则根本的破坏。哈耶克(1997)认为,个人能力的最大限度发挥也是其幸福的保证,它使劳动者所达到的物质舒服、安定和个人独立的程度,即福利的水平,超过了任何极权社会或集体主义社会。[③] 自由主义者的这些观点,导致了他们在社会政策方面对"国家福利"理念持批评态度。由于个人福利是个人的责任而不是国家或社会的责任,"福利权利"的概念就被认为是一个空概念,他们反对用集权的方式对人们的收入进行再分配以达到收入均等的目的。应该说,自由主义福利理论直到今天还有很大的影响。例如20世纪80年代,英国撒切尔夫人主张实施私有化策略以降低社会福利开支并强调个人在社会保障中应承担的责任和义务。

3. 社会民主主义(费边主义)的国家观。在某种程度上可以说,西方国家的福利建设实践了早期思想家圣西门、孔德等学者提出的空想社会主义。费边主

---

① 丁建定、魏科科:《社会福利思想》,武汉,华中科技大学出版社,2005。

② [美]米尔顿·弗里德曼:《资本主义与自由》,张瑞玉译,188页,北京,商务印书馆,2001。

③ [英]弗冯·哈耶克:《通往奴役之路》,王明毅等译,23页,北京,商务印书馆,1997。

义者认为,市场资本主义的发展产生了社会结构性的不平等,使许多人陷入贫困。因此,要通过使用公共财政和社会资源再分配的社会政策手段来实现社会公平。① 从实现社会主义的手段上说,费边主义强调改良的路径体制,注重对国家机器的改造和利用。费边主义者认为,国家应该对人们的某些最基本的需求提供免费的或低价的福利服务,进行收入再分配,从而使不同阶级的成员享有平等的生活机会。他们强调技术专家、官僚、福利专业人员在进行社会改良中的作用。如蒂特马斯(Titumas,1968)认为,福利国家在消除贫困和降低社会不平等方面的努力会由于缺乏监控社会的有效工具而失效。② 因此,我们有必要改进福利国家为人们提供社会服务的技术和管理因素。此外,费边主义者还强调普爱、自由、民主、平等和友谊这些规范,倡导人们通过慈善的手段去进行利他主义的活动。他们为社会改造设计了种种方案,希望通过社会计划、教育和宣传,引导人们进行社会主义改造的努力,实现社会主义。英国在战后也在一定程度上把费边主义的价值观落实在其福利建设的国家政策层面上,国家化的福利供给成为当时主要的社会政策模式。

上述三种主要的政治价值观对形成西方国家的社会政策模式及其随后的演变产生了深远的影响,在不同的国家,社会政策的价值取向都会有所区别。但是无论怎样的个体差异,所有福利国家的演变都已经历了一系列共同的历史进程。Neil Gilbert 和 Paul Terrell 为我们展示了当代福利国家从发端到紧缩的发展图景。(见表 4-1)

---

① 成志刚:《西方社会保障理论主要流派论析》,载《湘潭大学学报》2002 年第 5 期。

② Titmuss, R. M. (1968): *Commitment to Welfare*. London: Gerge Allen and Unwin, pp.241—242.

表 4-1　演进中的福利国家

	发端 1880 年代— 1930 年代	成长 1940 年代— 1950 年代	成熟 1960 年代— 1970 年代	紧缩 1970 年代 中期以后
政治发展	民主的进步;普选制的推行;工会运动、社会民主、现代自由主义的发展	支持扩大社会开支的广泛社会认同	新政治选举提升了少数民族、妇女和残障人等的社会权利	保守主义的复兴
经济发展	放任资本主义的黄金时代;工业化的经济混乱	经济大萧条后凯恩斯主义的胜利;二战后的经济强劲增长;低失业	70 年代中期经济持续繁荣,生活水平高;石油危机削弱了西方经济	经济增长减缓;不平等增加;失业率上升,人口老化对会的保障需求增强
重要社会政策	传统济贫法让位于新兴的社会保障制度	基本社会保障、健康护理、公共援助计划家庭津贴覆盖范围扩大	收入、健康护理和社会服务计划范围拓宽;公共开支比重高	基本无新计划,公共援助安全网衰减;社会保障计划缩减开支水平稳定
政府角色	开始领导国家福利;私人机构和地方主义开始削弱	福利国际社会投资、管理以及普选制的扩大	新计划强调少数民族、被排斥群体、城市贫困人口的社会和经济权利;公共部门就业大幅增加	美国和英国政府寻求减少福利国家的范畴和规模;地方分权;私有化

　　资料来源:Neil Gilbert & Paul Terrell:《社会福利政策导论》,黄晨熹等译,42 页,上海,华东理工大学出版社,2003。作者根据部分资料整理而成。

　　福利国家社会政策模式从发端到紧缩这一历史演变的共通点表明了不同阶层对工业化、城市化带来的诸如贫困等社会问题的不同理解,其核心内容围绕着秩序、自由、平等这些价值要素所依存的国家与市场关系展开。具体而言,在市场经济的推动下,1950—1970 年间的西方国家经济进入了空前繁荣的时期,传统社会政策提供的福利也达到了成熟阶段。这一时期不仅各国经济迅速发展，而且失业率也普遍较低。各资本主义国家吸取了20世纪30年代大萧条的教训，依据凯恩斯主义经济学，政府实行了促进高水平的需求和就业的经济与社会政策。在经济发展的同时，国家干预增强、税收占GNP的比例也持续上升。例如，在美国，1887年联邦政府的收入仅占GNP的3％，1937年上升到5.5％，而在20世纪70年代则跃升至38％。其他发达国家在20世纪70年代政府税收占GNP的比例从瑞典的67％和荷兰的64％到美国的38％和最低的瑞士的30％，平均是45％。[1] 但是，社会政策模式的发展是由经济、政治、社会结构、意识形态以及各种社会力量之间的博弈等多种因素促成的，经济发展并不是唯一的推动力量。[2] 在战后福利国家的发展方面，各西方国家也有共同点，那就是福利国家的建设步伐快于经济发展步伐。在整个20世纪60年代，经济合作与发展组织里的国家在整体上社会福利方面的支出快于其经济增长速度。有数据显示，在整个20世纪60年代经合组织国家在公共健康方面的支出的增长速度比GDP的增长速度快75％，在收入维持方面的支出的增长比GDP的增长速度快42％，教育快38％。[3]

（二）福利国家的危机及其对传统社会政策价值观的挑战

福利国家虽然确立了对公民实行"从摇篮到坟墓"式的社会保障原则，然而，对于这些国家的公民而言，具备可持续性的福利远景并不长。到了20世纪60年代末，由于生产技术的发展变化、经济结构的变化和世界经济格局的变化等诸多因素相互作用的结果，西方持续了20多年的经济发展速度开始放慢，1973年的石油生产国限制石油出口引发的石油危机使西方国家出现了前所未有的"滞胀"型经济危机。凯恩斯主义经济学的失灵促使了传统社会政策在西方国家出现新的危机，简单地说，表现在以下三个层面：

1. 失业率升高，以及用于失业保险或失业救济的费用增加。（见表4-2）

---

① 颜鹏飞、张彬：《凯恩斯主义经济政策述评》，302页，武汉，武汉大学出版社，1997。
② 杨伟民：《社会政策导论》，297页，北京，中国人民大学出版社，2004。
③ ［英］高夫：《福利国家的政治经济学》，古允文译，118－119页，台北，巨流图书公司，2000。

表 4-2　1981—1989 **年经合组织国家和地区的失业率**(%)

国家 (地区)	失业率	国家 (地区)	失业率	国家 (地区)	失业率	国家 (地区)	失业率
美国	7.3	德国	6.0	意大利	10.6	挪威	2.0
加拿大	9.5	爱尔兰	15.0	葡萄牙	7.4	瑞典	2.2
日本	2.6	卢森堡	1.4	西班牙	18.8	冰岛	0.8
比利时	3.3	荷兰	9.0	土耳其	11.0	澳大利亚	7.7
奥地利	11.5	瑞士	0.6	芬兰	4.9	新西兰	4.6
法国	9.4	英国	10.0	丹麦	9.1	希腊	7.0

资料来源:杨伟民:《社会政策导论》,179 页,北京,中国人民大学出版社,2004。

在 20 世纪 70 年代经济危机发生以前,各国的失业率基本在 3%以下,而后由于失业率的居高,用于失业保险或失业救济的费用也相应提高。1980 年美国国会预算办公室估计,失业每增加一个百分点,联邦政府的赤字就增加 250 万到 290 万美元。[1]

2. 人口老龄化加速。19 世纪末 20 世纪初,由于科学技术的发展,社会经济的进步,西方国家的婴儿死亡率显著降低。又由于健康和医疗技术的进一步改进,人均寿命也开始延长,老龄化现象也开始出现。这样直接导致在养老金方面和老年人医疗费用方面的社会福利支出的增长。

3. 尽管福利国家将社会政策的目标与社会平等相联系,但实际上不平等依然存在。从 20 世纪 60 年代开始,各种环境保护、反核能、提倡维护妇女平等与解放等多种形式的"新社会运动"(New Social Movements)在西方国家此起彼伏。政府一方面要遏制这类运动的发展,一方面又要应社会的要求增加社会福利的供给,而要求社会变迁的呼声也越来越高。

对于西方社会这些共通的社会政策危机,反映在政府和社会的层面就是所谓"福利病"的出现。福利病的出现对于当时的西方各国,特别是英美等国的社会政策反应,首先是减少公共开支,削减福利方面的支出,这实际上是一种消极

---

① Helen Ginsburg, (1983). *Full Employment and Public Policy*, Lexington: Health and Company, p88.

的反应。这种反应与国家政策的价值取向和指导理论的改变——从凯恩斯主义转向新保守主义有关。但是,由于这种消极的反应主要把危机的发生归于国家干预过多、福利开支过高等原因未免缺乏实质性的认识,因为现代社会更为深刻的背景是,全球化正在改变着不同国家与地区的生活场景。

英国著名学者吉登斯认为,全球化不仅仅是大规模体系的产生,还是社会体验的本土化以及个人环境的改变。我们日复一日的活动日益受到发生在世界另一端的影响。相反,本土的生活方式和习惯已经具有了全球性的影响。他的解释说明,全球化是世界每个地方、每个地方生活的人的生活环境都发生了改变,每个人的各种行为、方方面面的体验都具有了相互影响。在他看来,由于社会变迁导致了人们生活方式的改变,以往的福利国家体系不能够继续维护下去。这一从福利供给所产生的危机面临的不仅仅是财政危机问题,更是政府的管理危机问题。而20世纪80年代兴起的管理主义或新公共管理直接针对的问题就是以官僚制为特征的政府管理危机。故此,社会政策价值观的转型与全球新公共管理改革浪潮的兴起回应了一种直接相关的因果联系。

传统的官僚制是建立在法理型权威基础上的一种现代社会所特有的、具有专业功能以及固定规章制度、设科分层的组织制度和管理形式。对于这一传统的公共行政模式,20世纪70年代以来,公共服务以及社会管理的策略方面在绝大多数发达国家都遭到了诘难。著名的公共管理学研究专家欧文·E.休斯认为,问题主要集中于三点:一是价值中立的政治控制模式既不充分也不合乎逻辑;二是韦伯提出的官僚制理论能提供技术效率的观点已得不到人们广泛的认同,与此相关,官僚制可能还会产生其他的一些社会问题,尤其可能会出现非民主化的趋势;三是,右翼人士提出了他们的批评,他们认为官僚制的思想背离了自由,而且与市场作用相比效率太低。[①] 由此,新公共管理批判僵化的官僚制,旨在以企业化政府为导向建立公共行政机构与顾客(公民)的互动关系。[②]

以社会政策的视角来看,官僚制理论在公共服务和社会保障方面的效率以

---

① ［澳］欧文·E.休斯:《公共管理导论》(第二版),北京,中国人民大学出版社,2001。
② 关于新公共管理改革的理论和实践研究,已经存在大量的文献资料,服务型政府、有限政府、公民社会等概念的广泛应用就是人们对当今政府改革模式的反思。具体可见中国人民大学出版社的系列丛书。

及价值观等方面都存在不容忽视的问题。这可以用休斯提出的三个问题来解释。

首先，对于政治中立的公务员在执行社会政策的时候是为社会公众所诟病的。因为社会政策从来就不是价值中立的概念，它的价值属性一直与政治观相联系。蒂特马斯在《社会政策十讲》一书中指出，只要涉及社会政策问题，我们就不可避免地要关注它"是什么"和"该是什么"的问题，关注我们（作为社会成员）的需求（目标）问题，以及达成目标的方法（手段）问题。迈克尔·希尔（Michael Hill, 1988）在论述社会政策研究问题时也指出，在许多对社会政策的系统叙述中包含对特定政策的优劣的评价，在这个意义上一种学术研究已经被建构成与政治态度、意识形态、价值观念有关系了。① 社会政策的目标明显受政策制定者偏爱价值的支配，而社会政策的成功与否又依据这样的目标的实现程度来判断。早期许多研究社会政策的西方学者也深受费边主义意识形态的影响，他们关心的是通过渐进的社会变迁来创造一个更平等的社会。

其次，韦伯提出的官僚制理论能提供技术效率的观点对于社会政策来说是不合乎其根本目的的。社会政策是广义上的社会服务，社会行政或社会工作也是社会政策的基本内容，而这些是需要以社会效益的观点来审视其对公众的服务质量，如社会团结等，机械地用技术效率概念在社会政策的实施上可能会产生社会排斥、阶层差距扩大的后果。此外，平等地供应社会福利的各项服务看似是社会政策的目标之一，但是对于层级权限分明的官僚制度而言，不可避免地存在行政官员的寻租，福利的平等供给得不到保证。

最后，西方一些新自由主义思想家对官僚制限制自由的观点提出了更多的批评。例如哈耶克认为，自由就是不受他人的强迫或控制。国家干预在总体上是有害的，因为控制国家机器的人将不可避免地为实现自己的目的滥用他们的职位权力，导致总体主义，并压制自由。那些全能型的政府为公民提供了"从摇篮到坟墓"式的社会保障，但正是这种绝对的保障形成了对自由的威胁。② 因为这种保障的目的是想保护个人或集团不遭遇那些在市场竞争环境下的收入减少

---

① Michael Hill, (1988). *Understanding Social Policy*, the Third Edition, Blackwell, Oxford, p8.
② ［英］弗冯·哈耶克：《通往奴役之路》，王明毅等译，28 页，北京，商务印书馆，1997。

或其他痛苦,而最后却发现,竞争是市场社会所具有的无处不在、无孔不入的现象。

福利国家是在工业发展和应对外部风险的过程中发展起来的保险体系,这一制度体现了自由、平等、相助的价值原则。在社会政策的哲学基础上,福利的思想与政治意识形态在个人主义与集体主义之间产生不同的组合,自由的权利与平等的权利在福利保障的范畴内进行不同的政治选择。但不可置疑的是,一个政府要得到民众的认可,在政治上要具有合法性,争取民众的支持。把社会福利当作政府争取民众支持的重要手段,构成了现代社会政治活动的突出特点。因此,有学者认为,"社会福利本身就是政治过程的副产品"①。这一点可以通过西方国家的政党在参与政治选举过程中的宣言和举动中得到更好的证明。

全球化的冲击以及传统公共行政模式的危机带来了福利国家社会政策的价值转型。以全球化的影响而言,通过扩大商品、服务、资本、劳动力和观念的流动以及通过各国解决全球问题的集体行动,全球化促使世界各国的经济持续一体化。在经济发展上,通过信息技术革命和跨国公司的作用,以部门间国际分工为标志的世界经济旧格局开始向突破国界地域空间的全球经济网络格局转变,其结果是各国都在利用自己的比较优势来提升国际竞争力。同时,全球化也带来了社会风险的现代转型,从而导致社会面临更多人为的、制度性的现代社会风险,其结果就使得消极、被动的社会政策及其相关制度受到全面考验。在以官僚制为基础建立的传统公共行政模式危机上,福利的风险压力在逐渐加大。一方面,国家覆盖的原有社会风险在新的社会背景下已经不合时宜,因为全球化使得一国之内的经济政策需要突破原有国家体制的框架,以便符合国家社会经济发展的要求,如 WTO 的政策框架促使各国的经济结构趋向需要双边和多边的协调统一。另一方面,受到保障的群体所产生的"福利依赖"特征又需要政府不断地为其提供保障,而政府却难以为继,自上而下的福利供给与自下而上的福利要求在不同的节点上产生社会政策的悖论。结果在加重国家福利负担的同时又产生新的风险。故此,"被大多数人看成是社会民主政治之核心的福利国家如今制

---

① ［美］戴维·麦卡洛夫:《社会福利:结构与实践》,官有垣译,140 页,台北,双叶书廊有限公司,2000。

造出来的问题比它所解决的问题还要多"①。

20 世纪 90 年代,西方国家社会政策进入全面转型的时期。特别是以美国的克林顿、意大利的普罗迪、法国的若斯潘、英国的布莱尔和德国的施罗德等为代表的左翼政党相继上台执政。他们宣称在政治、经济和社会等方面奉行一条既不同于传统左派,又不同于右翼主流的"新中派"(The New Center)策略。克林顿率先将其新的政治经济策略称为"第三条道路"(The Third Way),博得了欧美左翼力量的广泛响应,形成了欧美国家中一种新兴的政治运动和政治思潮。在社会政策的转型上,福利的观念被各西方国家重新理解,简单来说,体现在以下几方面:

1. 重新认识社会风险。全球化时代的社会风险具有相当程度的不确定性,体现在社会生产方式转变,产业结构的调整不时伴随着结构性失业的出现,福利国家传统的保障方法遇到了有关"技术变迁、社会排斥、环境污染、单亲家庭"等新型风险。② 而从本质上看,"福利国家危机在很大程度上是一种风险管理危机"③。为此,他们认为政府在危机处理上的策略应摆脱事后管理的方式,主动、积极地来解决社会风险成为福利国家的共识。

2. 社会福利观念的转变。福利国家的传统社会政策基础价值观是国家化的责任意识,如保守主义以及费边主义,他们较少注重个人的义务。新自由主义只讨论个人的责任,却忽视了国家的义务。权利与义务的统一或强调有责任的权利是建立全球化时代的社会政策基础。这一原则现正在西方国家的新公共管理改革中逐步体现出来。

3. 消极福利向积极福利转变的发展理念。传统的社会政策以救济性的福利政策为主,社会保障的支出以维持公民收入的稳定性为重点,这是典型的问题导向型社会政策。积极福利的理念由英国开始,其社会保障资金的支持改变了那种简单地发放救济金的做法,而是积极创造条件促进公民培养个人对自己负责的精神和独立意识,创造可持续的生计发展理念。

―――――――――――

①　[英]安东尼·吉登斯:《第三条道路——社会民主主义的复兴》,郑戈译,北京,北京大学出版社,2000。

②　林闽钢:《社会政策——全球本地化视角的研究》,15 页,北京,中国劳动社会保障出版社,2007。

③　[英]安东尼·吉登斯:《失控的世界》,周红云译,南昌,江西人民出版社,2001。

4.变福利国家为"社会投资国家"。新公共管理改革后的福利国家重视公共治理机制的建设,强调在公共问题上的政府、非营利组织、企业、公民之间的协同治理,在社会福利的提供上倡导多元化的福利供给模式。同时,他们开始注重对人力资本的投资,以及学习型政府与学习型社会的建设。

福利国家在社会政策的转型意味着其价值观的再造,这种再造的价值观体现出的转变表现在公民责任与义务相统一的价值,而公民在原有福利保障上的"社会权利"在全球化的经济和社会转型时代也需要政府重新审视过去的国家责任以及国家的义务。[①] 由此,20世纪80年代的福利国家在社会政策方面的改革,实际上是民主观念的改革,是自由与平等、效率与公平、发展与稳定等相互冲突的政策目标之间的一种结构关系的变化。这也正如亨廷顿所言:"福利转变的政治基础是60年代政治参与的扩大以及信奉民主和平等观念的增强。"[②]研究第三条道路的学者也指出,"后物质主义"、"后传统社会"、"后匮乏社会"等概念,表达的实际上是资本主义物质生产高度发达的情况下其社会矛盾新的存在形式。全球化的发展冲击了资本主义的民主方式,造成了资本主义的民主危机。一系列新的、后现代的社会问题突出传统资本主义政治方式的种种危机,西方国家面临的是危险而不是敌人,所以国家不得不以与以往不同的方式寻找合法性的资源。第三条道路把"后现代"社会问题变成为当代资本主义政治议程的焦点问题[③],突出表明了福利国家的社会政策将会在行动体系上作出一个大的调整,以便迎合政治策略上的转型需求。

---

① 我国学者郑炳文先生认为,作为政治内涵的社会权利可以作为诠释现代福利国家起源及发展的逻辑起点。从《济贫法》到现代福利国家,在这个漫长的三四百年的历史演进过程中,资本主义制度的发展依时间顺序逐渐开始显露出三个特征:政治事务民主化,经济运作市场化,社会事务国家化(国家逐渐干预福利事业,成为福利国家);几乎是相对应地,社会运动与工人斗争也依次地表现为,在18世纪所要求的是"公民权利",19世纪主要集中在"政治权利"或曰"经济权利"上,进入20世纪,从现代福利国家的角度看,主要表现在"社会权利"方面。参见郑炳文:《社会权利:现代福利国家模式的起源与诠释》,载《山东大学学报》2005年第2期。

② [美]米歇尔·克罗齐、塞缪尔·亨廷顿:《民主的危机》,马殿军等译,262-270页,吉林,辽宁人民出版社,2003。

③ 王振华:《挑战与选择》,北京,中国社会科学出版社,2001。

二、当代福利国家社会政策的转型

(一)福利国家社会政策转型的背景及原因

社会政策的行动主体在福利国家的转型之前,政府扮演了唯一且近似全能的角色,而社会政策作为实践领域层次上的发展则是由制度因素、利益集团间的冲突和国家的政策制定者行为这三者相互作用的结果。作为政策制定行为的主体,政府在确定政策发展的方向、路径及其形成的政策模式等方面都具有能动的选择性。它可以采取这种或那种手段来应对社会危机或社会问题,设立这种或那种发展战略来解决其面临的核心问题。这样,对于国家政策制定的行为主体的认识就成为首要的问题。

韦伯认为,对于国家政策制定和实施核心的政府来说,官僚制度一旦完全建立起来,它就成为最难以破坏的社会结构之一。从组织的特征出发,以官僚制为基础的政府组织倾向于建立一种封闭的组织管理模型。美国学者尼古拉斯·亨利从多个方面为我们描述了这种具有封闭性特征的政府组织特点。首先,政府往往将其所处环境的认识建立在一种稳定的、常规的印象中。在这样的环境下,政府是理性社会的代言人,因为它的专业化管理有助于使社会问题的解决遵循有序的途径和方式。其次,在对人类天性的理解中,麦格戈雷的"X"理论是适用于政府的社会管理的,即它的内在信念架构是假定大多数人都厌恶工作,多数人生性宁愿接受严格的监督,激励只能针对单个的人,对大多数人的激励办法是威胁或惩罚。最后,在操控手段上,官僚制度崇尚命令和服从、规定和守则、时间和细节的严谨。① 这样看来,政府在设计社会政策的时候,偏重于从组织自身意义上的理性观察出发,而忽视了社会和公民本身的理性要素。传统的社会政策,如剩余模式的社会政策就把贫困看成是个人的事情,是由于个人的堕落才导致贫困的发生,这无疑使得社会政策对他们来说就是一种施舍,其社会耻辱感由此产生。美国学者戴维·埃尔伍德(David Ellwood,1988)也曾这样理解作为国家理性设计主体的社会政策困境:

---

① ［美］尼古拉斯·亨利:《公共行政学》,项龙译,60—64 页,北京,华夏出版社,2002。

社会福利使我们那些十分宝贵的价值观念相互冲突，包括自治、责任感、工作、家庭、社区以及同情心。我们想帮助那些无法自立的人，但在这样做的过程中，我们似乎贬低了那些正尽力使自己摆脱困境的人所做的努力。我们希望向那些低收入者提供财政资助，但如果这样做，就会减轻他们的压力，削弱他们工作的动力。我们想帮助那些无法自助的人，但此后我们又担心他们因此而不愿意再费心自助。我们意识到单亲家庭的不安全性，但在帮助他们的过程中，却看似在推动或支持这种家庭的形成。①

在戴维·埃尔伍德看来，由政府作为理性设计主体的社会政策困境重重，体现出社会政策的设计与公民自身的努力脱节。此外，在社会政策与经济政策的联系上，政府的理性偏重于经济政策这一解决贫困问题的重要资源，如工业成就模型的社会政策就把社会政策看成经济政策的附属，蒂特马斯用"婢女"来形容社会政策的地位。这一模式的实质是一种过渡性的、渐进型社会福利模式，在实践中，它对缓解社会压力，安抚民众情绪，维持生活稳定起过积极的作用。但随着政府财政压力的增大，经济危机的影响，社会风险的增加，这一模式在全球化面前已濒临崩溃的边缘。

在制度因素的困境上，传统社会政策的不足也体现了经济全球化转型的压力和要求。如制度型的社会政策模式，它以欧洲的社会民主主义为原则而建立，认为贫困的根源在于社会结构的不平等，而非个人的原因，因此享受全面的高水平的福利保障，是全体公民的一项基本权利。社会政策学者马歇尔曾用"政治权、公民权和社会权"作为分析国家福利价值的框架基础。诚然，社会政策的实施体现了政治制度在保障公民福利权利的作用，但是在经济全球化的大背景下，各国政府对"经济（政策）主权"的控制被大大削弱，同时，对"社会（政策）主权"的控制也面临挑战。这表现在，一方面，一个国家的社会政策不再仅仅是对国内的经济、政治和社会变化的反应，而是会越来越多地受到各种国际因素的影响；另一方面，一国社会政策的决策和实施过程也将会超出国界，如劳工政策的保护策

① David Ellwood, (1988), *Poor Support: Poverty in the American Family*. New York: Basic Books, p6.

略等。① 而由于世界政治经济发展的不平衡，经济全球化在横向和纵向延伸的发展给各国带来了两方面的后果：一是导致了国内社会不平等加剧以及贫困（福利国家主要是相对贫困）问题的增多，从而导致对社会保障的需求量增大；二是削弱了政府维持和提高社会保障和其他福利给付的动机，从而使社会成员尤其是下层成员获得的保障和福利水平相对降低，进而使相对贫困问题长期难以解决。依靠经济发展状况来再分配资源的社会政策面临困境，而福利的刚性需求促使社会政策要具有产出性的要素，以便能对经济政策的缺陷进行弥补。

利益集团的活动是形成西方国家政治过程的重要因素，对于社会福利而言，利益集团的影响更是如此。杜鲁门在其《政治过程》一书中为我们展示了利益集团的表现形式与社会功能。利益集团的出现是两种相关社会过程的结果：一是社会日益复杂化的过程；二是寻求平衡条件的自然趋势。这种结果反映出社会不可避免地越来越复杂化和专业化的趋势，故此，专业化的集团和特殊利益有可能组织起来去表达其需求。对于社会政策所能导致的财富分配方案，各种利益集团的反应都是极为敏感的。由于其在政治生活中的影响力，社会福利支出的方案无疑也是倾向于利益集团的。在这一点上，公共选择理论认为，利益集团的数量和政府公共支出的增长之间存在一种正相关性的关系。如奥尔森认为，自第二次世界大战以来，西方发达国家稳定的经济和政治环境有利于利益集团数量的增长，这直接又导致了扩大政府开支的压力。一个常见的现象就是，利益集团通过向政府游说，以此追求政府的再分配支持或希望由政府提供某些公共产品和外部性的减轻。在多数投票规则的议会制下，社会福利组织寻求的是政府通过再分配的形式提供某些私有但属公共性质的产品，如教育福利保障、老年福利保障、健康医疗保障、住房保障。私有但属公共性质的产品的特殊性决定了其在给某个利益集团带来私人效用的同时又对其他利益集团有一定公共效用的溢出，因此，某个利益集团一旦成功地将私有但属公共性质的产品纳入公共预算中就必定会导致公共支出的增长。② 而且，以维护公共利益为宗旨的政府对福利经济领域中反垄断政策的干预也往往成为利益集团的福利工具，因为"利益集团

---

① 唐钧：《社会政策学导引》，载《社会科学》2009 年第 4 期。
② 雷玉琼、余斌：《公共支出增长的利益集团研究》，载《当代财经》2004 年第 12 期。

通过对反垄断法的利用与滥用,破坏了竞争,将社会福利转变为集团利益"①。可以得出结论的是,利益集团在福利国家各社会福利领域的渗透与公共支出的社会要求呈现出不相容的态势,国家的福利向真正属于贫困者的转移变得更为困难了。②

(二)福利国家社会政策转型的方向

我国研究发展型社会政策的学者张秀兰等认为,发展型社会政策是人们对当代经济社会发展进行反思的结果,是社会理性发展的产物。具体而言,20世纪80年代以来,全球化的加速推进、各种社会风险压力的积聚和传统社会政策在减少贫困、解决社会公平和公正等现实问题存在的功能缺陷直接刺激了这一理论的发育,而发展理论的日趋丰富和成熟则为其产生奠定了一定的理论基础。

英国学者彼得·泰勒-古拜(Peter Taylor-Gooby,1997)认为,经济全球化、劳动力的流动性、家庭生活的复杂化以及社会结构的变化迫切要求建立一种新的社会福利制度。换言之,既然充分就业、再分配以及提供费用较高的普遍福利已经成为不可能的选择,那么社会福利支出就只有用于人力资本的投资和增加个人参与经济的机会才有可行性。此外,西方国家的福利转移市场还有一个奇怪的现象,就是无论是这一市场的"胜者"还是"输家",都常常保持沉默。"胜者"的沉默在于利益的既得而无需声张,"输家"的沉默在于考虑争取福利的行动成本是各自分散的贫困者所耗费不起的,由此只是偶尔的愤怒与反抗。这是因为代议制民主下,谁的集体行动成本低,谁就可能更多地从福利转移市场捞取好处。集体行动与信息和组织成本呈正相关的关系,而信息与组织成本构成了集体行动费用的主体。③ 在他看来,社会投资是欧洲福利国家社会政策的主导趋向,而这正是发展型社会政策的核心理念。(见表4-3)

---

① 吴玉岭:《美国反垄断领域的福利转移市场——利益集团对反垄断目标的异化》,载《经济经纬》2006年第6期。

② 关于该观点,可参见:[美]曼库尔·奥尔森:《集体行动的逻辑》,陈郁等译,上海,上海三联书店、上海人民出版社,1995;[美]乔·B.史蒂文斯:《集体选择经济学》,杨晓维等译,上海,上海三联书店、上海人民出版社,1999。

③ Taylor-Gooby, P. (1997), *In defence of second-best theory: state, class and capital in social policy*, Journal of Social Policy, 26(2), p171. 此外,彼得·泰勒-古拜先生在2009年8月在中国山东大学(济南)举办的"第五届社会政策国际论坛"上也做过同样的主题演讲。

表 4-3   欧洲福利国家的发展

	解决方案 1：20 世纪 50—70 年代传统福利国家	挑战	新型解决方案 2：社会投资
1. 背景			
经济	稳定持续发展	金融全球化限制了政府作用；"必要的竞争力"；后工业主义降低了增长	通过竞争力增长高附加值工作
劳动力市场	高就业率	科技变革＋国际竞争威胁就业稳定；向服务部门转变	"灵活—保障"，合适的熟练的劳动力
社会	稳定的核心家庭,性别分工	灵活性更强的家庭；更多妇女就业	平等机会
人口	劳动力和受抚养者的稳定平衡	老龄化威胁养老金的可持续；健康和社会护理	抚养率调整
政治力量	阶级基础；有组织的劳工阶层、中产阶级对福利国家解决方案的支持	利益分化；得到有偿工作社会关怀、私人化服务移民	多元利益；商界在和政府的关系中扮演更重要的角色
国家角色	政府可以控制外汇,利率和失业率	缺乏控制杠杆	政府促进推动竞争力
2. 主导理论模型			
政治经济	新凯恩斯需求管理	松散的货币主义	"有活力的,知识经济"；"第三条道路"
行政	官僚主义专业人员	"预算最大化官僚"；"委托／代理问题"	地方分权、绩效管理内部市场
公民	被动,参与选举,相信权威	自我为中心；批判	积极,负责任,个人主义

续表

	解决方案 1：20 世纪 50—70 年代传统福利国家	挑战	新型解决方案 2：社会投资
3. 解决方案			
福利国家	传统福利国家；对国民生产的贡献：平稳经济周期、促进劳动力、促进对政府的支持	破坏经济目标：未被证明为正当的成本、支持劳动力市场和低效率分配、促进分配性努力	通过市场方法实现福利；通过下列方法实现国家目标：劳动力培训和流动性、必要服务的有偿供应、促进社会凝聚力
问题	从生产转向流通	反生产福利国家	包容弱势群体、个人主义和社会资本

资料来源：[英]彼得·泰勒－古拜：《社会福利与社会创新》，杨团等编：《社会政策评论》，第 1 辑，52—52 页，北京，社会科学文献出版社，2007。

另一名学者艾伦·沃克在讨论 21 世纪欧洲社会政策的时候引入了"社会质量"的概念。他认为，处理经济政策和社会政策之间的不平等关系，需要从平衡发展的角度出发，这无疑属于社会质量的意义范畴。社会质量起初指的是一种用来衡量公民的日常生活质量标准。从社会政策的角度测量社会质量，需要的是一种宽泛的多维标准。一个有代表性的对社会质量的界定是："民众在提升其福祉和个人潜能的条件下，能够参与社区的社会经济生活的程度。"[1]亦即社会关系的质量提升、参与和个人的发展程度。在社会质量水准的提高策略上，艾伦·沃克(2007)提出这样的假定条件：其一，人们必须有机会获得社会经济保障——不管是来自就业还是来自社会保障——以便使自己免于贫困和其他形式的物质剥夺；其二，在劳动力市场之类的主要社会经济制度中，人们必须体验社会融入，或使其所遭受的社会排斥最小化；其三，人们应能够生活在以社会整合

---

[1]　Beck，W.，Vander Maesen，L. and walker，A (eds.). (1997). *The Social Quality of Europe*，The Hague：Kluwer International. p7.

为特征的社区和社会中,而社会整合指的是那种使社区和社会连为一体的黏合剂;其四,人们必须在一定程度上自主并被赋予一定的权能,以便在社会经济的急剧变迁面前,有能力全面参与。① 可以看出,在艾伦·沃克论述的条件中,最基本需求的社会保护、反社会排斥以及能促进社会团结的社会资本、自主性权利等应该成为新型社会政策的基本要素。英国学者希恩提出了一种"生产友好型的社会政策"(business—friendly social policy)理念。生产友好型社会政策指的是,在全球化背景下,经济一体化进程对各国之间的竞争转型产生强烈的影响,为了吸引流动性资本的投资和增强国家的竞争力而采取的社会政策方案。该方案强调企业在社会保障所交费用上的削减,在公共教育和职业培训层次上增加对人力资本的投入和促进人才的流动,而这些方案是服务经济发展的目标的。② 很明显,希恩的生产友好社会政策就是发展型社会政策的同义词。

著名社会学家吉登斯(2000)更是积极提倡社会政策转型的学者。他提出的第三条道路认为,福利制度不仅不应该放弃降低不平等的努力,而且必须设法制定策略来打破贫困的恶性循环,要达到这种目的最关键的是教育和培训。③ 如对于社会救助,第三条道路认为,传统的福利计划提供的扶贫项目必须被以社区为中心的方式所取代,社区的建设必须重视支持网络、自助以及社会资本的培育,其目的在于使这些因素成为低收入社区经济复苏的重要资源,帮助贫困的社会成员真正走出贫困,走向自立。

美国学者詹姆斯·梅志里(James Midgley)在和另一位美国学者安东尼·哈尔合著的《发展型社会政策》一书中曾这样说道:"重新审视社会政策在发展中的角色和范围,并不意味着否定过去的所有实践,也不是新瓶装旧酒。换言之,我们孜孜以求的是要辨析出最有益的实践并把它们融入新的经验和分析之中,

---

① [英]艾伦·沃克:《21世纪的社会政策:最低标准,还是社会质量》,杨团、葛道顺:《社会政策评论》,第2辑,北京,社会科学文献出版社,2008。

② D—M. Shin. (2000). *Economic Policy and Social Policy:Policy—Linkages in an Era of Globalization*, International Journal of Social Welfare. p29.

③ [英]安东尼·吉登斯:《第三条道路——社会民主主义的复兴》,郑戈译,北京,北京大学出版社,2000。

从而得出恰当的实施方式,以适应多样的、不断变化的环境。"①

在梅志里的另一本著作《社会发展——社会福祉视角下的发展观》中,他认为社会发展的途径可以用三种方式来使经济与社会努力和谐:第一,应努力创建正式的组织与制度性安排,从而使经济与社会政策得到更好的融合。第二,社会发展途径要保证经济发展能对所有公民的社会福祉产生直接效应,如此才能促成经济与社会政策的融合。第三,社会发展能鼓励积极促进经济发展的社会政策与方案的形成,优先采取能动员人力资本的政策与方案,采纳有助于动员社会资本的政策。② 他同时还指出,对经济与社会领域的差异各国应加以淡化,而不是加以强调。在美国,这样的思想随着 1992 年民主党人克林顿入主白宫而得到验证。在"新凯恩斯主义"思想的指导下,克林顿政府在福利方面采取的改革措施有:为人们提供教育和培训的机会,提高他们进入市场的能力,帮助他们适应就业,以防止一些人滥用福利;改"授人以鱼"为"授人以渔",改"福利国家"为"社会投资国家"(social investment state)。③ 具体说来,主要有三个主要组成部分:(1)劳有所得。在第一个预算案中,克林顿提议迅速扩大劳动所得税抵免,明确个人所得税减免水平,以确保工资、劳动所得税抵免和食品券三者的综合作用,使一个有一位全年全日制最低工资的工人的四口之家摆脱贫困。1996 年,克林顿又提高最低工资标准,最低工资从 1992 年以来的每小时 4.125 美元增长到 1997 年的 5.115 美元。(2)实施州儿童健康照顾计划。儿童抚养费的执行包括几个基本的步骤,即认定父子关系,确定恰当的抚养费,核定抚养费的数额,确定无监护权父母的所在地,征集抚养费。(3)以工作为导向的福利改革。1996 年美国总统克林顿签署了《个人责任和工作机会折中方案》(*The Person Responsibility and Work Opportunity Reconciliation Act*, PRWORA),并以贫困家庭临时救助(Temporary Assistance to Needy Families, TANF)代替了有子女抚养家庭的救助(Aid to Families with Dependent Children, AFDC),还在

---

① ［美］安东尼·哈尔,詹姆斯·梅志里:《发展型社会政策》,罗敏等译,北京,社会科学文献出版社,2006。

② ［美］詹姆斯·梅志里:《社会发展——社会福祉视角下的发展观》,苗正民译,上海,上海人民出版社,2009。

③ 尹枚:《从凯恩斯主义到"第三条道路"》,载《探求》2003 年第 3 期。

社会救助中增加对工作的要求。克林顿政府的福利改革取得了一定的成效。据美国政府的统计数据,1996 年美国依赖福利制度生活的人口高达 1220 万人左右,到 2002 年已经减少到 500 万人。[①]

很明显,社会福利与经济行为的互动关系成为社会政策转型的重要节点,而在这一重要节点的考量上,发展作为一个关键维度的嵌入有其现实的可行性。发展的质量高低既源于经济的提升程度,在相当程度上也源于社会建设本身的发展水平。社会的发展将力图使经济与社会政策和谐,从而提高所有人的福利。

(三)福利国家和国际组织的发展型社会政策措施

从其他西方国家目前的社会政策实践来看,发展型社会政策主要体现在两个领域:第一,针对福利国家原有的社会保障和服务体系,倡导准市场模式和福利多元主义。这方面称为"融入经济政策的社会政策"。第二,针对经济全球化条件下新贫困和各种形式的边缘化,强调社会政策的自愿获取和分配要与就业和劳动力市场相结合,增加在教育培训等方面的公共行动,促进社会融入,降低社会排斥。这方面称为"融入社会政策的经济政策"。具体表现如下:

1. 融入经济政策的社会政策。

(1)混合福利制度或多元福利模式。这是指政策主体或福利供给主体方面的变化。所谓"混合福利制度"或"多元福利模式",是指社会政策主体的多元化,即指"国民的福利由不同的社会主体提供的现象"。混合福利制度或多元福利模式是相对于福利国家体制和新自由主义主张的私人福利体制两个极端而言的。混合福利制度或多元福利模式的基本要求是政府在整个社会福利体系中仍然扮演最主要的角色,承担最基本的责任,但同时其他各类组织和个人也以制度化的方式参与社会政策,并在其中分担责任。

(2)"准市场"模式。这涉及社会政策运行机制的改变,具体是指社会政策行动在资金供应和服务传递模式方面的变化。所谓"准市场模式",是指在社会政策行动中引入一定的市场机制。20 世纪 80 年代的市场社会主义理论率先提出了可以在社会主义的目标和原则下引入市场机制,保持经济的效率和活力。进

---

① 王振华:《美国"自食其力"福利制度改革成效明显》,2003 年 10 月 20 日,http://www1.so8881.com/ article/ 20031020/ 1507071asp? id = 1 & sid = 6 & self− ID = 2831761.

入 20 世纪 90 年代,这种观点经"第三条道路"理论的进一步发挥,目前已经成为社会福利理论中占主导地位的理论观点。概括起来,"准市场模式"的要点有:①在公共部门和福利性项目中引入市场竞争机制,打破福利性服务中的垄断,通过服务机构之间的横向竞争来提高机构和项目的运行效率和服务质量。②改变政府拨款方式,将面向机构的"按人头拨款"方式改为按服务项目的数量和质量来拨款,并进一步转向服务对象的"政府购买服务"方式。③增加受益者的选择,扩大服务对象对服务机构的自由选择,通过服务对象"用脚投票"的效果来促进服务机构重视效率和质量。④增加福利使用者的付费,通过使用者的付费一方面体现受益者的个人责任,并约束其福利需求;另一方面也增加服务机构的资金来源,并降低政府的财政负担。⑤加强对服务机构的业绩考核和评估,在业绩考核和评估中强化效率和质量的指标。

总体上看,在福利服务中引入市场机制是一把双刃剑,它既可以促进服务效率和质量的提高,也可能损害对贫弱人群的社会保护。因此,引入市场机制的效果在很大程度上取决于政府于其他政策主体构建什么样的互动机制。例如,"逆民营化"建设的路径正在成为目前西方国家在外包服务上的新举措。

2. 融入社会政策的经济政策:"可持续生计"与"资产建设"。

这是目前西方发达国家针对长期陷入失业和贫困的公民所采取的旨在帮助他们反对社会排斥、增强个人的自主和自立精神,从而最终彻底摆脱贫困,融入主流社会的政策措施,这也构成了发展型社会政策又一特色领域。

2003 年联合国开发计划署(UNDP)的《人类发展报告》提出了如何摆脱贫困陷阱的政策框架,而这个框架在更多的意义上是把社会政策运用到经济政策的层面。该报告认为,摆脱贫困是一个多重政策的组合,而首要的政策就是促进人类发展的社会投资策略,即培育能够有效参与经济的、有生产力的劳动队伍,其投资的领域有:营养、卫生保健、教育等社会政策所关注的范畴。(见表 4-4)

表 4-4   摆脱贫困陷阱的政策组合

2003 年的人类发展报告提出,脱离贫困陷阱需要一种多方面的方法。这种方法超出了良好的经济和政治治理的一般合理要求。对于贫困国家来说,有六组政策是关键的:

(1)投资于人类发展,培育一支能够有效参与经济的、有生产力的劳动队伍。投资领域有:营养、卫生保健(包括生育健康)、教育、饮水和卫生设施。

(2)帮助小型农户提高生产率,摆脱糊口型耕作以及长期的饥饿,特别是在农村人口占大多数的国家里,更要如此。

(3)投资于包括电力、道路、港口和通信在内的基础设施,以吸引对非传统领域的新投资。

(4)制定支持非传统私营部门活动的产业政策,特别关注中小型企业的发展。此类政策包括:建立出口加工区、税收激励及其他促进投资和提高研发的公共支出的措施。

(5)强调人权和社会公平,提高全体人民的福利,确保穷人和包括女童和妇女在内的边缘人群享有自由以及在影响他们生活的决策上拥有发言权。

(6)促进环境的可持续性,改善城市的管理。尤其需要保护对生命起支持作用的生物多样性和生态系统(包括清洁的水和空气、土壤营养、森林、渔场和其他关键性生态系统),并且确保城市得到良好的管理,为城市人口提供生计和安全的环境。

资料来源:联合国开发计划署(UNDP):《2003 年人类发展报告——千年发展目标:消除人类贫困的全球公约》,北京,中国财政经济出版社,2003。

三、反贫困社会政策的国际经验:从"反社会排斥"到"资产建设"

在发展型社会政策的理念影响下,福利国家在公共服务、公共管理的范式上产生了不同程度的变迁。美国著名公共管理学者詹姆斯·W. 费勒斯(James W. Fesler)和唐纳德·F. 凯特尔(Donald F. Kettle)(1996)认为,"新公共管理"改革具有三个典型特征:重建——来自私人部门对重建组织过程和组织结构的努力;不断改进——来自质量运动;精简——来自世界范围内缩小政府规模的举措。[1]这是在政府内部体系上实行的改革方略,其目的在于"重塑政府"(reinventing government)或"再造政府"(re-organizing government)。而对于公共服务的种种举措来说,政府在管理技术或策略上都有不同程度的创新之举。

————————————

① James W. Fesler and Donald F. Kettle, (1996) *The Politics of the Administrative Process*. Chatham, New Jersey: Chatham House Publishers, Inc., pp. 68－81.

在公共服务这一涵盖多层次的领域方面,西方国家政府采取了多样化的管理工具,而其中引入的市场机制或市场手段是西方各国公共管理改革的重要举措。我国学者陈振明教授(2003)把西方国家常用的市场化工具归纳为以下八种:(1)民营化。指的是将原先由政府控制或拥有的职能交由企业私方承包或出售给私方,通过市场的作用,依靠市场的力量来提高生产力搞活国营企业。(2)使用者付费。除了教育、卫生和社会服务外,通过付费,把价格机制引入公共服务中来。(3)招标投标。对部分公共服务,如采购、设备维护等,通过公开招投标来确定由哪家私营公司承包。(4)合同外包。把民事行为中的合同引入公共管理领域,它以双方当事人协商一致为前提,变过去单方面的强制行为为一种双方合意的行为。(5)委托代理。政府通过制定法规政策把握,把微观领域的操作提供委托,承包给非政府部门,以竞争招标的机制,在公共服务领域建立公共服务的市场。(6)分散决策。通过公共组织政治和执行的分离来赋予执行者更大的自主权,使被授权的下级组织或单位能够更加独立,能够自由地与其他组织进行竞争。(7)产权的交易与变更。对于一些公共设施,在财产所有权和受益权不变的前提下,通过将使用权出让,来获得更多的经济效益。(8)内部市场。将提供公共服务的公共部门人为地划分为生产者和购买者双方或"公对公的竞争",在政府内部产生"生产者"和"消费者"两个角色,或促使内部组织之间进行竞争,以达到良好的服务效果。[1]

当然,市场化的工具不一定能完全适用于公共服务的实践领域。现在,对于这一市场化工具的理性反思同样存在。例如在英国,90年代以后,随着公民宪章的实施,公共服务的质量有了很大的改进,但潜在的问题也出现了。中央政府想通过独立的执行机构来获得服务的改进,而地方政府却有责任对地方议会负责,这就不可避免地产生直接介入服务的可能,尤其是不断干涉私营部门承包的公共服务。此外,有关公共服务合同的争论也在于:"合同使责任变窄,它只与服务交付行为相关,而不是与对变化的需求和偏好的回应相关。"[2]尤其是在1992—2004年期间,由于更为注重政策目标的实现,其随后上台的工党政府又

---

[1]　陈振明:《政府再造》,27—29页,北京,中国人民大学出版社,2003。
[2]　[英]诺曼·弗林:《公共部门管理》,144页,北京,中国青年出版社,2004。

使得政府在公共服务的提供上越来越多地倾向于官僚制的模式,尤其是在英国新的劳动法颁布之后。① 现阶段,英国中央政府与地方政府在公共服务质量的规制上开始进行协商,而更多的是从地方政府角度来进行服务质量的评估或测定。② 在美国,一些实践也表明,公共服务的市场化在一定程度上也存在失败的风向,因为与私营部门签订长期的公共服务合同在地方层次上却不一定利于服务合同的成功执行。这是因为:(1)许多地方政府在公共服务合同制订的初期需要在服务的专业鉴定方面进行投资,以便能甄选服务提供商并作出最优选择;(2)地方政府需要足够的资源来运营、监管和执行服务合同;(3)地方政府需要新的责任和透明化结构以便使公众相信决策者的离职不影响公共利益维护的连贯性。而这三个方面正是美国地方政府在有关公共服务长期的公私合作中所缺乏的。③ 从英美这两个具有代表性公共管理改革典范的国家来说,公共服务的市场化尚且如此,那么作为国家主义和社会民主主义情结更浓的欧洲大陆国家来说,市场化的公共服务方案就更是谨慎为之了。这突出体现在旨在加强社会团结和社会融合的"反社会排斥"(Anti—Social Exclusion)政策方面。

(一)社会排斥的内涵及其对贫困的解释

伴随着 20 世纪 80 年代以后欧洲经济的衰退和福利国家面临的危机,持新自由主义观点的新右派采取削减社会福利开支的政策使困难群体不能得到必要的救助,如上述提到的市场化解决方案,因而西方许多国家的社会排斥现象突出和严重起来。社会排斥的概念成为解释现代福利国家出现的新贫穷问题、长期性失业问题、贫穷家庭结构的变化、福利国家的收缩和移民问题等的理论框架。④ 这一概念首先由法国学者勒努瓦(Lenoir)在 1974 年提出,是特指那些不

---

① Gorge A. Boyne, (1998) *Public Service Under New Nabour: Back to Bureaucracy?* Public Money & Management, July/September. pp. 43—50.

② Steve Bundred, (2006), *The Future of Regulation in the Public Sector*, Public Money & Management, June. p187.

③ Pamela Bloomfield, (2006). *The Challenging Business of Long — Term Public — Private Partnerships: Reflections on Local Experience*, Public Administration Review: March/April . pp. 400—411.

④ 彭华民、黄叶青:《欧盟反社会排斥的社会政策发展研究》,载《社会工作》(学术版),2006 年第 7 期。

能分享经济增长成果的人,包括残疾人、自杀者、老年患者、药品滥用者、青少年犯罪者、反社会者等。他们的共同点是无法适应工业化社会生活而沦为社会弱势群体,"社会排斥"的概念在这一时期所指的对象属于一种社会边缘现象。① 英国政府对社会排斥的几个特征理解为:缺乏机会去工作;缺乏机会去取得教育和技能;童年时期的剥夺;家庭的瓦解;妨碍老年人生活活动和履行健康的生活;不平等;贫困的住房;贫困的邻里;对犯罪的害怕;弱势团体。② 英国学者阿特金森(2005)认为社会排斥的概念包括了三个要素:相对性(即社会排斥有特定的空间和时间)、能动性(即排斥是能动者的一种行动)和动态性(即对社会排斥的考察不能局限在当前状况)。③ 此后的学者也倾向于认为社会排斥理论是西方学者对贫穷问题或窘迫境遇(disadvantage)研究范式的一次重大变化。早期的贫困理论多半是一维的视角,社会排斥则把对贫困问题的研究放在了政治、经济、社会、文化等多维的视角下,由此带来对解决贫困问题在政策选择层次上的网络视角。因为"社会排斥涉及社会基础结构的衰弱,存在着因社会的二元化而造成的双重社会的风险"④。

在概念内涵上,英国学者 Mark Shucksmith(2004)总结出有关定义社会排斥的三种方式:种族平等的路径(the integrationist approach)、贫困的路径(the poverty approach)、下层社会的路径(the underclass approach)。⑤ 对于目前在社会排斥领域这一研究对象的多路径分析,Claire Dorsner 认为"缺乏参与"(non-participation)可视为对这一概念内涵的动态性分析工具,它能有效整合不同维度的排斥内涵。因此在这层意义上,他把社会排斥定义为多样性被剥夺的状态(the state of multiple deprivation)或社会主要方面的参与缺乏(lack of

① A. S. Bhalla and Frederic Lapeyre, (1999) *Poverty and Exclusion in a Global World*, Basing Stoke and London: Macmillan. p2.

② Department of Social Security, (1999), *Opportunity for all tackling poverty and social exclusion*. London: HMSO, pp. 24—26.

③ [英]托尼·阿特金森:《社会排斥、贫困与失业》,丁开杰译,载《经济社会体制比较》2005 年第 3 期。

④ Janie Percy—smith edited. (2000). *Policy Responses to Social Exclusion towards Inclusion*, Buckingham, Open University Press, p3.

⑤ Mark Shucksmith, (2004). *Young People and Social Exclusion in Rural Areas*, Sociologia Rurallis, Vol. 44, Number 1, p44.

participation in key aspects of society)。[①] 我国关于社会排斥的概念内涵也存在类似的看法，如石彤(2002)认为，社会排斥是指某些个人、家庭或社群缺乏机会参与一些社会普遍认同的社会活动，被边缘化或被隔离的系统性过程。[②] 李斌(2002)认为，社会排斥主要是指社会弱势群体如何在劳动力市场以及社会保障体系中如何受到主流社会的排挤，而日益成为孤立、无援的群体。[③] 其观点类似于吉登斯在论述社会排斥问题时提到了上层社会的自愿的自我排斥。[④]

很明显，人们在使用社会排斥的概念时，主要指两类问题：一类是劳动力市场的排斥，另一类是持续性的贫困问题。人们一旦遭遇其中的一类问题，就可能陷入一种不幸的状态，一个失业的人很可能逐渐成为失去就业能力的人。因为人们会发现，自己先前拥有的专业技能由于技术革新已经失去了价值，不能成为获得或占据一个工作岗位所需要的技能了，由此而导致新的贫困。但是，"贫困与社会排斥主要的不同是，前者涉及缺少资源的问题，而后者涉及的是'比钱更多的问题'"[⑤]。所以说，社会排斥是比贫困更复杂、更具有综合性的问题，它不仅仅是经济上的贫困，而且还体现在社会交往、精神生活等多个方面。故此国外学者这样认为："对于社会排斥这一状态，一般是难以自救，不只是针对过去如何被排斥，也表示未来也难以融入。"[⑥]在这层意义上，"两极分化"、"二元化"和"边缘化"等被引入贫困分析的词汇中，旨在描述那些能够利用社会和经济体系的人

---

① Claire Dorsner, (2004) *Social Exclusion and Participation in Community Development Project*, Social Policy & Administration, Vol. 38, No. 4, August. p369.

② 石彤：《社会排斥：一个研究女性劣势群体的新理论视角和分析框架》，王思斌主编：《中国社会工作研究》，北京，社会科学文献出版社，2002。

③ 李斌：《社会排斥与中国城市住房制度改革》，载《社会科学研究》2002年第3期。

④ 吉登斯认为，对于社会上层而言，自愿排斥的驱动因素是多种多样的。拥有足够的经济资源是远离社会的必要条件，但却从来不能完全解释这些群体选择如此行为的原因。与社会底层的排斥性原因不同，社会上层的排斥性不仅是对公共空间或社会团结的威胁，而且两者之间还存在因果关系。很明显，吉登斯提出上层社会的排斥问题，是指那些占有大量经济资源的群体的自我排斥，或者说是对大部分成员的排斥，是造成社会成员难以从被排斥的状态中解脱出来的重要原因。详见安东尼·吉登斯：《第三条道路——社会民主主义的复兴》，郑戈译，108—109页，北京，北京大学出版社，2000。

⑤ David G. Mayes, Jos Berghman and Robert Salais edited, (2001) *Social Exclusion and European Policy*, Cheltenham, Edward Elgar, p34.

⑥ Matt Barnes, (2002) *Social Exclusion and Left Course*, in: Matt Barnes, et al. Poverty and Social Exclusion in Europe. Chelteham (UK) and Northampton (MA, USA): Edward Elgar, p5.

和那些被排斥在外面的人之间越来越大的裂痕。

　　社会排斥在贫困研究中的解释,有助于我们更好地把握社会政策在扶贫领域的举措和功能。为消除社会排斥的影响,近年来欧盟和一些国家采取的政策措施主要包括:重新界定公民权利的含义,把公民权利与就业权、获得对自己和家庭承担责任的能力的权利联系起来;推行积极的劳动就业政策,包括就业前职业培训和职业介绍,减少劳动力市场中的性别、种族歧视等;发展家庭、亲友、邻里之间的互助和交往;改进基础教育等。[①] 我国学者林闽钢教授(2007)对欧盟国家在反社会排斥的政策措施上作出了三个层面的研究,体现在以政府为中心、以营利部门为中心和以第三部门为中心的反社会排斥政策。[②] (见表 4-5)

表 4-5　欧盟国家的反社会排斥

反社会排斥 政策类别	以政府为中心	以营利组织为中心	以第三部门为中心
目的	通过促进经济增长,增加就业机会,提高人们收入和改善生活质量	通过竞争机制,成立社会企业实现实现反社会排斥	通过帮助个人及家庭满足在物质及精神方面的需求,帮助他们建立希望和信心
角色	规制者、执行者	参与者、合作者	支持者、游说者
举措	建立社会保护体系;推行最低收入计划;提供资金支持;提供公共服务	提供多元信贷服务;提高金融机构的参与程度;建立社会企业	游说立法来保护公民和企业的合法权益;与政府合作,参与政策过程;促进社会资本建设
功能	经济增长、就业增加、保护弱势群体的基本权益	促进金融机构与参与者的互动,强化企业的社会责任观,福利企业有助于社会融入	保护合法权益,促进政府与企业、公民的互动,推动社会支持性的辅助因素

　　资料来源:根据林闽钢先生《社会政策——全球本地化视角的研究》一书中有关欧盟反社会排斥的内容整理而成。

---

① 杨伟民:《社会政策导论》,北京,中国人民大学出版社,2004。
② 林闽钢:《社会政策——全球本地化视角的研究》,北京,中国劳动社会保障出版社,2007。

欧盟国家的反社会排斥政策是一个整合政府、营利企业和非政府组织在内的综合体系,强调了一种多元协调的路径安排。尽管不同国家的反社会排斥政策会存在个体的差异,但一个共同点就是,整合力量来针对后福利时期的贫困问题。从其政策所瞄准对象的目地来说,反社会排斥政策旨在保护那些因失业、残疾、家庭变故等造成贫困的公民,当然,这种贫困的内涵体现了更大范围里那些遭受物质、文化和社会缺失的指标。

（二）以脱贫为目标的资产建设社会政策

反社会排斥的政策有助于从中观层次上遏止贫困的发生,具体在微观层面上就需要操作上的策略与技术。传统意义上的扶贫,不论是在西方还是在其他国家,人们不仅相信穷人没有资产而且认为他们不可能储蓄或积累资产,故把增加穷人收入为核心项目。但现在部分西方国家以及其他国家和地区把以前针对富人资产积累所制定的社会政策,例如在拥有养老金与房产权所享有的税收优惠等延伸在贫困者的福利领域,这在相当程度上掀起了以资产建设为目的的扶贫策略的创新。

美国华盛顿大学的迈克尔·谢若登(Michael Sherraden)是资产为本社会政策理论的原创者。以资产建设为本的社会政策是针对以收入为本的社会政策提出的,收入指的是金钱、物品和服务的流动,而资产指的是财富的储蓄和积累。资产为本的社会政策以是否拥有资产和资产积累的多寡界定能力贫困和长期贫困,通过引入对资产积累的多元社会效应的分析方法,该理论建立了社会政策的新假定——收入加资产比目前的单一收入模式更有利于取得积极的福利效果。[1] 这一理论认为,关注穷人的收入或消费只能改善其当前和近期的状况,无法激励并促使穷人自我摆脱贫困,只有帮助穷人积累具有长期和多种效应的资产,才能真正改善穷人的境况。在此基础上的社会政策,其重点不再放在传统的收入再分配上,而是强调授权于个人,促进资产的长期积累,推动个人、家庭社区的发展,并以这种发展形成作为一个社会整体的长期发展。[2] 很明显,资产为本

---

[1]　杨团:《资产为本的社会政策——对社会政策范式的一场革命》,杨团、葛道顺主编:《社会政策评论》,2007 年第 1 辑,193—194 页,北京,社会科学文献出版社,2007。

[2]　杨团、孙炳耀:《资产社会政策与中国社会保障体系重构》,载《江苏社会科学》2005 年第 2 期。

社会政策的直接目标不是收入而是个人资产,它要求通过公共援助的手段促进人们尤其是穷人形成和增加自己的资产。就一般意义上来看,资产包括财物、各种投资、有价证券、住房,等等。它与实物形态的福利产品不同,后者强调它的使用价值和使用者,而前者强调它的价值和所有者。因此,围绕着这些不同就形成了不同的政策目标。资产与收入既有区别又有联系。收入表现为市场购买能力,资产不表现为购买能力,但人们所持有的资产可以在一定条件下转化为收入,形成购买能力。①

　　因为在传统上,对贫困者的社会救助在设计原则上是以收入为基础的补贴方式来进行,主要的目的也在于通过政府、家庭和就业三项经济来源衍生的现金所得来维持贫困家庭的最低生活需要,其形成的福利效果仅能在短期内提升贫困家庭的消费水准以达到基本生活需要。但是,从长期来看,其福利效果无法提升其达到摆脱贫困的消费水准和走向长期性的经济自立。迈克尔·谢若登认为,这种以收入为基础的福利模式在生活的突变、危机或困境时,对贫困家庭的帮助很小。②（见图 4.1）

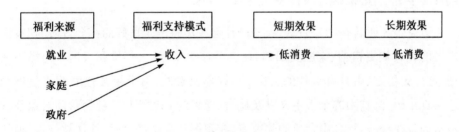

图 4.1　以所得为基础的福利模式

　　迈克尔·谢若登指出,一个家庭的经济来源应该是多样化的,个人之所以会贫穷而接受社会救助,是因为社会中某种潜存的公共制度的机制在有意无意地阻碍低收入家庭积累资产,剥夺这些家庭的生活机会,这反而使贫困家庭的经济状况雪上加霜,减少其摆脱贫困的机会。因此他倡议的以资产为基础的福利模

　　①　熊贵彬、黄晓燕:《资产社会政策在我国反贫困中的应用前景分析》,载《思想战线》2005 年第 6 期。

　　②　Sherraden, Michael W. (1991). *Assets and the Poor：A New American Welfare Policy*. New York, NY：M. E. Sharpe. p179.

式,强调通过政府、家庭和就业三项经济来源鼓励贫困家庭积累金融性的资产,并通过提升其理财能力。这种福利模式所形成的福利效果在短期内不但可以提升贫困家庭的基本消费水平,在长期内还可以经由积累的资产衍生更多的收入,继续提升其消费水平或积累更多的资产。不过需要指出的是,资产为本的社会政策中的"资产"并非一般意义上的资产,而是在福利制度框架内所界定的资产,服从于社会保障的目标。(见图 4.2)

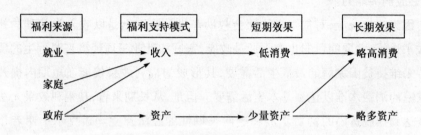

图 4.2　以资产为基础的福利模式

资料来源:Sherraden, Michael W. (1991). *Assets and the Poor*: *A New American Welfare Policy*. New York, NY: M. E. Sharpe. p180.

迈克尔·谢若登(2005)认为,资产社会政策将产生良好的社会效应,拥有资产可能让人们更自信、家庭更团结、社会关系更紧密、人们更积极地参与民事活动,产生更稳定、更具有责任的公民。[①] 对今天来说,由于社会救助的价值理念还未真正树立,贫困的个人主义以及施舍、恩惠的思想严重。社会救助对象往往被认为是在经济、社会中竞争的失败者,在领取社会救济金时,往往被歧视,被认为是耗费社会财富的无用人。例如在 19 世纪早期,当自由放任思想在欧洲与北美洲盛行之际,人们普遍认为,当时的紧迫性社会问题皆因个人运作不良所导致,旨在恢复个人有效利用经济市场能力的社会工作其目的是为了纠正那些"活该"受穷的人的毛病。即使在今天,这种对贫困者的治疗性途径仍然在很多国家和地区存在。而资产社会政策则不同,穷人资产的建立,在开始时有一部分是来自政府或社会的资金支持,但是更强调个人对自己的资产积累负责。一般在初

---

① [美]迈克尔·谢若登:《个人发展账户——"美国梦"示范工程》,邹莉译,载《江苏社会科学》2005年第 2 期。

始阶段,领一次或一段时间不长的资金支持,随后则是通过自己的努力和外在辅助性的支持,自己参与劳动、管理,将外在的助力内生为自身资产积累的动力。因而资产社会政策更为强调贫困者自身的努力,通过自己的劳动实现自助,从而增强自信心,在社会生活中才不会觉得低人一等,因而有助于改变以往"污名化"的救助形式。

资产为本的社会政策有助于个体性的贫困者逐渐摆脱贫困的危机,在突发和临时性的灾难面前不至于陷入贫困的循环。在其所涉及的政策工具上,我们常见的就是"个人发展账户"的适用。在很多国家和地区,作为资产建设为本的福利政策的检验手段,个人发展账户得到了广泛的应用。代表性的有"美国梦"项目、英国"儿童发展账户"、新加坡的"公积金"制度改革、中国台北市"家庭发展账户"等,以下是部分国家正在实践中的个人发展账户。

1."美国梦"项目。在美国 1998 年颁布的联邦资产独立法案中明确以资产为基础的社会政策的法律地位后,美国华盛顿大学社会发展中心开展了历时四年的、被称为"美国梦"的个人发展账户示范工程。在示范工程中,每个合格的个体都被确定就某项消费目标进行储蓄,其目的是提高他们长期的生活水平,并让他们在经济上做到自给自足。这些账户就是个人发展账户,由参与者接受教育,领取由联邦政府和私人搭配的、可用于某一项消费的资金。在账户结构上,把账户设计中确定三个参数,即匹配率、匹配上限和时间限制,此外就是"每月储蓄目标"。这个模式反映出"美国梦"示范工程是以有工作的穷人为目标的。后续研究的证据表明,个人发展账户项目使得参与者在经济上感到更安全,对未来更有信心,对生活更有"控制力";参与者更可能为自己和家人做教育规划;参与者认为个人发展账户能够帮助他们制定并实现未来目标和计划。其研究结果表明,如果有正确的鼓励机制和支持,哪怕是最穷的人也会储蓄、积累资产、购买房子、开展生意并接受更高的教育。在这个过程中,他们提高了自己的经济期望值与参与性,并获得了相应的知识。①

2. 英国"儿童发展"项目。英国政府对未成年人贫困问题的认识是基于对贫困所造成后果的新的认识。1997 年之后上台的新工党政府委托专门机构和

① 邹莉:《个人发展账户让穷人尝到有产阶级甜头》,载 2006 年 12 月 18 日《中国社会报》。

学术界对英国贫困家庭状况以及贫困家庭子女的就业、健康、教育、心理和行为等问题进行了大量研究,结果显示缺少发展机会是最值得重视的问题,不能让儿童未来的机遇取决于家庭背景,而不是个人的才能和努力。为此,政府为所有2002 年 9 月 1 日后出生的儿童设立免税的长期储蓄或投资账户,政府为每人预先存入 250 英镑(符合贫困家庭标准者为 500 英镑),儿童本人、家庭或亲友等每年在该账户最高可以存入 1200 英镑、存款在儿童达到 18 周岁以后方可由孩子本人或家长代为支取,主要目的是确保孩子在 18 周岁以后有一笔教育资金或创业资金,不致因家庭因素影响孩子的发展机会。这些政策取得了显著效果,如2004 年的数据显示,有近两百万儿童脱离了绝对贫困状态,儿童相对贫困率下降了近 10 个百分点,基本上实现了工党政府消除儿童贫困问题的阶段性目标。①

3. 新加坡公积金制度。新加坡中央公积金制度建立于 1955 年。当时新加坡还是英国的殖民地,人民生活贫困,特别是居住条件很差,失去工作能力的人缺乏社会保障,为了逐步改变这种状况,同时又避免政府承担财政责任,于是立法建立了这种自助性的保障模式。经过 40 多年的发展,其公积金制度已发展为向全体社会成员提供养老、医疗、储蓄等保障项目的社会保险制度,其覆盖范围也从公共和私人部门内的雇员扩大到自雇者。2007 年,新加坡总理李显龙宣布改革现有的公积金制度。其背景源于两个挑战,即国内人口结构的变化以及贫富差距的扩大。面对新的挑战,新加坡中央公积金制度实施了"三管齐下"的改革措施,即实行更高的回报率和利息,延后提取最低存款额的"D 红利"和"V 红利"②,年长员工推迟退休,以及年长员工的就业入息补贴等措施。新加坡政府面对新的挑战采取积极的应对措施,为公积金制度注入了新的元素,使政府在无需动用储备金的情况下,建立了一个可持续的机制应付老龄化等一系列挑战,同时也秉承了该国政府一贯的原则,即不让国人养成对政府的依赖,而是要自力

---

① 胡昌宇:《英国新工党政府经济与社会政策研究》,合肥,中国科学技术大学出版社,2008。

② 为了缓冲延后提取公积金最低存款这项新措施对国内年长者造成的冲击,新加坡政府给予这些年龄介于 50—57 岁之间、最先需要延后提取最低存款的年长者一笔一次给予 3%—5% 的红利(deferment bonus,简称"D 红利")。与此同时,为了鼓励现年 54—63 岁的公积金会员延后提取他们的最低存款,政府也拨备 5.7 亿新元设立一项自愿延后红利(voluntary deferment bonus,简称"V 红利"),会员每延后一年提取可获得的红利高达 600 新元。资料来源:中央编译局网站 http://www.cctb.net,2009 年 3 月 22 日。

更生。新加坡全国职工总会秘书长林瑞生指出:"政府为解决人口老龄化所带来的养老问题而提出全面和创新的办法,使新加坡最有可能成为世界第一个成功解决这个问题,使老年人都成为活跃年龄的国家。"①

旨在帮助穷人的资产为本社会政策在个人层次上的应用以发展账户为主要模式,在群体性建设的层次上则体现为社区建设模式。应该说,资产为本的社区建设从更多的意义上体现了社会资本、社会团结等凝聚治理要素的社会政策。在这里,资产的含义得到广泛且恰当的延伸。一个社区拥有的资产,并非仅仅包括每个成员的个人能力和技术,更包括社区内各种家族、宗教、文化和社交活动的非正式关系网络。同时,正规机构如政府部门、私人企业、学校、医院和社区中心等资源,皆可视作社区资产的一部分。进行资产为本的社区发展,便是重新认识、规划、联系和动员各项资产的过程。近年来,西方国家政府公共管理改革中的若干重要主题都与资产社会政策的倡导有关。例如公共服务从平等待遇到因人而异的待遇的转变;服务提供从根据用户好恶向自主选择加限制性使用条件的转变;政府直接提供公共服务向私营或公司混合提供转变;政府资金拨付更多地使用绩效测量工具等。②

美国西北大学 J. McKnight 和 J. Kretzmann 教授是推动资产为本社区建设模式的先驱,他们强调社区建设应该"由内至外"(Building Communities from the Inside Out),从而让社区成员发掘地方优势和潜能,让他们重整和集结力量,开拓新的机会、生产和收入来源。在公共管理者看来,资产为本的社区建设类似于"公共池塘资源"的治理,其治理程度的高低来自群体成员之间信任和互惠关系的质量。其发展策略可分成五个主要部分:

(1)激励式评估(Appreciative Inquiry):寻找和分析社区过去的成功经验和故事,以加强成员的自我形象和社区认同,积极参与;

(2)重视社会资本(Recognition of Social Capital):将社会资本看成社区的重要资产加以巩固和强化,并突出它在社区发展中的作用;

(3)参与发展(Participatory Approach):强调每位成员的能力和资源,给予

---

① 杨伟、吕元礼:《新加坡中央公积金制度改革分析》,中央编译局网站:http://www.cctb.net/xszm/yzsb/200902030003.htm,2009 年 3 月 22 日。

② [英]诺曼·弗林:《公共部门管理》,71～72 页,北京,中国青年出版社,2004。

平等和充分的参与机会,加强成员对社区发展的承担感;

(4)社区经济(Community Economic Development):联系和动员社区内的不同资产,透过集体合作,探索不同类型的经济发展模式;

(5)强化公民社会(Strengthening the Civil Society):强调社区成员的公民(有别于受助者)身份和权利,促使政府和私人部门更有效响应社区的需要。[①]

从欧盟国家启动的反社会排斥到以"美国梦"为代表的资产建设和社区建设,发展型社会政策对贫困者实施社会救助的理念和操作手段上升到了一个社会权利和经济权利并重的层次,如学者周弘(2004)所言:"欧盟福利国家的社会政策经验是从促进发展并追求公正的过程。"[②]反社会排斥力图修复工业化时代被"边缘化"的弱势群体与主流经济群体之间的政治、经济、文化与社会等多面向的沟壑,体现出政府、营利性企业、非政府、非营利组织的多元福利供给途径。而资产为本的福利政策则把涵盖资产要素的金融资本、能力与自信心、社会团结与互惠关系等联系起来,对贫困者实施的"个人发展账户"体现出"他助"与"自助"的双向结合。发展型社会政策的这些策略和手段对改善贫困救助者的物质和精神层面起到了很大的作用,而对于我国农村扶贫的策略安排来说,其借鉴性的意义重大。

第二节　我国农村扶贫进程中传统社会政策
转型的可行性分析

一、我国农村扶贫的经济政策与社会政策的不均衡

贫困问题一直都是经济学重点关注的对象,在很多发展中国家和地区,有助于发展的经济政策对摆脱贫困起到了重要的作用。但是,经济发展政策如何影

---

① 邹崇铭:《从"需求为本"到"资产为本"的社会政策——兼论社会企业、公益创投和政府购买服务》,参见非政府组织在线:http://www.be—in.ngo.cn/article_details.php? id=8,2009 年 9 月 26 日。

② 周弘:《欧盟经验:促进发展并追求公正——中国能够从欧盟借鉴什么》,载《中国社会科学》2004 年第 6 期。

响贫困与收入分配的变化？这个问题已经成为近年来国内和国际组织在发展政策规划时的主要关注点，现实中的问题也是对既有扶贫措施和扶贫政策成效的反思。

我国现有农村扶贫战略中的经济政策源于《国家八七扶贫攻坚计划》和《中国农村扶贫开发纲要（2001—2010 年）》这两个重要的指导性文件，具体表现为如下的实施方案。

1. 整村推进。由于我国经济的快速增长和前期政府扶贫工作的基础，大部分自然条件和具有资源优势的农村地区相继脱贫，以往那种以贫困县为瞄准目标的扶贫机制不能够及时、准确地将资金、技术和项目落实到贫困户，贫困人口的分布也不再以整体的形式分布，而是以村落的形式集聚，因此整村推进的扶贫策略具有了其适用的地理空间。其含义是在政府的引导和支持下，以贫困村为对象，依靠贫困农民自身和社会各界的参与，完善农村基础设施建设、社会化服务体系建设，以增加贫困农户收入为核心，通过对当地农村经济发展的统一规划和综合开发，以实现贫困地区经济、社会、文化全面发展目标的扶贫方式。

2. 农业产业化。农业产业化是指以市场为导向，围绕一个或多个相关农副产品项目，组织众多主体参与下的农产品生产、加工、销售一体化的过程。其核心是通过分工协作，提高劳动生产率，降低生产成本，并通过专业化生产，市场化经营，有效发挥资源的比较优势，实现规模经济。实质上，农业产业化的扶贫方式是将贫困地区的农民与市场有机地联系起来。

3. 移民扶贫。移民扶贫主要是指将生活在自然条件极端恶劣、生态环境脆弱、发展投入成本高和难度大的贫困人口，集体搬迁到生产生活条件相对较好的地区，从而实现脱贫的开发模式。对于生存环境极其恶劣的地区，就地脱贫显然是一种高投入、低产出的方式，而通过异地搬迁的模式可以改变贫困农户的生存环境和生产条件。

4. 劳动力输出培训。2004 年 8 月，国务院扶贫办发布《关于加强贫困地区劳动力转移培训工作的通知》以后，劳动力的输出培训为贫困地区剩余劳动力掌握一技之长，获得相对稳定的就业机会奠定了基础。其表现形式是政府主导，由相关政府部门利用当地中等技术学校和其他教学条件，建立劳动力转移培训基地,并从组织、资金、就业岗位等方面加强指导和扶持。

以上扶贫的四种模式是以政府为主导力量的策略,此外,农村扶贫政策还包括项目带动型扶贫模式、小额贷款、以工代赈和 NGO 模式等等。这些模式因地制宜,相互配合,共同组成了我国多层次、复合型的农村扶贫体系。(见图 4.3)

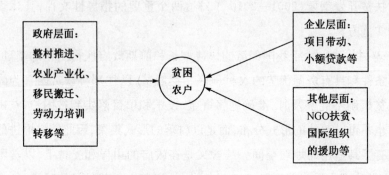

图 4.3　我国农村扶贫的战略体系

从我国农村扶贫的政策上考察,促进贫困农民的收入增长是首要的解决方案。无论是政府层面的策略,还是企业和社会组织的扶贫方向,都把经济的发展作为预设的路径。从我国改革开放后 30 多年来的农村扶贫进展来说,经济体制的变迁以及国家有针对性的扶贫政策,农村的贫困现象得以大规模减少。经济的高速增长给贫困农村的发展带来了脱贫的机遇和条件。但从整体上看,目前政府正在进行中的区域开发式农村扶贫战略也印证了发展经济学所谈论的"涓滴"(tricle－down)效应[1]。对此,国外部分学者的研究指出,在低收入国家,经济增长利益不能自动地对最贫困人口产生"涓滴"效应,相反,作为增长的结果,穷人的绝对状态将趋于恶化。[2] 正因如此,国外学者 Martin Ravallion(2004)把

---

[1]　"涓滴"效应是由关注贫困问题的发展经济学而提出的,指的是在经济发展过程中并不需要给与贫困阶层、弱势群体或贫困地区特别的优待,而是由优先发展起来的群体或地区通过消费、就业等方面惠及贫困阶层或地区,带动其发展和富裕。部分学者指出,1999年我国提出了西部大开发战略,以加强东西部经济联合协调发展,缩小地区间差距。但时至今日,经济高速增长的东部地区"涓滴"效应对西部地区经济的带动影响甚小,而西部地区的后发优势也未明显见效,这说明"涓滴"效应只是潜在的,而不是现实的,或者说是外生的,而不是内在的必然。

[2]　Adelman, Irma and Cynthia T. Morris. (1973). *Economic Growth and Social Equity in Developing Countries*. Stanford: Stanford University.

我国农村的减贫称为"不平衡的进展"(uneven progress)[1],其结论也重在说明经济增长模式的减贫与社会保护体系缺失间的不平衡,而这直接影响到"何谓发展"的认识观。

此外,对贫困问题的缓解也体现在社会救助、医疗保障等社会政策的层次上。社会救助是反贫困的重要制度安排,它是直接针对已经陷入贫困状态者的最后保障线。从20世纪50年代初期开始,我国政府便把绝大多数人免于饥饿作为反贫困社会政策的主要目标。农村改革以前,农民的基本生活主要依靠基层的集体经济组织和平均化的分配制度,只有生产不足时,才由国家提供必要的生活救助。这种制度安排成功地使大多数人口在总生产水平很低的条件下获得了最基本的生活保障,有效地防止了因收入分配不均而可能出现的更大规模的绝对贫困人口。五保供养作为一项制度化的救助政策在我国农村反贫贫方面起到了重要作用。五保供养是对农村中一些无正常劳动能力、无法定抚养人、无生活来源的老人、孤残人和孤儿等实行五保制度,即保吃、保穿、保医、保住、保葬(对孤儿还实行免费教育)。在其他方面,传统的社会政策对反贫困也起到了缓解的作用,例如以农村赤脚医生为人员载体的合作医疗对农村居民常患疾病的防治起到了重要的作用,免费的义务教育政策对减轻农村居民的负担也发挥了积极的功能。

20世纪70年代末的农村改革和人民公社体制瓦解后,一直到90年代中期,我国农村居民的生活保障制度发生了根本性的变化。英国学者沙琳(2007)把这一时期称为"中国农村的无保障时期"。[2] 在这一阶段,体制的转型带来了经济的快速增长,使许多人获得了经济机会和财富,并在减少贫困方面取得了长足的进步。但转型同时也制造了更多的无保障和风险,在收入分配、福利、生活资源和社会机会的获得上制造了更大的不平等。故此,农村家庭生活的无保障与政府干预的脱节在一定程度上成为制造贫困的重要因素。我国学者韩嘉玲、孙若梅等人(2009)也认为,与城市居民同时期的社会政策相比,对农村实行以经

---

[1] Martin Ravallion & Shaohua Chen,(2004) *China's (Uneven) Progress Against Poverty*,World Bank Policy Research Working Paper 3408,September,pp.2—4.

[2] [英]沙琳(Sarah Cook):《中国农村无保障的产生》,沙琳编:《需要与权利资格:转型时期中国社会政策研究的新视角》,228—260页,北京,中国劳动社会保障出版社,2007。

济增长唯上的制度和政策,直接或间接地剥夺了农民的现有利益,或将他们排斥于社会发展进程之外,或造成他们无法表达自己的意愿与需求,或加剧了他们的生计脆弱与风险。[①] 自 21 世纪初以来,我国又开始了以开发式、攻坚式为特征的农村扶贫。但是,区域开发的反贫困战略依然是以"经济增长"能自动解决贫困问题的理论作为假设前提的,贫困的成因被解释为缺少经济增长所必需的自然、社会条件,并没有触及导致贫困和阻碍脱贫不公正的社会政治制度与政策。而后期的攻坚式扶贫战略虽然实行"扶贫到户"的原则,但仍未能超越经济贫困论的窠臼,且始终将发展经济、提高收入水平作为扶贫政策的核心内容,集中于如何通过优惠政策、资金项目的投入来拉动贫困地区经济发展。正是这样以经济"效率优先"的路径,损害了"兼顾公平"的社会发展问题。

正因为如此,经济增长在一定程度上反而使得部分农村居民的贫困问题更加严峻,两极分化的事实促使政府在扶贫政策的实施环节上部分地转向新的思路。民政部在 1994 年开始了建立农村最低生活保障制度的探索,同年修改实施新的《农村五保供养工作条例》。2003 年,旨在缓解因病致贫的新型农村合作医疗制度开始进行试点,随后进入全面实施阶段。2009 年,国家开始在全国范围内进行农村社会养老制度的试点建设。从贫困环节上看,这些制度的实施将进一步缓解农村贫困的发生和返贫的可能性。但反过来说,正是因为经济增长式的扶贫与社会保护性的社会政策不平衡需要政府在发展视角上的再次反思。

在我国农村扶贫的未来方向上,政府也逐步认识到以经济政策为发展导向的不足。在宏观面上,进入 21 世纪以来我国政府提出了"以人为本"和可持续发展的科学发展观,并在国家"十一五"规划中提出建设社会主义新农村的奋斗目标。科学发展观,第一要义是发展,核心是以人为本,基本的要求是全面协调可持续,而其根本办法是经济建设和社会建设的统筹兼顾。以人为本和可持续的发展观在社会政策看来就是促进作为人本身的需要和未来发展的需要。社会主义新农村建设的目标是"生产发展、生活宽裕、乡风文明、村容整洁、管理民主",其实质性的内容体现为农村经济和农村社会的全面进步。在微观面上,随着新

---

① 韩嘉玲、孙若梅等:《社会发展视角下的中国农村扶贫政策改革 30 年》,载《贵州社会科学》2009年第 2 期。

型农村合作医疗制度、《农村五保供养条例》以及新型农村社会养老制度等社会政策的实行,我国农村的社会保护体系逐步进入公共财政的覆盖全景。

从发展作为一个维度来衡量扶贫的进步来说,可行的方案是把政府的扶贫干预放在一个综合的路径框架里。在农村扶贫的坐标轴上,纵向指标上是经济增长,侧重在收入和物质方面的显性面,横向的指标则是公平、和谐等社会要素的隐形面,发展应作为平衡经济增长与社会建设的关系。

然而,正如前文所述,扶贫政策与社会政策的不平衡,不仅影响了经济增长的速度和质量,同时也影响了社会公平与社会质量。例如,一些企业利用贫困地区的区域开发系列优惠政策,损害了地方自然环境,一旦资源耗尽,当地的可持续发展就成为问题。此外,高能耗、高污染的行业对贫困地区农民的身体健康也构成了危害,因病致贫、因病返贫的可能性也大大增加。[①]

二、我国农村扶贫进程中社会政策转型的基础

现实表明,农村的扶贫需要有一个更广的视角来审视。由于经济的高速发展以及全方位的经济改革给中国的社会经济结构带来的深刻变化,解决贫困问题的实质已经在很多方面发生了改变。问题性质的变化意味着,不能仅仅着眼于现有的贫困地区的经济发展问题,而是要在更大的范围内拓展扶贫议程,既要拓宽扶贫努力的空间覆盖范围,又要在扶贫努力的基本目标、采取的手段和方法等方面加以开拓。世界银行 2009 年在《中国扶贫议程的演进》报告中形成了这样的建议:第一,收入和消费贫困概念本身需要加以拓展,它不仅应该能够满足人们的基本衣食生存需要,还应该满足适应所有人口的一系列更广泛的基本需要和能力要求。第二,政策和结构的变化以及风险对当前贫困的重要影响,都表明迫切需要制定一个议程,以便在农村地区和城市地区建立大规模的社会保障

---

① 2009 年河南新密县农民工张海超"开胸验肺"事件从法律维权的意义上证明了农村居民作为职业病制度的弱势地位,这一事件表明农村的医疗保障制度在我国处于缺位的状态。同样如此,云南水富县的 80 多名在安徽凤阳打工的农民工患上矽肺病,他们最终也选择了开胸验肺,用法律武器获得凤阳政府的 450 万元的一次性赔偿。当这些朴实的农民选择了"开胸"这种无奈的方式争取自己利益时,也暴露出了日渐完善的社保体系背后隐藏的深层缺陷。详见 2009 年国内各媒体对有关农民工"尘肺病"、"矽肺病"的报道。

体系。第三,公共服务的市场化变革侵蚀了人们在改革前所能享受到的普遍的基本健康和教育服务,这样的情况说明有必要重新把重点放在实现这类目标上,并把它作为扶贫总体议程的一个组成部分。第四,经济增长在减轻贫困上所面临的挑战,意味着需要采用有效的方法,使贫困人口能够更充分地参与经济增长的过程。这不能只靠增加农业收入来实现,还要通过非农就业,实现人口迁移对减轻贫困的潜在效应。第五,贫困人口的分布更加分散,意味着可能需要重新调整扶贫工作的重点,从关注贫穷地区转向关注贫困人群。第六,城乡之间以及农村内部和城市内部不平等的迅速扩大,意味着在整体扶贫议程中需要包括实现平等的目标。①

1978 年以来,我国发生了广泛而深刻的社会变革。在经济体制、政治体制和社会管理的诸多领域,都经历着空前的变革。经济上,以农村土地联产承包责任制为起始,逐步推行到城市国有企业管理体制的改革。政治上,计划体制下的政府管理模式逐步向适应经济形势变化的需要而变革,由此拉开了行政管理体制改革的大幕。随着政府在部分社会领域和经济领域的退出,社会变革也逐渐兴起,民间组织、非营利组织等承担了政府退出后的部分社会职能,发挥着联系公民社会与国家、市场的中间性功能。这三个层面上的改革都对贫困地区在社会政策上的转型具备了可行的基础性条件。

物质生活上的匮乏使得农村贫困作为我国政府高度重视的社会问题得到了广泛的社会共识。从 1978 年农村土地制度的变革开始,贫困地区的经济发展就越来越受益于家庭联产承办责任制的广泛推行和国家自 1985 年开始的大规模、有组织、有瞄准针对性的扶贫行动。尽管区域开发式、攻坚式扶贫政策的推行使得数量庞大的贫困人口得以下降,但是也要认识到,"任何政策都有自身的当前目标,大规模降低贫困人口数量显然是一个极具吸引力并且能够获得公众拥护的政策目标。因此,硬骨头总是留待以后再啃"②。部分学者从贫困发生率以及扶贫政策效应的研究中指出,我国自 1998 年以来,农村贫困的整体变化趋势和贫困发生率的下降趋势呈明显的水平状态,各种类型的反贫困政策的成效呈递

① 世界银行报告:《从贫困地区到贫困人群:中国扶贫议程的演进》,2009 年 3 月。
② 苗齐、钟甫宁:《中国农村贫困的变化与扶贫政策取向》,载《中国农村经济》2006 年第 12 期。

减的趋势,反贫困的难度越来越大。[①] 这都表明一个需要正视的事实,即现阶段反贫困的经济增长策略有必要作出调整,以便能在一个风险多变的全球化环境下促进农村贫困地区的经济增长。在如何选择经济政策加强扶贫的策略上,有学者提出实行以充分就业为中心的经济增长战略,在贫困地区优先发展能吸收更多劳动力就业的劳动密集型产业。[②] 还有的学者认为应积极发展"公司＋农户"和订单农业,引导和鼓励具有市场开拓能力的大中型农产品加工企业到贫困地区建立原料生产基地,为贫困农户提供产前、产中、产后系列化服务,形成贸工农一体化、产供销一条龙的产业化经营。[③] 对于目前正在推行的区域开发式扶贫政策,比较一致的观点是建立以贫困社区社会发展为中心的保护与开发相结合的战略,从而取代单纯的开发式扶贫和分散式的部门扶贫共存的扶贫模式。应该说,以区域开发式为导向的经济政策在当代中国贫困农村的推行还是具有重要意义的,只不过随着这类政策在促进贫困地区经济增长边际效应上的递减而日显孤单,如果没有其他政策的配合,贫困地区经济增长的速度将逐渐缓慢下来。而随着市场的全球化竞争,贫困地区的农业产业化将面临更具风险性的环境,对贫困地区的生计脆弱性将是极大的考验。因此,旨在保护贫困农户的生计方式可以成为开发式扶贫战略的重要配合,这就为经济政策与社会政策的有机联系奠定了良好的基础。

在政治层面,我国对基层政府的改革成为重要的选择,"小政府、大社会"是我国公共管理改革的目标。在计划体制下,政府扮演的是全能主义的角色,而这一角色的"路径依赖"特征在市场体制下也表现得很明显。在扶贫开发方面,政府主导成为主要的模式。以扶贫资金来源为例,1986—2000 年,中央和地方政府投入扶贫资金 1743 亿元,占各类扶贫资源总数的 75％;2000—2007 年,中央和地方政府投入的财政和信贷扶贫资金合计 1364.74 亿元,占各类扶贫资源总数的 72％[④],很明显,政府始终扮演着最主要的角色。而且政府的主导地位不仅

---

① 楚永生:《新时期中国农村贫困的特征、扶贫机制及政策调整》,载《宏观经济研究》2008 年第 10 期。

② 吴国宝:《新时期我国农村扶贫解困出路初探》,载《红旗文稿》2004 年第 16 期。

③ 刘卫星:《新农村建设中的扶贫开发研究》,载《贵州师范大学学报》2007 年第 5 期。

④ 陕立勤、Kangshou Lu:《对我国政府主导型扶贫模式效率的思考》,载《开发研究》2009 年第 1 期。

体现在资金来源,还体现在政策的制定与执行、资金、项目等扶贫资源的决策权、使用权以及控制权上。在扶贫开发的目标上,中央政府与地方政府之间在贫困资金使用方面构成了委托代理关系。在信息不对称的情况下,地方政府更倾向于按照自身利益最大化来使用扶贫资金。因而,出现中央政府扶贫资金常被地方政府挪作他用,如发展县办工业、乡镇企业,导致扶贫开发战略偏离了既定方向。中央政府与地方政府之间存在目标偏差,而我国的扶贫战略却忽视了这一点。从基层政府的改革而言,随着农村税费的进一步减免,那些直接管理农村经济的部门被撤销或兼并到其他间接管理的行政机构,政府职能从管制向服务的方向转变,面向社会公众的公共服务成为当代我国基层政府改革的重要方向。世界银行亚洲分部在 2008 年的《改善农村公共服务》报告中指出,从 1994 年的分税制以来,中国政府把提供农村公共服务的职责更多地转移到地方政府的手中,但地方政府的收入却大大降低,出现了资源和责任严重不匹配的现象,为此政府间那种财政与责任关系的调整需要随着农村公共服务的转型而改变。除此之外,在政府扶贫的模式上,有学者指出,直接面向基层的县乡政府有必要在"从以政府为主体的反贫困机制转变为政府引导下的以贫困人口为主体的反贫困机制"[①]。这表明政府应该加强对贫困人口的能力建设,把参与和选择扶贫项目的自由交给贫困人口自身,而不是由政府来选择扶贫项目,政府的职能是引导,而不是强制。2005 年底江西省试点实施的"非政府组织与政府合作实施村级扶贫规划试点项目",是我国第一次突破传统上政府、NGO 分兵单干的扶贫模式。所有这些都将对发展型社会政策倡导的参与、合作、能力建设等理念在扶贫行动中得到更好的体现。

　　社会领域的改革,直接表现在"政社分开"的意义上。政府是国家的代言人,有关国家与社会的关系问题大体上是在政府与社会的范畴内进行讨论。从政治学的视角来看,我国政府与社会的关系体现为:一是套用西方的市民社会概念和理论并以此解释中国问题,把西方国家实现政治现代化的道路作为普遍有效性的预设,认为在中国建构一个独立于国家并与之相对立的市民社会不仅是必要

---

　　① 　楚永生:《新时期中国农村贫困的特征、扶贫机制及政策调整》,载《宏观经济研究》2008 年第 10 期。

的,而且是可行的。如邓正来先生(2002)就认为,中国论者关于中国发展问题的
市民社会研究,无疑受到了以西方社会为背景的"现代化框架"的支配。[①] 二是
几乎同时发展起来的关于中国社会结构变迁的研究,都在有意无意地探讨协调
国家与社会关系的各种机制。[②] 如部分学者从"市民社会"、"公民社会"、"非营
利组织"等话语角度来探讨我国社会自主性力量的成长,并取得了相当有分量的
研究成果。[③]在我国传统的计划体制下,占有和控制社会资源的是政府,市场经
济体制的建立使得政府在某些公共事务的治理上出现一定程度的回撤,以促进
社会的自主性治理。同时,随着社会自治力量的成长,政府对社会问题的解决也
开始采取委托或授权给非政府组织或非营利组织的方式进行间接性的管理。我
国学者对此指出:"经济市场化和社会民主化是两个相伴相随、相辅相成的过程,
经济的发展一方面使得公民强烈希望参与社会问题的解决,另一方面使得大部
分公民具有了参与社会活动的能力。"[④]在国外,社会组织承担福利供给的可行
性在一定程度上蔚然成风,这也是新公共管理改革所倡导的"合同外包"
(contracting—out)方式。对于我国而言,社会组织、市场和政府之间的关系尚
处于相互适应的早期。但是在市场体制不断深入的今天,有意培养社会领域的
独立性不仅对社会自身的发展有利,如促进自主性治理,也对政府的社会事务管
理提供了帮助,在一定意义上成为政府公共治理的参照系。从发展型社会政策
的角度看,由非营利组织承担的福利供给主体多元化正是促进了福利需求的满
足和福利递送机制的效率提高。

　　从农村扶贫的过程来说,上述政治、经济和社会领域的变革对社会政策的转
型具有了现实的基础性在 2009 年中国济南举行的社会政策国际论坛上,我国学
者杨团曾这样说道:"传统社会政策在我国的今天,已经具备了从碎片化的社会
政策向整合型发展的基础,新的社会政策时代需要政府、市场与非营利组织的合

---

　　① 　邓正来、[英]J. C. 亚历山大:《国家与市民社会——一种社会理论的研究路径》,461 页,北京,中
央编译出版社,2002。

　　② 　郑杭生、洪大用:《现代化进程中的中国国家与社会——从文化的角度看国家与社会关系的协
调》,载《云南社会科学》1997 年第 5 期。

　　③ 　这些方面可参考清华大学 NGO 研究所及浙江大学公民社会研究中心所出版的一些著作及实证
性的报告。

　　④ 　王名等:《中国社团改革——从政府选择到社会选择》,54 页,北京,社会科学文献出版社,2001。

作及其本身的转型。"①对于农村而言,整合型的社会政策需要把传统上分散的农村社会政策,如新农合、新农保等,从单一向度迈向整合向度,而发展型社会政策正符合了这一总体性的方向。

三、农村扶贫进程中社会政策转型的可行模式

经济政策对我国农村扶贫的效应随着贫困性质的变化而逐渐降低,而农村社会政策对扶贫功能的不足也体现在诸多方面,如低保制度作为减少贫困的出发点是维持贫困者的基本生存需求;新型农村合作医疗制度的主旨是对农村居民患大病的救治,而对预防影响农村劳动力健康的慢性病却无能为力②;农村社会养老制度也仅仅停留在试点的阶段;等等。对于扶贫而言,这些不足既影响了经济政策的边际效应,也导致了社会政策的僵化。从国外近年来提倡的发展型社会政策理念来看,我国在以下方面尤为不足。

1. 农民在可持续生计发展能力上的缺乏延续了贫困的可能性。"可持续生计"(Sustainable Livelihoods)这一概念,最早见于1991年世界环境和发展委员会的报告,在1995年社会发展峰会通过的《哥本哈根宣言》中得到了清晰的界定:"使所用的人通过自由选择的生产性就业和工作,获得可靠和稳定的生计。"生计的保障是社会政策的基础目标,而可持续生计能力的增强能促使个体在未来取得更可预期的经济收入,对消除收入贫困是特别重要的。目前我国农村的养老保障、医疗卫生服务、社会救助、教育、住房以及妇幼福利等政策仅仅是从制度上维持农村生计,但对于在综合发展视野下的生计观在战略上欠缺规划,贫困或趋向贫困的可能性也就将持续存在。

2. 城乡之间的社会排斥感有增无减。贫困是一个被社会排斥的过程,而社会排斥意味着社会参与的减少和机会结构的短缺。社会排斥是比贫困更复杂、

---

① 这是2009年7月27日杨团教授在中国山东大学举行的"第五届社会政策国际论坛"做主题发言的重要观点,笔者根据其发言稿整理而成。其基本观点可详见杨团《促进非营利部门就业是新社会政策时代的社会产业政策》(《第五届社会政策国际论坛论文集》,济南,2009年)文责由本书作者承担。

② 本书作者在2008年对广西河池市部分贫困农村的实地调研中,一些对农户的访谈结果很有启示性意义。几乎所有随机的被访谈对象基本上这样认为:新农合制度是好的,可是它规定了生什么病、拿什么药,并且要符合它的报销要求就不好了,现在农村要治病的大部分是长期身体不好的农民,他们都是长期劳累所患的疾病,也不能根治,报销程序更繁琐。

更具有综合性的问题,它不仅仅是经济上的贫困,而且还体现在社会交往、精神生活等多个方面。对此,欧盟委员会的解释是,社会排斥涉及多元的和变化着的因素,这些因素把人从现代社会的正常地交换、实践和权利中排斥出去。当社会排斥存在时,这种界限就如同鸿沟、墙壁,清楚地显示着内外之分,被排斥的人没有办法越过这样的界限。尤其是在高度专业化的社会里,构成弱势群体的往往是穷人。专业化意味着交易,而穷人缺乏交易的现实资源。穷人在这样一个社会里往往受到歧视,他们的权利容易被漠视,他们在经济往来中不容易获得信任,逐渐使得他们对生活有挫折感,不再以进取的态度积极介入社会活动,最终导致他们被边缘化,远离主流社会。

3. 贫困地区的发展失去了应有的社会资本与人力资本的支持。人力资本是人的能力和素质,是通过人力投资而获得的,它既表现为人的知识、技能、经验和技术熟练程度等,也表现为对医疗和健康、在职人员培训、正规学校教育等方面的社会投资,这是需要通过社会政策的制度安排而获得的发展权利。而社会资本的构成状况和运行模式对于贫困者而言都是可以仰仗的网络资源。农村地区特别是西部贫困地区的农村,由于地域环境、历史传统、民族习惯、宗教信仰、经济状况等因素严重影响了当地对人力资本的拥有和社会资本的质量,在贫困文化和收入低下的双重作用下,农村地区缺乏接受现代教育的资金和意识,制约了知识存量的提高,导致农村地区人力资本存量与城市地区存在较大差距,限制了提高生活水平所必需的能力和机会,形成贫困—愚昧—贫困的恶性循环。

然而,针对我国农村不同区域的贫困致因呈现复杂化的表现形式,在农村社会政策转型的构建上有必要把它放在一个多维度的视野下进行审视,社会政策的类型选择也不可能一刀切。从社会政策对社会建设的发展意义出发,本研究认为,以下的社会政策类型在农村扶贫战略建构中应该具有普遍性的指导意义。①

1. 从需要出发的社会政策类型。从社会发展角度去思考社会成员的需要,应该是社会政策的出发点。用发展需要的层面来代替问题应对的传统模式,能

———————
① 本部分的具体内容可参见张新文:《论社会政策在我国农村扶贫中的类型建构》,载《开发研究》2009 年第 5 期。

够走出传统扶贫的思维模式，更好地促进农村发展。目前，我国正处于社会转型时期，经济发展的过程中遇到了很多问题，社会成员的需要也日益复杂，特别是农村居民的需要已表现出强烈的发展诉求。在就业、社会保护、医疗保险、社会优抚安置、福利供给等方面，农村居民的需要也逐渐以城市为坐标轴，同工同酬、户籍统一等利益需求如果得不到合适的满足，势必导致农村居民弱势地位的恶化。从需要层面出发，实施符合当前农村社会成员需求的社会政策是改变传统问题导向型扶贫方式向具有发展内涵的扶贫策略的关键。这种需要满足型的社会政策将更有效地促进农村社会的发展，更好地改变农村的贫困现状。

2. 以参与为本的社会政策类型。在脱离贫困过程中，以参与为本的方式来有效地发展农村经济是解决农村发展滞后的有效途径。农村社会劳动力富余和大部分外出务工反映了农村实体经济项目的缺乏，提供可参与就业的生产性项目供给不足，是农村社会发展落后的直接原因。此外，城乡二元体制的分割致使大批的农民工"进城就业"和"身份转换"不同步，致使他们很难融入工业化、城市化的文明生活，而其原居地的参与者构成也存在严重的主体缺少，很多地方"新生代"的农民工更是选择不离城、不返乡、不种地的生活方式。① 这不仅给农村带来一系列的严重社会问题，如留守农民"精神生活沙漠化"的现象，也使得那种"候鸟型"的劳务大军产生精神家园上的社会排斥感。鼓励引进和开发具有生产性的扶贫项目，引导农村社会成员积极参与到项目的开发中来，使之融入社会，以激发他们的工作热情和消除被排斥心理。

3. 以资产为本的社会政策类型。资产为本社会政策的试验表明，有必要对贫困者建立一个家庭发展账户，对国民收入进行二次分配，将部分支付的收入以资产的形式转移到贫困家庭的发展账户中，以便形成一种帮助穷人进行资产积累的政策机制。传统的贫困概念以收入的多寡来界定，贫困的分析方法只集中于计算收入和确定对象，从来就忽视对穷人资产的考察，而政府的"输血式"扶贫对贫困者抵御生计风险的能力考虑不足，资产模式的社会政策应用引入对资产

---

① 同时，据本研究在广西农村的调研，在我国部分贫困农村实施的"PRCDP"（贫困地区社区发展项目）是一项重在倡导农村居民参与的扶贫项目。而在参与主体方面，由于相当部分的青壮年劳动力外出务工（这部分群体也正是农村参与能力和知识结构等最优的），参与者的层面数量上实际上是以老人、妇女为主，这无疑也影响了发展项目的质量和成熟度。

积累多元社会效应的分析方法,这一新的理念将有助于政府将扶贫资金的投向及其分配层面具有取得积极福利效果的可行性。

4. 以能力促培养为主的社会政策类型。农村居民文化教育水平低下和掌握劳动技能不足,决定了他们在社会就业过程中的弱势地位。可行性能力不足限制了农村居民参与劳动就业的可能性,是产生贫困的主观因素。因此,发展以培养农村社会成员的文化素质和就业技能培训应该是农村社会政策建构的重要范畴。通过积极的农村就业政策来带动就业参与程度的提高,以教育机制提高劳动者的就业技能,特别加强对农村青年的职业教育和技能培训。目前在全球性的金融危机环境下,我国各级政府积极引导返乡农民工参与创业的多种形式的社会政策应得到进一步的重视和有效实施。

5. 以社会资本为支持工具的社会政策类型。社会资本是社会组织的某种特征,例如信任、规范和网络,它们可以通过促进合作行动来提高社会效益,它不是有效的公共政策的替代物,但往往是政策成功的前提,甚至是结果。以社会资本为支持手段的社会政策注重培育贫困农户的公民意识、公民精神,倡导农村居民对公共事务的参与意识,并逐渐形成普遍化的互惠惯例。因此,改变穷人弱势地位的一个办法是培育农民的自治互助组织,因为一个社会集团的力量的大小,往往不取决于它所包含的成员数量的多少,而取决于它的组织程度或组织形态。现阶段我国有必要制定有利于发展贫困地区农村民间组织的社会政策,以此来增加社会资本的存量,并运用良性的社会资本存量来融入农村扶贫过程。应该说,作为支持手段的社会资本重建不仅有利于贫困农村的经济发展,而且对乡村社会的精神家园和伦理道德都是有意义的。

本章小结

经济合作与发展组织(OECD)在 2001 年和 2005 年的报告中指出:"过去的十多年来,社会政策的概念和形式比以往任何时候都宽泛或丰富了很多。"概括起来,这些变化主要表现在:(1)从社会投资的角度来认识社会政策的作用,把对社会政策的概念和作用的理解已经从价值观领域走向了实用或工具性的领域。(2)将社会政策的功能与国家的可持续发展联系在一起,强调一种对人力资本的投资和公民社会的积极作用等。(3)注重通过社会政策来影响劳动者从市场中获得收入的能力,强调对贫困问题的"上游干预"和风险预防等方案。(4)社会政策关注的对象也延伸到了非贫困者,其对象不再局限于老弱病残和贫困者等弱势群体。例如,如何帮助普通劳动者实现工作和家庭责任的平衡也正在成为许多西方发达国家努力达成的一个目标。基于这样的认识和理念,20世纪90年代中期兴起的发展型社会政策的理念对于以贫困为甚的社会问题得到逐渐的应用,并且在部分国家和地区的实践产生了积极的效果。我国学者梁组彬(2004)指出:"社会政策与劳动力市场的密切配合可以共同提高社会生产力和促进经济发展,而相应的经济增长也应该考虑到它对社会稳定和社会凝聚力的影响。"[①]福利国家在贫困救助领域的社会政策改革为我们提供了值得借鉴的经验,即构建反社会排斥的制度和有利于贫困者资产建设的社会政策,等等。

从我国运用发展型社会政策的可行性分析上,可以认为,发展型社会政策嵌入在以政府为主导的农村扶贫战略总体框架中,一方面可以增加农村社会发展的横向指数,另一方面也旨在加强与扶贫性经济政策的联系,例如,农村地区的社会资本与人力资本的提高有助于对瞬息万变的经济环境作出积极的响应,并对如何提高传统生计在新的风险面前有着极为重要的作用。社会政策或社会保障支出固然有其离不开的经济成本,但它能够补偿由于失业、残疾和老龄化等带来的负面效应。这对我国在构建和谐社会进程中的城乡统筹目标具有重要的建设性意义。从类型建设而言,我们可以在贫困者的需要、参与、资产、能力促进和社会资本建设等社会政策层面上开展具有区域瞄准性的扶贫策略。

---

① 梁祖彬:《演变中的社会福利政策思维——由再分配到社会投资》,载《中国社会科学》2004年第6期。

第五章 发展型社会政策嵌入我国农村扶贫的基本路径

如前面章节所述,经济政策为主的农村扶贫在社会发展意义上的弊端总体上表现为以:强调输血,不注重造血功能的完善;扶贫项目的后续设计和规划缺乏;自上而下的行政式动员色彩浓厚,缺乏与其他组织合作扶贫的路径安排;不注重社会问题的解决和其他政策的配合;亲市场主义的路线。[①] 这些措施在减少贫困发生率比较高和贫困区域相对集中的时期是比较有效的。但是在经济全球化的环境下,农村社会的生计风险不断加剧,依靠农业收入以及非农收入的不稳定因素也在加大。同时,开发式扶贫政策的边际效应在今天也呈现出逐渐递减的趋势,在有些极端贫困地区,开发式扶贫政策的边际效应几乎为零。有部分学者直接指出观察到的社会现象:"开发式扶贫能够通过某一项目来带动相对大批的贫困人口脱贫,但是在实际运行中,真正从项目中获取利益的主要不是贫困人口,而是非贫困人口。"[②]

当代社会政策最基本的功能是保护弱势群体,消除贫困和不平等。在政治

---

① 我国国家统计局前局长李德水曾对"亲市场导向的 GDP 模式"作了很好的解释,他把其缺陷概括为五个方面:一是不能反映社会成本,二是不能反映经济增长的方式和为此付出的代价,三是不能反映经济增长的效率、效益和质量,四是不能反映社会财富的总积累,五是不能衡量社会分配和社会公正,部分学者也曾对此作出了"GDP 空心化"的描述。参见中国机构网:http://www.chinaorg.cn,2009 年 8 月 14日。

② 许源源、苏中英:《中国农村扶贫瞄准的历史演变》,载《老区建设》2007 年第 4 期。

意义上,社会政策体现的是代表贫弱群体的利益来参与各项"游戏规则"的制定,从而达到调节社会各阶层之间的利益关系。当然,社会政策在保障公民社会权利的实现和弥补市场机制的缺陷方面同样发挥着重要的功能。而发展型社会政策的核心是将社会政策看成是生产力的一个要素,是一种社会投资行为,其基本依据是,社会政策对提高劳动力的素质有直接的作用,它关系到国家的可持续发展和竞争力的提高。研究发展学理论的一些国外学者认为,减困过程中的参与(participation)、赋权(empowerment)在今天将成为社会发展过程中的正统概念(orthodoxies)。[①] 重视参与的解释说明,所谓的"穷人"事实上是那些被排除在广泛的民事社会参与(societal participation)和发展活动的直接参与者之外的边缘化群体,而赋权的核心则是对发展援助全过程中参与权力和决策权力的再分配,即增加社区尤其是穷人和妇女在发展活动中的发言权和决策权。本章拟从我国农村贫困的现实出发,以发展型社会政策为理论基础,从农村福利、社会资本、生计转型和参与、培训和健康照护等四个层面分析发展型社会政策嵌入我国农村扶贫的基本路径。

第一节　教育、培训和健康照护：投资于农村的人力资本建设

一、教育、培训与农村脱贫的联系

近年来,教育与贫困的关系引起了国内外学术界越来越多的关注。大量的理论和实证分析都表明,人力资本匮乏是发展中国家贫困发生率长期居高不下的根本原因之一,也是弱势人群陷入持久贫困的根本原因之一。因此,教育投资无疑对于反贫困具有重要的意义。其意义可以归纳为三点:获得脱贫的知识、产

---

① Andrea Cornwall and Karen Brock, (2007), *Beyond Buzzwords: Poverty Reduction, Participation and Empowerment in Development Policy.* United Nations Research Institute for social Development, November 10, p10.

生脱贫的愿望以及提高脱贫的能力。

　　一些实证性的研究分析表明,贫困者受教育的水平在贫困的发生率上存在明显的影响。就我国农村而言,如果户主是文盲或半文盲,其家庭成员的贫困发生率就大大高于平均水平。下表是1998—2005年根据贫困农户在文化程度差异上发生的变化。(见表5-1)

表 5-1　不同文化程度人群生存贫困发生率(1998—2005 年)

年份(年)	1998	2000	2001	2002	2003	2004	2005
农村贫困发生率(%)	4.6	3.5	3.2	3.0	3.1	2.8	2.5
按户主文化程度							
文盲半文盲	14.0	11.9	9.5	9.3	10.1	10.9	8.9
小学	5.5	4.6	4.3	4.1	4.4	3.8	3.8
初中	3.3	2.6	2.3	2.3	2.2	1.8	1.6
高中	3.0	1.8	1.8	1.6	1.4	1.4	1.4
中专	2.5	1.8	2.1	1.7	1.1	0.6	0.5
大专及以上	0.0	0.5	2.4	3.0	0.4	1.6	0.8

　　资料来源:国家统计局农村社会经济调查司提供的背景报告。转引自:《中国发展报告2007年——在发展中消除贫困》,45页,北京,中国发展出版社,2007。

　　很明显,文盲或半文盲发生贫困的可能性在1998年高出平均发生率的三倍,2005年也是高出平均数的三倍。同样的,户主为小学文化程度的人群的贫困发生率也高出平均水平,1998年和2005年分别高出20%和52%。这样的事实不仅在我们这样的发展中国家,在发达国家同样存在相同的事实。对教育和培训的重视开始广泛应用在减少贫困的领域。

　　传统上,通过脱离贫困的技能培训方式是通过学习新的知识和技术以改进贫困者在新的就业和生活环境下的适应能力,而并不是从贫困者本身的知识和技能结构出发。由于贫困者本身的弱势地位,其受教育的机会和交易的权利也容易受到限制,且不断地割裂贫困者原有的文化结构。对此,发展型社会政策认为："我们有必要强调对贫困者所具有的且源于自身的知识结构进行投资,以帮助贫困者创新、积累知识和改进生活技巧。"①而这些具有内在发展维度意义上的投资在于帮助贫困者利用原先掌握的生计能力来收集对他们有价值的创新。"通过树立创业思想,用明智的方法来重新打包传统方法制造适合市场消费者需要的产品,发展能力输送这些传统产品,并且以足够的数量和质量来满足市场,除了脱离贫困外,它同样也有助于构建地方商业基础,消除腐败和不合适的税收负担。"②这里可以给我们启发的是,我国的扶贫组织和专家学者在对农村贫困者进行脱贫项目技能培训的时候,也要把贫困者本身的知识和技能机构考虑在内,通过创新和发展他们自身所具有的技能,推进个体内在知识的市场化。

此外,中国农村贫困的现实也早已证明,贫困往往构成贫困家庭在子女教育投资方面的约束条件,由此导致贫困循环的代际可能性。换言之,由于无力支付教育费用,贫困家庭的子女缺少受教育的机会,也较容易陷入父辈们所"遗传"下来的贫困。从扶贫的长期效果来看,如何使得儿童摆脱贫困是至关重要的。对于人的一生来说,儿童时期正是积累人力资本的年龄阶段,他们能否获得健康的体质、学到有用的知识,对于他们将来在成人阶段的生存状态起到了决定性的作用。正是基于这方面的考虑,发展型社会政策提出了"上游干预"内涵的预防性对策,即对贫困地区和贫困家庭的儿童进行投资。这样的实践在英国"儿童发展项目"中表现出积极的社会意义。

对于我国农村的贫困家庭而言,现已实施的九年制义务教育在一定程度上减轻了贫困家庭的经济负担,但是同样存在不少的问题。一方面,免除学杂费和给予农村中小学寄宿生补贴对于贫困农村的地方财政而言存在配套经费上的困难,不少公办农村中小学的办公经费受到严重压缩,甚至在部分地区出现向学生家庭变相收费的现象。在中央和地方在义务教育经费方面并没有完全形成制度化的投入机制下,贫困地区的"两基"(即基本普及农村义务教育、基本扫除青壮

---

① J. Machael Finger, (2003). *Poor People's Knowledge: Helping Poor People to Earn from Their Knowledge*. World Bank and Oxford University Press, p1.

② J. Machael Finger, (2003). *Poor People's Knowledge: Helping Poor People to Earn from Their Knowledge*. World Bank and Oxford University Press, p23.

年文盲)教育目标存在不稳定的可能性。[①] 另一方面,相对于全球化的经济环境和社会环境,九年制义务教育的时间并不凸显出发展的内涵,而初中毕业生或中技毕业生在就业途径上也比较狭窄。故此,有部分教育专家提出延长义务教育的时间为十二年。[②] 从发展型社会政策的视角来看,适当延长农村义务教育的年限不仅是经济发展由"汗水经济"模式向可持续性的"智力经济"模式转型的现实需要,也是一个国家社会各阶层能够实现充分流动、推进社会公平的最合理途径。因此,对于农村扶贫的框架而言,切断家庭贫困循环的代际链条需要国家在教育制度上作出更多的倾斜和让步。

综合起来看,农村扶贫的重点在于解决经济性贫困、知识性贫困和保障性贫困等三大问题。这三大问题互为前提,缺一不可,其中解决知识性贫困是关键,解决经济性贫困是目标,在这层意义上,社会政策比经济政策更为重要。同时,衡量扶贫工作的成效,不能仅仅看当地的贫困人口收入是否提高,生活是否改善,就业是否稳定,还要把预防生计风险以及可持续发展的要素考察在内。因为从经济政策的角度看来,解决贫困人口的收入问题,不外乎有两大途径:一是当地的农业以及具有当地资源优势的产业得到更快的发展,并在市场竞争中形成地方优势,从而可以为贫困人口提供更多的收益和就业机会;二是当地的贫困劳动力积极选择外出打工,并有谋取职业的能力,从而可以在劳务输出中获得稳定的就业和收益机会。但在一个传统型产品供给和劳务输出都相对过剩的市场环境下,依靠传统产业和一般性劳务输出增加贫困人口的收入,难度在加大、效果在减弱。只有加大对贫困者知识结构的社会投资,创新传统产业在市场环境下的新变革,以及对贫困家庭在基础教育和素质教育方面的重视,方可应对未来更多的不确定因素的冲击。

[①]　很多贫困地区的农村中小学在收费制取消后,由于地方财政经费投入的不足,学校的办公经费也大幅削减,甚至连教师上课用的粉笔都限量供应。本研究在广西都安瑶族自治县的部分农村学校进行调查时,老师们反映这样的情况在其他农村学校同样存在,出于国家"两基"教育在数量上的硬性目标,他们学校也只有压缩一切开支,这也一定程度上影响了对学生的教育质量和效果。

[②]　李琼:《应该及早延长义务教育年限》,中国教育新闻网:http://www.jyb.cn/,2009 年 4 月 16日。

二、医疗与健康服务：促进新型农村合作医疗与医疗救助的整合

贫困的内涵包括了"健康的剥夺以及缺失"这一具有生理特征的内容，故此医疗卫生政策是现代国家在构建社会政策体系中一个重要的组成部分。人类社会向来把追求健康、治愈疾病、照顾病弱作为首要的考虑，因为"健康的缺失会剥夺人们作出选择、把握社会机会、规划未来的权利"①。

1978 年以前，我国农村的合作医疗是在农村集体经济的辅助下确立，其基本特点是：农民个人与集体在一定范围内共同筹集医疗基金，参加合作医疗的农民患病时所需的医疗费用，由合作医疗基金组织和个人按一定比例共同负担。在组织模式上是把大部分个体开业医生和半农半医人员整合进面向农村居民的县乡村三级卫生服务网络，由此形成农村社会福利事业的重要组成部分。② 但是在 1978 年以后这种制度趋于瓦解。20 世纪 80—90 年代，我国广大农村居民的医疗卫生服务处于严重匮乏的阶段，尽管部分地区存在大病救助制度，但其建立的基础并不完整也并没有制度化。直至 2003 年以后，国家才开始在以往试点的基础上，全面推行和建立新型农村合作医疗制度（简称"新农合"）。"这是新中国成立以来，第一次由国家的财政补贴建设农村医疗保障制度。"③其特点是由政府组织、引导、支持，农民自愿参加，个人、集体和政府多方筹资，以大病统筹为主的农民医疗互助共济。从全国的统计数据来看，截止到 2008 年，全国开展新农合的区县达到 2729 个，共计 8.15 亿农民参加了合作医疗，参合率达到总农村人口的 91.53%。④ 不过，与城市相比较，农村居民在医疗和健康服务方面利用率仍然偏低。以下是 1998—2008 年我国城乡居民在卫生方面的利用情况。从数据上看，占人口大多数的农村居民享用的医疗照护在各项数据上都低于同时期的城镇居民。（见表 5-2）

---

① 王绍光：《政策导向、汲取能力与卫生公平》，载《中国社会科学》2005 年第 6 期。
② 李卫平等：《我国农村卫生保健的历史、现状与问题》，载《管理世界》2004 年第 4 期。
③ 丁宁宁、葛延风：《构建和谐社会——30 年社会政策聚焦》，48 页，北京，中国发展出版社，2008。
④ 数据来源：卫生部网站：http://www.moh.gov.cn，2009 年 10 月 3 日。

表 5-2　1998—2008 年城乡居民门诊、住院次均费用及变化情况

	次均就诊费用			次均住院费用		
	合计	城市	农村	合计	城市	农村
1998 年实际费用(元)	65	123	46	2515	4489	1526
2003 年可比价(元)	122	222	93	4203	7715	2708
2008 年可比价(元)	151	282	112	4531	8085	3238
1998－2003 年均增长(%)	12.9	12.2	14.8	10.8	11.4	12.2
2003－2008 年均增长(%)	4.4	4.9	3.9	1.5	0.9	3.6

数据来源:《2008 年第四次全国卫生普查结果》,中国政府网:http://www.gov.cn, 2009 年 2 月 27 日。

即便城乡医疗保障目前不能做到均等化的制度安排,在新农合具体实施的过程中,也还存在不少的问题,可以概括为如下几个方面:(1)在低收入地区的农村,贫困农民的健康状况不容乐观,患大病重病的比率较高,由于缺乏相应的支付能力,经济困难已成为制约农民对医疗卫生服务需求的主要因素。(2)由于存在多样化的需求群体,如儿童、老年人、进城农民工等,新农合的覆盖面和政策效应存在差异,部分人群处于医疗保障的真空地带。(3)作为需求方的农民、医疗供给方、服务管理方等主体的沟通存在部分的偏差、误解甚至纠纷。(4)新农合的补偿比率较低,并没有真正起到减轻农民医疗支出负担的作用,在一定程度削弱了新农合对农民的吸引力,影响其可持续发展。[①]

不可置否的是,由于农民个人缴费基数偏低,以及中央和地方政府对此的投入也有限,而新农合保证其持续发展的核心基础是基金的收支平衡,这就使得农村贫困者在身患大病重病时得不到具有实质性的救助。除此之外,如果医疗供方的服务模式选择不好、服务内容组合不当、服务理念发生偏差,也容易导致合作医疗基金和农民医疗服务费用支出的增加,使有限的合作医疗基金用不到实处,而其他农民群众的基本医疗保障权益也得不到真正解决。在根源方面,顾昕

----

①　论述新农合所存在问题的论文在国内学术期刊上已经不少了,其对问题的总结基本上大同小异。比较具有综合性的观点可参见张林秀等:《新型农村合作医疗的实施效果分析》,载《社会政策评论文稿》第 26 期,中国社会科学院社会政策网:http://www.chinasocialpolicy.org,2009 年 8 月 18 日。

等学者(2004)认为,从计划经济时代的强制性向自愿性回归之后,新农合所面临的最大问题是逆向选择问题。一言以蔽之,新型农村合作医疗制度在现阶段的可持续发展上存在动因不足、筹资困难等诸多问题。为此,顾昕提出,应对逆向选择等道德风险的新农合必须嵌入在适宜的社会经济政治环境之中,既然回到强制性的合作医疗制度会带来全能主义国家的危险,但以社会资本为联系纽带的社区可以作为这一自愿性医疗制度的替代。因此,可持续性的医疗保障需要社区医疗筹资的运作满足以下三个条件:(1)立足于社区,通过加强参与实现良好的治理;(2)同医疗服务提供者建立制度化的联系以获得低价高质的服务;(3)寻求外部尤其是政府的支持以增强其吸引力。[1]

从性质上说,新农合属于农村居民享有的普惠性社会保障,其奉行的原则是"互助共济",在一定程度上具有缓解贫困的功能。与新农合共同发挥功能的还有另外一个制度,即农村医疗救助制度。这两种制度的区别如下(见表5-3):

表5-3　新型农村合作医疗与农村医疗救助的区别

内容	新型农村合作医疗	农村医疗救助
管理部门	卫生部门	民政部门
资金筹集方式	农民自愿缴费、政府补助等	政府与社会捐助(红十字会慈善机构以及个人捐助)
目标人群	全体农民	农村特困人群(五保户、低保户)
补偿范围	新农合规定的医疗费用范围内	补贴参合费用或大病救助

资料来源:农业部农业经济研究中心课题组:《新型农村合作医疗和特困人口医疗救助相结合的制度建设》,载《中国人口科学》2007年第2期。

即便具有这上述的区别,但是从制度框架上看,具有普惠型的合作医疗和具有选择性的医疗救助构成了政府在农村扶贫救助的两道重要防线。顾雪非、张

---

[1] 这里所指的逆向选择是指农村现有的老弱病残者自然都愿意参加合作医疗,因为他们受益的几率更高。但是,他们收入通常较低,缴费能力有限。年轻健康者收入较高,支付能力较强,但是其受益可能性较低,因而参加意愿较低。参见顾昕、方黎明:《自愿性与强制性之间——中国农村合作医疗的制度嵌入性与可持续发展分析》,载《社会学研究》2004年第5期。

振忠等人的研究认为,农村特困医疗救助和新农合衔接非常具有必要性,因为"两种制度具有共同的目标群体(五保户、贫困家庭等)和共同的服务提供方(定点医疗机构),同时,两者在解决贫困人口的医疗问题、提高贫困人口的医疗保障水平、确保贫困人口受益、促进医疗机构提供质优价廉的医疗卫生服务等方面发挥重要作用"[①]。然而,普惠型的合作医疗"必定会面临医疗服务供方的道德风险问题"[②],选择性的医疗救助又出现资金总量的供需矛盾的瓶颈[③],因此对贫困者的健康保障有必要把这两种政策有机联系起来。具体可以从以下三方面着手:

其一,改进贫困者在医疗服务费用的支付方式,以预付制取代现有的按服务项目报销制(即后付制),通过采取药品和检查费用控制措施等,把需求方在使用医疗费用的心理风险降低,这不仅对增加参合农民的福利有积极的意义,也对贫困者在医疗过程中免除了后顾之忧。此外,需要强化政府在健康服务领域的主导性作用,通过调整城乡健康服务资源配置的比例,加强对农村公共医疗供给的投入,对政府和市场在健康服务领域的作用进行重新界定。

其二,在医疗机构中引入竞争机制,打破医疗机构的进入壁垒。让符合资质的民营医疗机构成为新农合和贫困者医疗救助的定点服务机构,并强化政府和公民在医疗市场中的监管者功能。此外,在既定的经济发展状况下,适当采取"贫困群体优先受益"的原则,重点推广基本公共卫生服务,建立有效运行的公共卫生服务体系,保证贫困人群能享受基本的医疗保健服务。

其三,构筑一个由政府主导、非营利组织参与的,以贫困者为瞄准对象的免费"健康卡"为媒介、医方和社会工作者共同提供医疗救助的发展型农村医疗救助制度[④],以促进贫困人口对公共卫生服务的可及性。同时应加强对贫困地区的健康教育,其目的在于通过知识和信息的传播,影响乃至改变个人行为,减少

---

① 顾雪非、张振忠:《医疗救助与新型农村合作医疗制度衔接的必要性研究》,载《医学与社会》2008年第8期。

② 解垩:《新型农村合作医疗的福利效应分析——微观数据的证据》,载《山西财经大学学报》2008年第9期。

③ 柳拯:《当代中国社会救助政策与实务研究》,168页,北京,中国社会出版社,2005。

④ 吴佳:《发展型农村医疗救助政策的探讨》,载《中国初级卫生保健》2008年第2期。

健康风险因素。

从发展型社会政策的角度看,对扶危济困中的新农合和医疗救助制度的整合,重点在于从预防性视野入手,加强对贫困者的健康照护,以最大限度减少"因病致贫"和"因病返贫"的发生率。同时,对贫困者的医疗保障不仅需要改革现有的医疗运行体制,更需要平衡经济发展和社会和谐之间的关系。在这个过程中,需要加强对贫困地区的医疗资源配置,并使得医疗救助产生的社会效应高于其他地区。

第二节　农村福利与农村发展：以资产为本的农村社会福利政策

一、农村居民的需求与社会福利的有效供给

社会福利制度的存在是为了满足人类的需要,对需要的研究和分析构成了社会政策的核心内容,然而"社会福利中需要的研究多数是以对贫困人群的需要评估为主要内容"[1]。在这方面,以"经济人"为理论假设的评估思维占据了需要评估的主要方法。从需要的层次来看,作为"经济人"的需要就是个人生存和私利效用的理性最大化。对于我国而言,长期以来的自上而下的政府主导型扶贫行为也不可避免地包含了这样主观性的价值判断,即满足贫困者在基本物质上的需要。而实质上,需要是一个具有多层面含义的话语,贫困者对需要的客观性最初是指生存上的,但是其生存的需要更是在一个社会性的环境中提出,因此,需要内涵的本身就不是一个简单的解释体系。例如,我们往往对贫困者个体的选择偏好进行加总,然后确定总体上的社会选择,但这一点在"阿罗不可能定理"

---

① Culpitt, I. (1992). *Welfare and Citizenship: beyond the crisis of the welfare state?* London, Sage Publications, PP. 161—177.

(Arrow's impossibility theorem)中已经得到逻辑上的理论证实。[①] 此外,奥尔森的集体行动理论也描述了社会选择性的集体行动最终会面临瓦解,因为理性的"经济人"必然会在集体行动中"搭便车",从而导致集体行动的困境。[②] 我国学者彭华民(2008)就此指出:"社会成员个人的感觉性需要可能是他们在接受社会服务之前的一种反应,并不一定是个人真正有这样的需要,个人的社会情景也会影响到感觉性需要的表达。"[③]因此,政府对贫困者列出的需求评价在很大程度上是出自总体上的理性偏差缘故,而不是真正的贫困者自身的需求表达。有国外学者在对发展中国家社会政策是否满足了社会需求时指出,需求的确定和干预的设计常常是自上而下的、国家主导的。许多国家在经济改革和调整的过程中,从全民、全面的社会政策转向对目标人群的补偿措施,目的是用有限的资源更加有效地生产和递送服务。这些改革主要关注筹资和递送机制的效率,却很少关心"目标"人口,也不评价实际结果,从而导致社会产品和服务的"供需"脱节。[④] 这里,国外学者通过对中国社会政策针对贫困者是否满足了社会需要进行了研究,提出了评价供需适配性的标准,分别是服务的可及性、实际需要的相关性、服务的质量和干预机制的相适性。(见表5-4)

---

① 1951 年美国学者肯尼斯·约瑟夫·阿罗(Kenneth J. Arrow)在他现在已经成为经济学经典著作的《社会选择与个人价值》一书中,采用数学的公理化方法对通行的投票选举方式能否保证产生出合乎大多数人意愿的领导者,或者说"将每个个体表达的先后次序综合成整个群体的偏好次序"进行了研究。结果他得出了一个这样的结论:公共性的集体选择在绝大多数情况下是不可能的。更准确的表达则是:当至少有三名候选人和两位选民时,不存在满足阿罗公理的选举规则,但是随着候选人和选民的增加,"程序民主"必将越来越远离"实质民主"。其理论也解释了福利制度的选择偏好只能是富有个体性的。

② 美国经济学家曼库尔·奥尔森对集体行动的研究揭示了一个具有共同利益的集体并非必然产生集体行动的根源在于集团内广泛存在的"搭便车"现象,正因为集团共同利益是一种公共物品,即使成员不付出成本也能坐享收益的物品,因而,一个理性的人是不会参与到集体行动中来的,因为这要花费私人的成本,而收益却是集体共享。参见[美]曼库尔·奥尔森:《集体行动的逻辑》,上海,上海三联书店、上海人民出版社,1995。

③ 彭华民:《社会福利与需要满足》,23 页,北京,社会科学文献出版社,2008。

④ Morales—Gomez, D. (1999), *Transnational Social Policies: The New Development Challenges of Globalization*, London: Earthscan Publications and Ottawa.

表 5-4   评价供需适配性的标准

可及性	旨在帮助穷人和弱势人口的社会产品和服务是否具有物理的(地点和覆盖面)和经济的(成本)可及性;获得服务的条件和权利资格是什么
相关性	给穷人和弱势人口的产品和服务是否考虑了他们的实际和迫切需求;是否针对问题提出了解决方案
质量	提供给穷人和弱势群体的社会服务是达到了一定标准,还是穷人只能得到了劣质服务
相适性	递送社会产品和服务的干预和机制是否考虑了穷人和弱势人群的活动和(如在时间或劳动使用上的)约束

表格来源:[英]斯蒂芬·德沃鲁、沙琳:《社会政策是否满足了社会需求》,[英]沙琳:《需要和权利资格:转型期中国社会政策研究的新视角》,29 页,北京,中国劳动社会保障出版社,2007。

毫无疑问,贫困在最初的含义上无疑是指称一种物质的匮乏,但随着工业化的完成,欧盟国家对贫困的认识逐渐深化到诸如贫困文化、制度贫困等结构性的层面。如我国学者胡鞍刚就把经济高速增长时期我国存在的贫困解释为一种权利的贫困,或者说是不公平环境下的贫困。此外,学者刘穷志(2008)也通过对公共服务的支出是否落实到贫困人口手中作出了定量上的分析,其结论是:纯公共品的公共服务(如国防等)"阳光普照"了所有人;贫困人口较多地得到了见效快的经济服务,但着眼于长远利益的经济服务相对较少。① 我国的区域开发式扶贫是以政府为组织载体的执行方式,如各层级政府的扶贫办,然而部门化路径制造出来的贫困者需求结构掩盖了穷人谋生复杂性的选择,因为人的生活并不像各部门制定的政策那样条分成块,低收入的农村人口更是如此。要使社会政策促进低收入人群中穷人的长远保障和安康,必须较全面、较完整地理解受益人或用户的谋生策略,特别是要根据穷人的需求出发。因此,有必要审视的是贫困人口的真实需求。下图在一定程度上反映了我国贫困地区农民的真实需求,可以

---

① 刘穷志:《公共支出归宿:中国政府公共服务落实到贫困人口手中了吗》,载《管理世界》2007 年第 4 期。

看出,生存性质的物质需要并没有列入贫困者的计划中。(见图 5.1)

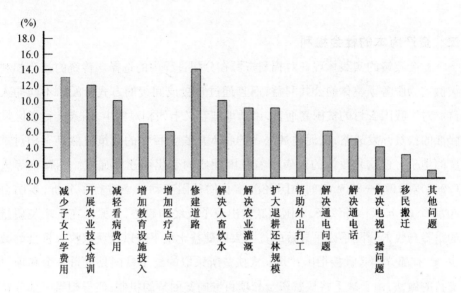

图 5.1　贫困地区农民的需求结构

资料来源:汪三贵等:《我国扶贫资金投向及效果分析》,载《农业技术经济》2004 年第 5 期。

从以上对贫困农民需求的分析可以看出,居于高位的是教育、医疗、交通设施、水资源维护和技能培训,约占总需求的 59％;居于中间层次的是外出务工、林地政策、信息服务和医疗点与教育设施建设等;而最低层次的需求则是移民搬迁等其他问题。而根据本研究在广西和云南部分贫困地区的走访调查中,反映最多的也大致是这些问题。故此,以需求出发的社会政策需要对原有的农村扶贫战略作出一定程度的调整,以此改变那种以移植发达地区的产业项目和市场化为方向进行扶贫的政策安排。因为贫困地区以及贫困农民在个人拥有的技能,所在的自然条件等方面都处于弱势的地位,其应对全面市场化的社会转型能力缺乏实质意义上的条件基础。对此,有学者也认为:“我们不能期望仅仅通过经济增长就能够自动消除贫困问题,在这一过程中,政府还有很多事情要做,特别是提高贫困农民参与市场的能力。”[①]在宏观战略上,地方政府对贫困农户所

---

①　章元、丁绎镤:《一个“农业大国”的反贫困之战——中国农村扶贫政策研究》,载《南方经济》2008 年第 3 期。

反映出来的真实需求应该作为反贫困战略的首要目标。

二、资产为本的社会福利

社会政策的实践体现在对福利资源在分配过程中的选择。传统的社会福利被假定为服务于整体的公共利益,而且通过直接或间接的方式分配给不同的人群。对于我国农村的贫困者而言,由于地理意义上的相对集中,国家实行了区域瞄准的扶贫开发战略,以促进贫困者的收入增长为目标的政策自然具有相对重要的地位。但这种政策的效应随着贫困性质的变化而逐渐递减。胡鞍钢等人(2006)对1978—2004年间中国经济增长的贫困变动效应进行了分析,表明自20世纪80年代中期以来,中国的减贫出现了放缓的趋势,其原因在于增长质量的下降与收入分配不公平导致的贫困人口受益比重下降以及获取收入机会的减少。[①] 有部分学者直接指出:"开发式扶贫所采取的给予贫困县大量资金和项目支持的做法,由于缺乏将扶贫资金和项目导向贫困户的机制,使得相当一部分扶贫措施的收益流失给了非贫困人口,相对较富裕的农户、企业和县乡政府反而成为主要的受益者。"[②]

如何促进贫困者在资产上的形成结构,并以此来替代收入为本的结构已逐渐成为美国、新加坡以及我国台湾地区减少贫困的一个重要制度安排,其嵌入的途径是通过对贫困者提供配套的资金和限制性的理财培训来进行。相对于我国而言,由于农村贫困人口基数庞大,适用于该策略的可能性会降低,但是农村土地和林权制度的改革创新在一定程度上可以成为促进资产收入结构的重要力量。例如在我国江西和重庆等地,林权制度的改革试点在一定程度上了增加了农民的财产性收入。而相应的土地流转制度如果建立在国家依法保障农民对承包土地的占有、使用、收益等权利基础上,推进土地要素的市场化也能促进贫困农民的资产性收入。

对于贫困者而言,资产积累很少受到政府扶贫干预的鼓励,这在很大程度上

---

① 胡鞍钢等:《中国经济增长与减少贫困(1978—2004)》,载《清华大学学报》(哲社版)2006年第5期。

② 郭洪泉:《农村贫困与反贫困策略》,载《社会福利》2008年第5期。

是因为资产不具有当期消费的性质。从经济学上看,资产是一种生产性产品,而非一种消费产品,后者被购买和消费并直接影响人们的物质生活水平。谢若登教授(2005)总结了穷人的资产建设为何不被重视的三方面原因:第一,穷人很少拥有房屋、投资或退休账户,而这大部分都是以资产为基础的政策的目标。第二,对穷人积累资产,没有任何税收或者其他方面的奖励。第三,调查家庭经济状况的转支政策中的资产上限抑制了"福利穷人"和"工作穷人"的储蓄行为。① 但是从资产为本的社会政策来看,房屋、耐用消费品等也可以在家庭面临风险或危机的时候能够作为抵押,从而成为农民的一种潜在的实质资产,因此它们可以作为广义概念中的固定资产。根据中国农业大学所作的一份抽样调查显示,现在我国贫困地区的农民在房屋、耐用消费品等方面的结构和价值如下(见表 5-5、表 5-6、表 5-7):

表 5-5　贫困地区农民房屋结构抽样情况

房屋结构	砖木结构	竹草结构	土坯房	混凝土结构	窑洞	其他
户数	3491	178	3796	696	35	498
%	40.15	2.05	43.66	8.01	0.40	5.73

表 5-6　贫困地区农户房屋价值情况

房屋价	1000 元以下	1000—3000 元	3000—5000 元	5000—10000 元	10000 元以上
户数	1437	1782	1307	1567	2601
%	16.53	20.50	15.03	18.02	29.92

表 5-7　贫困地区农户耐用消费品拥有情况

	没有		拥有	
	户数	%	户数	%
收录机、音响	6474	74.47	2220	23.53
冰箱、冰柜	7942	91.35	752	8.65

---

① ［美］迈克尔·谢若登:《个人发展账户——"美国梦"示范工程》,邹莉译,载《江苏社会科学》2005年第 2 期。

续表

	没有		拥有	
	户数	%	户数	%
电视机	2364	27.19	6330	72.81
自行车	4903	56.40	3791	43.60
摩托车	7034	80.91	1660	43.60
固定电话	6208	71.41	2486	19.09
移动电话	7086	81.50	1608	18.50

表 5-5、表 5-6、表 5-7 数据来源:李小云等:《2006—2007 年中国农村贫困于反贫困情况报告》,李小云等:《2006—2007 中国农村情况报告》,122－123 页,北京,社会科学文献出版社,2007。

　　上表给我们传达了这样一个基本信息:我国贫困地区的农户在诸如耐用消费品之类简单的物质资产在存量上都是非常低的,就更不用说银行里的金融资产了。特别是住房条件更能区分穷与富的标准,以至于很多扶贫机构往往把农户住房质量作为一种甄别贫困家庭的快速且有效的方法。近些年来,国家启动了"家电下乡"、"汽车、摩托车下乡"等惠农政策,但其出发点是拉动国内的经济需求来克服经济危机,本意上并非增加农村居民生产性的物质资本存量。对此,有学者通过对这一政策的供需两个层面的 Logit 分析认为,对社会保障的担忧构成了农民消费的巨大阻力,而这对于贫困者而言,"消费下乡"政策的边际福利效应几乎为零。[①] 本研究进一步认为,即使有必要采用这样的政策,也需要对消费下乡政策实施过程中的地域范围以及资格要件等进行排查和分析,以便对贫

---

　　①　郭瑜、白雪飞:《金融危机下"家电下乡"政策的社会经济意义——基于农村家庭需求的分析》,《第五届社会政策国际论坛论文集》,中国济南,2009 年。

困地区以及贫困农户实施必要的消费照顾和价格倾斜。[①] 此外,从我国居民收入结构的比较来看,农村居民在转移性收入和财产性收入方面都低于同时期的城镇居民。(见表 5-8、表 5-9)

表 5-8　农村居民收入结构的变化　　(单位:％)

收入项目	1990 年	1995 年	2000 年	2006 年	2007 年
合计	100	100	100	100	100
工资性收入	20.2	22.4	31.2	38.3	38.6
家庭经营收入	75.6	71.4	63.3	53.8	53.0
转移性收入	4.2	2.6	2.0	2.8	3.1
财产性收入	0.0	3.6	3.5	5.0	5.4

表 5-9　城镇居民收入结构的变化　　(单位:％)

收入项目	1990 年	1995 年	2000 年	2005 年	2006 年	2007 年
合计	100	100	100	100	100	100
工薪收入	75.8	79.2	71.2	68.9	68.9	68.6
经营净收入	1.5	1.7	3.9	6.0	6.4	6.3
转移性收入	21.7	17.0	22.9	23.4	22.8	22.7
财产性收入	1.0	2.1	2.0	1.7	1.9	2.3

表 5-8、表 5-9 资料来源:国家统计局网:http://www.stats.gov.cn/,2008 年 11 月 3 日。

从上表的数据可以看出,农村居民的家庭经营性收入在总构成中高于城镇居民,但是由于农业的弱势地位并没改变,以及市场变化的影响,经营性收入并

[①]　本研究在走访调研中体会到,贫困农户对消费下乡政策的基本反映是良好的,但是实际效果对他们而言并无多大改变。一方面是因为大多数销售商布局在城市,交通成本高。另一方面则是诸如冰箱、洗衣机等家电物品的使用反而增加了他们的额外开支,从而改变了他们的消费行为和习惯。所以他们宁愿把享受这一优惠政策的农村户口本及身份证转借给城镇居民以获取并不多的折扣返利。另据权威报刊报道,"家电下乡"补贴资金的分配并没有明显向低收入地区倾斜,人均补贴额与农民人均纯收入之间不存在负相关关系,说明这项政策对刺激农村消费有一定关系,但对提高低收入地区和群体的生活质量作用有限。具体也可见媒体报道:马永良、赵长保:《2009 农村主要政策措施执行情况调查》,载 2010 年 1 月 14 日《中国社会科学报》。

不稳定。转移性收入和财产性就更是落后于城镇居民,这就提醒我们的政策倾向需要在这两类结构的收入方面,如失地农民的补偿费、贫困者的生活补助,等等。

林权改革是2009年以来正逐步在我国农村实施的促进农村发展的方案建设。以重庆部分地区的农村为例,政府通过林地的主体改革,还权于民、让利于民,解决了制约林业发展的产权问题,山林变成了农民的"家产",农民们开始"把山当田耕,把树当菜种",并愿意在林业上投入更多的人力和财力。林农们通过林权抵押贷款,把贫困农村的"死资产"变成"活资产",在很大程度上缓解了部分贫困农村的现状。[①] 此外,资产建设的实验也在新疆呼图壁县的养老保险项目上得以尝试,并取得了非常好的福利效果。[②]

中国经济的高速增长出现了社会和经济的不平等,城乡居民在获得受教育机会和住房等资源方面也产生了不均等。在这种情况下,以资产为导向的社会投资策略为缓解贫困、改善长期的经济效益以及低收入人群的自足提供了一种新思路。从传统乡村来说,中国文化历来重视为未来而储蓄,例如,人们倾向于推延消费以用于子女教育和住房储蓄。因此,贫困的低收入人群可能有巨大的储蓄动机,尤其是当这种储蓄能有配额时。此外,我国现有的一些福利项目,例如为贫困家庭提供经济救助以支持儿童教育或小企业运行、城市中的强制性购房储蓄(住房公积金)都与个人发展账户有一些共同特征。这些项目是为发展目标而定,资金只能用于特定目的。因此,资产为本的社会政策工具——个人发展

---

① 林业的主体改革就是把林权证发到老百姓手上,做到"山定权、树定根、人定心"。这主要有两种分法,一是分山到户,针对人均林地面积较大的地区。另一种是分股分利,针对人均林地少的地区,采取"分股不分山,分利不分林"的办法,将集体林折股量化,通过股权到户的方式,将林地经营权和林木所有权落实到集体经济组织的农户。详见《中国经济时报》在2009年9月7日对重庆林权改革的深度报道。从本研究的分析而言,发展型社会政策强调的就是把社会政策与经济联系起来。所以,林权改革在这个意义上就是资产为本的社会政策实践。

② 新疆呼图壁县的养老保险试验是把已经参加农村养老保险的村民直接用其持有的或借用他人的《农村养老保险缴费证》作为质押物,依据一定程序和规定到有关部门办理贷款手续。所贷款项仅限用于农户发展生产、子女教育、基本医疗等生产生活中急需解决的重要事项。该农保试验在提升投保人抵御风险能力方面成效明显,并产生了良好的福利效应。该部分的详细报告可参见张时飞:《种一粒籽,结几个瓜——新疆呼图壁县养老保险证质押贷款的福利效应》,杨团等主编:《社会政策评论》,255—269页,北京,社会科学文献出版社,2007。

账户也是可以融合在这些或类似的项目中的。[1] 对于我国农村扶贫而言,个人发展账户的适用对象应确定为有一定劳动能力的低保户,使用项目优先于教育、经营和医疗。这样做的好处是鼓励困难群体中有劳动能力的人定期定额存款,引导他们开源节流、自立自助,使他们在经济上更有安全感,对生活更有控制力,对未来更有信心。同时,这一制度创新还可以改变目前对贫困地区财政转移支付中部分款项的使用方式和使用方向,较之单纯的输血式救济更能发挥有效的作用。

第三节 农村的社会资本建设:以非营利组织与政府的外部嵌入为支点

一、社会资本对农村扶贫的功能

当代中国对农村扶贫的发展战略在关注面上比较多的是宏观经济的结果,如 GDP、财政收入以及脱贫人口的总数量等,而对于理解它们所依赖的微观制度的建立仍存在一定程度的忽视,农村的社会资本就是处于这种情况。社会资本概念的应用部分程度上回答了现实中的这样一些问题:为什么贫穷的人不信任外人甚至彼此也不信任,以及是什么阻碍了他们在一种更为合作的状态下一起来解决他们共同面对的问题,等等。我国学者杨雪东(2000)对社会资本这样界定:"社会资本是处于一个共同体制内的个人、组织(广义上的)通过与内部、外部的对象的长期交往、合作互利形成的一系列认同关系,以及在这些关系背后积淀下来的历史传统、价值理念、信仰和行为范式。"[2] 现在我们往往把人们之间的信任、合作和互惠关系看作是社会资本的表现内涵。在类型学上,社会资本可以

---

① 展敏:《存款与发展:个人发展账户中的预期应用与存款模式》,载《山东大学学报》2005 年第 1 期。

② 杨雪东:《社会资本:对一种新解释范式的探索》,李惠斌、杨雪东译,《社会资本与社会发展》,36 页,北京,社会科学文献出版社,2000。

分为个人拥有的社会资本、组织拥有的社会资本以及整个共同体的社会资本。①

在当代社会,社会资本的应用与金融资本等具有同等的重要性。美国学者波茨指出:"社会资本理论之所以具有崭新性和启发性有两个方面的原因。其一,这个概念关注的是社会能力(sociability)的积极后果,而不是其缺乏吸引力的方面。其二,它把这些积极后果放在对资本更广义的谈论框架中,而且要求人们注意这种非货币形式是如何像个人财产和银行存款一样成为权力和影响的重要源泉。"②因此,在扶贫战略的社会政策嵌入途径上,以农村社会资本为构建目标的社会政策理应成为促进农村脱离贫困和进一步发展的重要因素。其重要性体现在个体层次的互助以及与经济行为相联系的福利发展两个层次:

第一,农民个体之间的社会关系有助于增强人们的相互信任和相互之间合作的能力,并使其他机构对他们的需求给予更及时的反应。一般来说,在农村地区农户的社会资本主要表现为基于血缘关系的家庭网络、基于地缘关系的邻居网络和基于情感关系的朋友网络。不同地区或类型的农户社会资本有很强的同质性,而且这些资本本身也具有很明显的先天性。农村的社会资本在一定意义上具有与福利相似的效果,但它并不仅仅局限于物质方面。正如美国学者埃里克森所说:"假定人们天生渴望改善他们的福利,这并不是假定人们是无情无义的只讲物质利益的人。即使对铁石心肠的经济学家来说,福利包括的也不只是商品,还包括其他人们也许同样珍视甚至更为珍视的结果,例如亲情、闲暇、健康、社会地位以及亲密的人际关系。"③这就突出说明了社会资本具有解决贫困者非物质因素的情感和心理需求。

第二,社会资本的功能体现在与经济的发展需要相结合,利用自下而上以及自上而下的合作联结,从而达到经济发展与社会整合的良性循环。一个很常见的道理是,社会整合和信任程度越高,就越能建构有效的民主参与经济发展的决

---

① 杨雪东:《社会资本:对一种新解释范式的探索》,李惠斌、杨雪东译,《社会资本与社会发展》,37页,北京,社会科学文献出版社,2000。

② [美]亚历山德罗·波茨:《社会资本:在现代社会学中的缘起和应用》,李惠斌、杨雪东译,《社会资本与社会发展》,120页,北京,社会科学文献出版社,2000。

③ [美]罗伯特·C.埃里克森:《无须法律的秩序:邻人如何解决纠纷》,苏力译,208页,北京,中国政法大学出版社,2003。

策。林南(2005)指出:"社会资本的积累速度比人力资本要快得多,人力资本的积累速度呈算数速度增长,而社会资本的积累呈指数速度增长,其积累的状况会产生'滚雪球'效应,利用越多,价值越大。"①很明显,微观上的社会资本能作为个人能掌控的且具有自主支配性的关系资源,它能及时调用、动员并将其转化为所需的支持,帮助解决实际困难。而在宏观上,整个社会诚信度和团结度的提升对化解经济危机具有实质意义上的帮助。因此,社会资本作为一种非制度化的保障方式可在政府主导的正式制度保障失灵或保障不足的情况下,给予有效的补充和有力的配合。因为社会资本的性质及其存量决定了社会成员的行为方式到底是倾向于互惠合作,还是倾向于背信弃义。

普特南认为对社会资本的投资可以培养一个善治的政府和民主的公民社会,具体存在于如下三个方面:首先,公民参与网络培养了生机勃勃的普遍化互惠惯例,即我现在这样对你,希望你或者其他人能够相应地回报我,类似于一个"互惠银行"的存在。一个依赖普遍性互惠的社会比一个没有信任的社会更有效率,出于同样的原因,货币交易比物物交易更有效率,信任为社会生活提供了润滑剂。其次,公民参与的网络有利于协调和沟通,并且放大了其他个人值得信任的信息。研究囚徒困境以及相关的博弈的学者提出,通过反复的博弈,更容易维持合作关系。密集的社会联系产生公共舆论和其他有助于培养声誉的方式,这些都是在一个复杂的社会中建立信任的基础。最后,公民参与网络体现了过去协作的成功,而且是未来协作的文化模本。而这些功能都有助于贫困的缓解和协作式治理局面的出现。②

故此,利用制度创新和政策的嵌入来扩大现代意义上的社会资本规模,并赋予它在农村扶贫过程中的合作、信任、互惠等关系性资源的嵌入能有效地促进政府与公民、社会组织与公民、公民之间等主体间的互动。但是,通过新的制度安排和政策嵌入应为社会资本的流动创造畅通的渠道,使它在整个社会自由流动,应不至于形成封闭性的社会资本或"走后门"等不良社会现象的出现。现代意义

---

① [美]林南:《社会资本——关于社会结构和行动的理论》,张磊译,137页,上海,上海人民出版社,2005。

② [美]罗伯特·D.普特南:《繁荣的社群——社会资本与公共生活》,李惠斌、杨雪东译,《社会资本与社会发展》,158-159页,北京,社会科学文献出版社,2000。

上的社会资本,是建立在公民权利义务基础上的,而非传统的血缘基础上的社会资本。它重点应包括增强政府管理水平和运行效率,提高制度化、法治化水平,推行伦理教育,提高公民的整体素质,从而建构新型的社会关系网络,发展新型的信任合作关系。我国学者燕继荣教授(2006)就社会资本的制度安排指出:"如果国家与政府能够为社会资本的积累做点什么的话,可以在以下几个方面作出努力:自治组织的发展、公民参与网络的建立、社会信用体系的保障、传统风俗和习惯的处理。"①发展型社会政策也正是秉持这样的理念而提出重建公民社会的活力与生机,以达到一个善治政府的出现。

二、非营利组织的兴起与福利的多元化供给

对非营利组织的重视是 20 世纪 80 年代以后逐渐形成的国家和社会共识,按照美国非营利组织研究专家萨拉蒙(Lester M. Salamon, 1999)的说法是:"一场全球性的社团革命正在悄悄兴起。"②至于它在全球兴起的原因,我国学者王名等认为,首先是现代福利国家的危机。20 世纪 50 年代形成的旨在消除市场失灵、提供社会福利的政府保障体系在 80 年代受到了巨大的挑战,因为政府也会失灵。③ 因此,引发了人们对发展理念中的"帮助人们自助"(assisted self-reliance)和"参与式发展"的广泛关注,促使人们认识到政府作为发展的推动力是有限的,非政府组织也有其优越性。其次,推动非营利组织在全球发展的因素是对全球环境危机的重视。可持续发展思想的深入,使得环境危机得到越来越多的重视,公民渴望自己组织起来,自主解决问题。④ 在我国 1978 年以前的计划体制下,社会组织的发育很不充分,对行政的依附性是非营利组织重要的成长要素。随着改革开放引入的市场经济体制的建立,我国非营利组织的发展获得了较之以往更多的发展空间和社会环境。

---

① 燕继荣:《投资社会资本》,164 页,北京,北京大学出版社,2006。

② Lester M. Salamon, Anheier, Helmut K. (1999), *Global Civil Society: Dimensions of the Nonprofit Sector*, The John Hopkins University, Maryland, p1.

③ 公共选择理论对政府失灵的研究比较充分,表现为政府效率低下、政策供应不足、寻租等现象。在官僚制度下,政府的僵化体制也是失灵的表现形式。有关政府失灵的理论可参见[美]詹姆斯·M.布坎南、戈登·塔洛克:《同意的计算——立宪民主的逻辑基础》,北京,中国社会科学出版社,2000。

④ 王名等:《中国社团改革——从政府选择到社会选择》,北京,社会科学文献出版社,2001。

同时也应看到,我国非营利组织的发展在生发机制的动因上不同于福利国家的背景,其根本的原因是由于国家社会经济的转型而致使政府主动退出的职能空间在一定程度上需要社会组织来承担。秦晖教授(2001)把非营利组织的兴起解释为:"西方国家是因为'福利'太多,自由市场也太多,所以寻找有第三部门参与的第三条道路。而中国也许'福利'还不够,自由市场也不够。"①据此,从对解决如贫困等社会问题的角度上看,中西方众多非营利组织的存在就产生了福利意义上的殊途同归之效。

在满足个人的福利需求方面,不同的组织有不同的原则,把不同的组织方式置于优先地位,实际上也就是对不同组织方式原则的推崇。在满足福利需求的不同组织方式的特点和原则方面,英国学者希尔(Michael Hill, 1996)曾作出如下的概括(见表5-10):

表 5-10　不同社会单位满足福利需求的方式和原则

社会单位	收入获得	服务获得和需求的满足	规则
个人	工作	购买	交换
家庭	分享	照顾	慈善
社区(社会公益组织)	捐赠、赈济	慈善	道德
国家	补贴	社会服务	法律

资料来源:Michael Hill, *Social Policy : A Comparative Analysis*, *Hemel Hempstead*, *Harvester Wheatsheaf*, 1996, p4.

不过,希尔对个人、家庭、公益组织以及国家在满足福利的方式和原则进行比较并不是期望进行优先性的排序,而重点在于解释和说明对福利需求的供给途径可以在多个层面上展开,政府也并不是满足福利需求的唯一主体。因此,福利多元主义的理念成了西方国家采用发展型社会政策时解决福利供给的重要策略。对此,彭华民教授认为,福利多元强调的是通过福利的多元组合安排,将以国家的全面福利提供转变为社会诸多部门的福利提供,在社会不同部门的参与

---

① 秦晖:《从传统民间公益组织到现代"第三部门"》,中国青基会编:《处于十字路口的中国社团》,55页,天津,天津人民出版社,2001。

下,重视家庭、社区和其他非正式组织,以此化解福利危机。① 应该说,福利多元
化是一个偏重国家与社会整体协调的干预行为。

对于我国而言,数量众多的非营利组织在农村社会的扶贫领域也很活跃,其
扶贫济困的领域正呈现逐渐扩大的趋势。(见表 5-11)

表 5-11　中国部分民间机构的扶贫活动

国内民间扶贫机构	扶贫活动
中国扶贫基金会	小额信贷、能力建设、实用技术推广、紧急救援、
中华慈善总会	妇幼保健、初等教育等扶持创收活动、生活救助、医疗救助、助学助教、职业培训
全国妇联巾帼扶贫行动	科技培训、小额信贷、结对帮扶、劳务输出、女童助学、小型基础设施、妇女保健
全国残联扶贫活动	实用技术培训、小额信贷、危房改造、服务社建设
希望工程	失学儿童助学金补助、建设希望小学、教师培训、配备教学设备
光彩事业	项目投资、捐资办学、其他公益事业
幸福工程	小额信贷
宋庆龄基金会	女童助学、建设中小学、儿童流动图书馆、女师范生助学金、师资培训、教师奖励基金
中国社科院小额信贷中心	小额信贷扶贫、培训

资料来源:汪三贵、李文:《中国农村问题研究》,126 页,北京,中国财政经济出版社,2005。

与政府扶贫相比,我国民间组织扶贫的特点是规模较小,一般只覆盖部分贫
困地区和部分贫困人口,扶贫干预的方式也比较单一。但也正因为它的目标瞄
准对象以及扶贫干预手段的专业化,使得它具有与政府扶贫不同的比较优势。
例如农民合作协会等非营利组织的作用也并非仅仅限于提高农村居民的个体福
利,它还可以在改善农村的治理、促进农村社会的协调发展上发挥不可替代的关

① 彭华民:《福利多元主义:福利提供从国家到多元部门的转型》,载《南开学报》(哲社版)2006 年
第 6 期。

键作用,而这也直接服务于农村社会经济发展所需要的基础性条件。因此,在国家和行政力量还无力对农村提供统一的社会福利和社会保障安排的情况下,从农村教育、医疗、文化等社会福利到特困家庭、五保户、残疾人等的社会保障,都需要一大批民间组织来加以改善。

不过,从贫困地区以及贫困者中内生的非营利组织的数量目前在我国还是相当有限的,这其中重要的因素也许在于贫困者的意识导向局限在生存等物质需求层次上。[①] 根据中国农业大学的一份调查显示,没有参加任何组织的农户比重高达 98.11%,参与组织的农户所占比重不到 1.5%,组织化程度低说明了农户的生产经营行为都是个体行为。(见表 5-12)

表 5-12　贫困地区农民组织化程度

	经济合作社	农民协会	种养协会	其他	没有参加任何组织	不详
户数	12	36	58	12	8530	46
参与百分比(%)	0.14	0.41	0.67	0.14	98.11	0.53

资料来源:李小云等:《2006—2007 年中国农村贫困于反贫困情况报告》,《2006—2007 中国农村情况报告》,131 页,北京,社会科学文献出版社,2007。

不可否认的是,以促进收入增长和福利供给框架下的扶贫既是政府干预行为,也是社会干预行为。福利多元主义的社会政策途径对于我国农村扶贫而言,一方面需要众多非营利组织介入扶贫干预,一方面也需要农村内生型非营利组织的主动成长。只有贫困者才最关心自己的切身利益,也只有组织起来的贫困者才能最有效地保护自己的利益。提高贫困农民的自组织性和参与性,由他们实施扶贫项目,既可以提高扶贫资源的利用效率,又可以降低政府的管理成本。因此,制度空间的拓展对当今农村社会的民间组织具有迫切性的成长要求,而我

----

①　在本研究的实地调查中,当问及贫困农民为什么没能自我组织起来或者成立一个合作互助组织的问题时,几乎所有的被访谈者都认为"从没想过这个问题",而且认为"最好是政府管起来比较好"或"怕这个组织的管理者只顾自家脱贫"。应该说,草根非营利组织在农村社会的建立面临一个不同程度的信任问题。

国农村扶贫的社会意义也正体现于此。①

三、基层政府的转型与农村贫困的多中心治理

尽管福利多元化框架下的非营利组织在发展面上得到了社会公民的认同，但在市场经济体制的环境下，由于物品与服务的商品化性质影响，非营利的精神和宗旨有变异的可能，这一点在整个国际社会都存在这样或那样的事例。此外，社会资本的运行在某些领域呈现出低水平的表现形态，如农村不良人情风的盛行、因宗族意识导致的村民械斗等就是非现代意义上的社会资本。故此在农村发展过程中与之相联系的基层政府更需要首先转型，以便促成一个对贫困实行"多中心"公共治理的局面。

对农村基层政府转型的认识，从理论界到实务界形成的普遍共识是建立服务型的县乡政府。张康之教授(2001)很早就指出："服务型政府是完全不同于传统的统治型政府和近代的管理型政府的新型政府，更明确地说，其哲学理念是一种服务价值的定位。"②刘熙瑞教授(2002)将服务型政府定义为："在公民本位、社会本位理念指导下，在整个社会民主秩序的框架下，通过法定程序，按照公民意志组建起来的以为公民服务为宗旨并承担服务责任的政府。"③基于这样的理解，以广大农村为施政范围的县乡政府在公共职能上同样存在转型的现实需要。具体而言，体现在三个方面：第一，从经济层面上说，基层政府的存在是为了纠正市场失灵，为农村社会提供市场所不能够有效提供的公共物品和服务，如农村各项公共性的基础设施、可持续的生态环境等等；第二，从政治层面上说，由于直选制度的逐步推进，县乡政府施政的基础更体现了权力来源于人民，政府要确保为社会各阶层，包括弱势群体提供一个安全、平等和民主的制度环境，以实现有效的公共治理而不是威权统治；第三，从社会层面上说，县乡政府要从农村长远的

---

① 我国学者康晓光对于 NGO 的扶贫行为进行了非常有深度的研究。他认为 NGO 的扶贫行动应该是使命、价值观和文化、组织决策中的公共性要素方面加强建设。他的研究也突出了扶贫类 NGO 在福利增进中的功能。可参见康晓光：《NGO 扶贫行为研究》，178—179 页，北京，中国经济出版社，2001。

② 张康之：《限制政府规模的理念》，载《人文杂志》2001 年第 3 期。

③ 刘熙瑞：《服务型政府——经济全球化背景下中国政府改革的目标选择》，载《中国行政管理》2002 年第 7 期。

发展视角出发,提供稳定的就业、义务教育和社会保障,确保社会健康有序地发展。

乡镇政府作为我国农村地区的政权中心,在从管理定位向服务定位转变的过程中,由于机构精简、职能优化等改革要素的推动,客观上也面临服务力量的不足。故此,社会力量的介入成为农村公共服务和公共治理的应然之义。有学者就此指出:"民间组织作为对农村治理过程的参与,在一定程度上改变了农村治理结构。通过这样那样的参与网络而建立起来的各种民间组织,发挥着一定的公共管理职能,体现了农村治理结构越来越趋向开放性,这对农村公共治理有着积极的作用。"[①]但是也应该看到,在由统治向管理、再到今天的公共治理转型过程中,政府的管理水平和管理能力并不由于"旧"统治变成"新"治理而自动增强,这是因为治理的能力主要取决于治理的方式。有国外学者认为:"这首先有赖于政府在公民中——而不仅仅是在政策制定以及市场中的有势力的利益相关人那里——享有的合法性和受信任的程度。"[②]治理一方面需要保证公民的参与并对社会需求作出反应,另一方面又要有效地解决问题,治理的一个重要特征就是负责任的原则,要求政策制定和管理过程的责任性与透明性。

对于农村贫困的治理组织而言,客观上是基层政府的责任,但由于贫困问题本身也具有人文环境等社会性要素,因此作为共同体的社会同样具有责任,责任的多元化要求的是治理力量的多元化,农村贫困的治理需要"多中心"的参与和合作的治理。

多中心治理理论是以美国奥斯特罗姆夫妇(Vincent Ostrom and Elinor Ostrom,2000)为核心的一批研究者在对发展中国家农村社区公共池塘资源进行实证研究的基础上最早提出的。其基本观点是改变政府对乡村社会的行政性管理和控制,让乡村内部的自主性力量在公共事物领域充分发挥其基础性作用。这样既可以降低政府管理的成本,减少政策所带来的失效问题,也使得乡村社会内部充满活力。在我国众多的理论研究中,也把"多中心"看作是借助多个而非

---

①　周红云:《社会资本与中国农村治理改革》,157 页,北京,中央编译出版社,2007。

②　[法]阿里·卡赞西吉尔:《治理和科学:治理社会与生产知识的市场式模式》,俞可平主编:《治理与善治》,255 页,北京,社会科学文献出版社,2000。

单一的权力中心和组织体制来治理公共事物,提供公共服务,以强调参与者的互动和能动创立治理规则和治理形态,其中自发秩序或自主治理是其运行的基础。

在农村贫困这一问题的多中心治理主体上,政府、非营利组织、营利性企业、公民等形成了治理的平等角色。对于政府所掌握的资源,非政府部门同样可以与政府相关的扶贫机构展开竞争性的购买,通过共同策划、相互监督等方式服务于福利的接受者,这样就能促使农村的经济、社会与政治举措放在一个互动的平台上展开。发展型社会政策也正是以社会组织的能力优化为其理论的阐发点,并力图扩大社会政策在贫困治理的话语权和影响力。我国在部分贫困地区开展了 CDD(社区主导型发展)模式的试点[①],其扶贫的实践来源就是多中心治理的理念。发展型社会政策所倡导的治理结构不仅需要乡镇政府改进经济治理的能力,还需要具有协调经济发展与社会发展矛盾的能力。

第四节　生计保障和参与式发展:农村扶贫的项目参与和生计转型

一、风险社会与农村生计保障的互动

全球风险社会理论的创始人之一贝克(2004)认为,我们正处在从传统现代性向反思现代性的转型中,这种转型正以全球规模悄悄地进行,因此,反思现代化意味着全球化,意味着全球风险社会。[②] 在全球风险社会的背景下,诸如贫困、失业、群体性事件等社会问题更具有突兀性和广延性的特点,这一背景也日

---

① 社会主导型发展(Community Dominated Development,简称 CDD)是由国务院扶贫办外资项目管理中心同世界银行所共同设计和实施的扶贫计划,CDD 试点项目于 2006 年 5 月启动,2008 年 8 月完成,覆盖四个项目县(区、旗)的 60 个重点贫困村(每个项目县 15 个村),包括广西靖西县、四川嘉陵区、陕西白水县、内蒙古翁牛特旗。其总体目标是探索 CDD 模式在中国是否能因地制宜地为贫困社区提供改善其生产、生活条件所必须的能力和资源。CDD 旨在拓宽贫困者参与发展活动的范围,并赋予地方社区直接管理权,就这一点来讲,它要超越其他参与式发展模式。其实施的具体内容可参见:国务院扶贫办网站所提供的 CDD 专题资料。

② [德]乌尔里希·贝克:《风险社会学》,前言,南京,学林出版社,2004。

益凸显出世界各国的社会政策不能仅仅以问题为取向,也要以风险意识为取向。这一取向应包含两个方面的内容:一是制定防止风险的预案,从而最大可能地规避风险;二是解决风险发生后所引发的社会问题。

美国学者 Peter Timmer(2005)指出,在那些贫困问题尚未解决甚至加重的社会里,不管是公共部门还是私人部门都严重地低估农业。此外,国内的政策也多偏向于城市,而农业被低估的根本原因是一系列的市场失灵。商品的价格如果不能反映消除饥饿或扶贫的价值,就往往不能向决策者发送正确的激励信号,这样不正确的信号又会带来两个方面的问题:一是农产品的市场价格偏低反映了政府较低的政治承诺;二是农产品的市场价格偏低导致了农村劳动力的价值也被低估,这使得城市和农村劳动力市场之间的联系被削弱。[1] 以我国农村粮食的最低收购价为例,其要旨在于降低农村生计的市场风险。然而,对于贫困家庭而言,市场化所带来的风险更需要国家和社会采取积极意义上的社会保护,最基本的就是对农村最低生活保障制度的建设。

从我国的实践看来,自 2001 年以来,农村最低生活保障惠及的贫困农民从 2001 年的 300 万人次上升到 2008 年的 4300 万人次,资金标准也逐步提高(见图 5.2)。2006 年我国农村的贫困线标准为 958 元/年,2009 年最新的贫困线标准提高到 1196 元/年。但是按照国际通行每日每人 1 美元的标准,每年约为 2500 元人民币,其差距仍然巨大。

传统上,以生活保障为农村社会保护特征的主要形式是在自然灾害导致危机后,通过捐赠人资助的应急救助和公共工程(以工代赈)项目,为灾民提供收入转移。有国外学者认为:"这种具有再分配性质的转移支付机制究竟能否得到拓展和制度化,以应对非紧急状况下农村生计的贫困和脆弱性问题,依然是问题丛生,主要在于其成本庞大、行政工作复杂以及可能会牵涉一些政治因素。"[2]而对于那些非自然灾害性质的生活保障,我国农村则倾向于通过"五保"制度来完成,其保障模式有集中供养和分散供养两种类型,不过这部分受益的群体仅仅限定

---

① ［美］C. Peter Timmer:《农业和扶贫:国际经验与教训》,程艳军译,载《农业经济问题》2005 年第 10 期。

② ［美］安东尼·哈尔、詹姆斯·梅志里:《发展型社会政策》,罗敏等译,147 页,北京,社会科学文献出版社,2006。

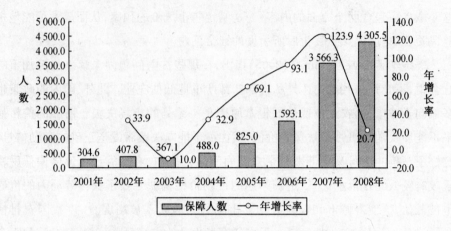

图 5.2　我国农村最低生活保障情况（2001—2008 年）（单位：万人）

资料来源：国家民政部网站：http：//www. mca. gov. cn，2009 年 6 月 30 日。

在农村的"三无"①人员。

　　对于那些既非"三无"人员，又处于贫困状态的农民来说，我国主要是通过促进他们收入增长的策略来缓解其困境，其生计的风险缺少制度化的社会保护策略，而且从政府所采取的策略上看，市场化的指导方式成为首要之举，常见于政府发动的农产品种植政策的宣传上。从发展型社会政策的视角看，这部分贫困者的生计保障需要我们从贫困群体所面临的风险层次分析作为起点。我国部分学者通过分析农业的产业特性、农业风险的特殊性和农产品交易的特殊性，运用公共物品理论，得出农业保险是属于私人物品和公共物品之间的准公共物品的结论。由于农业保险属于准公共物品，所以存在市场"失灵"。② 这一结论认为，对于准公共物品的农业保险，如果采取国家财政支持下的政府经营方式和国家财政支持下的商业保险公司经营方式来提供，将会更有效。而这种兼具经济政

---

　　① "三无"是指无劳动能力、无法定赡养人、无收入来源。在农村，这部分人员通常主要是孤寡老人、被遗弃的残疾人等。他们要么集中在乡镇创办的养老院供养，要么由政府补贴而分散在农户家庭进行供养。根据本研究的调研，在部分贫困地区，"三无"人员在政府创办的养老院入住率很低，其原因在于基层财政的薄弱使得被供养人员的生活水准受到不小的影响，而分散供养又面临政府与农户的信任问题。

　　② 度国柱、王国军：《中国农业保险与农村社会保障制度研究》，北京，首都经济贸易大学出版社，2003。

策和社会政策属性的农业保险,就是一种对农村生计的制度性保障。应该说,对农业保险是准公共物品的福利经济学考察有助于我们更好地理解农村生计风险和社会保障之间的联系,以及认识到具有预防性功能的农业生计保障制度将有利于降低贫困的发生。

　　但是,由于受我国经济发展水平和政府财政能力的限制,正规风险应对机制如商业保险①在现阶段的作用受到各种限制,因此,非正规性的生计保障有现实的必要性,如农村专业经济合作组织在一定程度上就分散了农户个体在农业生计上的风险。对此,杨团等(2008)我国学者通过对日本农协的考察,提出了发展我国农村专业组织的若干思路,即把农协组织与农民个体紧密联系起来,以此促进集体福利实现的可能。② 从发展型社会政策的意义出发,像这样的非政府性质的生计发展路径在我国应得到逐步发展③,而政府需要做的就是信息引导和生计的保障,以达到经济政策与社会政策在反贫困过程中的相互促进和相互支持。

---

　　① 商业保险是市场化的风险应对方式。保险公司与被保险人之间是建立在商业原则基础上的契约关系,是"有收有偿"的对等互利关系。但农业保险市场的运行面临着两大问题:1.系统性风险。农业风险的影响范围较大,保险公司难以有效分散风险,这就破坏了农业保险人在投保人之间、农作物之间或地区之间分散风险的能力。2.信息不对称。由于农业生产活动的分散性和农村社区的相对封闭,农业保险中存在较严重的由信息不对称所带来的逆向选择和道德风险问题。例如,通常具有较高赔款预期和临时性损失预期的农民具有较高的参加保险的积极性。在投保之后,农户用于预防风险的支出会明显减少。逆向选择和道德风险会提高保险人的经营成本,破坏保险筹集资金的功能。详见白永秀、马小勇:《论我国农村收入风险应对体系的构建》,载 2008 年 8 月 5 日《光明日报》。

　　② 参见杨团等《日本农协考察报告》、吕学静《日本农协社会福利事业的建立与发展研究报告》、许欣欣《韩国农协经验及其对中国的启示》。这些论文可参见杨团、葛道顺主编:《社会政策评论》,第 2 辑,北京,社会科学文献出版社,2008。

　　③ 非政府组织性质的生计发展途径在我国发展得并不充分,而相反的,由政府所倡导的生计发展途径在扶贫开发式的总框架下大行其道。如在贫困地区,为了满足脱贫的指标,基层政府引导甚至强制贫困者从事他们希望的行业。在广西和云南等地,甘蔗、桉树、香蕉等经济作物就是如此。然而政府只管生产不管销售,只强调开发不考虑市场,结果费了九牛二虎之力,资源出来了却销售不出去,以农业生产为主的贫困人口的收入水平自然也难以上去。2008 年广西甘蔗滞销和 2009 年广西、云南的香蕉滞销就是政府只问生产不问市场的结果。这其中很大的因素就是对于现阶段市场环境下生计风险的扩大而认识不足。

二、从被动到主动：农村扶贫项目的参与式发展

我们常见的事实是，无论哪个农村如何贫困，人们仍在哪里繁衍生息。除了对现实的别无选择外，也表明人们在哪里可以较长远地获得具有归属性的情感需要。这种情感需要的维系力表现为贫困者群体在区域共生与资源竞争的一种矛盾统一体。进一步解释，共同聚居是贫困者生存和发展的需要，但是在面临资源贫瘠和外来支持有限的情况下，聚居的贫困者之间同样存在着竞争。不过，在长期共同生活的磨合下，贫困者内部也往往形成了某种内部机制来维系这种现实需要，而这种机制又往往是不可见的或者说是无形的，乡村社会资本就是如此。在这种情况下，试图进行扶贫干预的外来者就仿佛进入了一个"黑匣子"，外来干预行为可能打破原有的归属关系和旧有的生活方式，并可以在正确利用资源的情况下给贫困者平等地带来发展的机会，但这一切全部取决于贫困者的参与和参与方式。在对贫困农民、扶贫专家和政府官员角色的正确认识的基础上，"参与式发展"的途径在国际社会的范围内得以提出，它试图通过对具体操作手段的运用来理解、确认贫困人口复杂且多样的现实需求，并与贫困者共同确认发展项目的主体项目活动和项目实施的组织原则。

毫无疑问的是，在农村发展的研究与实践中，"参与式"主要运用于行动策划、推广和培训农村社区发展项目的确认及其操作层面，如今越来越多地应用在我国扶贫措施的制定和实施领域，如在部分贫困地区推广的 PRCDP 项目（中文名：贫困农村社区发展项目）①。但是在实际上，贫困农户对扶贫项目的参与度低，一直是我国扶贫工作受到多方批评的关键点。始于 2001 年的参与式村级规划，一直都在强调贫困农户的参与，实际上除了在各地的示范村和典型村的村级扶贫规划中村民的参与程度比较高外，在很多农村，村民的参与程度并不高。部分实证性的调查显示，对于集体性的扶贫项目，在参与其中的农户中，认为自己可以投工投劳的农户为 2964 户，占参与集体扶贫项目户总数的 88.8%，而参与项目的选择和项目的管理检测的农户仅占到 5.87% 和 5.33%。将所有的扶贫

---

　　① 这是由世界银行和英国国际发展部对发展中国家所实施的"贫困农村社区发展项目"（Poor Rural Community Development Program，简称 PRCDP），旨在通过在社区发展框架下，以对贫困者的能力培训和广泛的参与式方法应用等来帮助贫困地区的内生型发展。其项目在我国的云南、贵州等地的贫困农村已经和正在进行。

项目作为对象来考察,项目选择之前是否征求过农户意见,只有17.87%的农户说征求过自己的意见。(见表5-13、表5-14)

表 5-13　扶贫项目是否征求过农户意见

征求意见的农户总数	所占百分比(%)	没有征求过的农户总数	所占百分比(%)
1554	17.87	7140	82.13

表 5-14　农户参与社区集体性的扶贫项目情况

	投工投劳	参与项目的选择	参与项目的管理和检测
人数	2964	196	178
所占百分比(%)	88.80	5.87	5.33

表 5-13、表 5-14 数据来源:李小云等:《2006—2007 年中国农村贫困于反贫困情况报告》,《2006—2007 中国农村情况报告》,137 页,北京,社会科学文献出版社,2007。

同样,农民是否参与村级公共事务管理,也是衡量他们在社区中是否拥有权威和信任度的重要指标。一般来说,参与村级事务管理比较积极的农民,在社区中的权威度就会增强。不过,根据本研究的实证调查反映,参与村级事务对部分贫困者自身的生产生活也会带来很多潜在的不方便之处,毕竟为生计的奔波就已经够他们操累了,所以在这一方面,他们倾向于低程度的参与。而对于村干部选举、村民大会、村民代表大会的参与程度低,直接说明了贫困地区农户在村级事务管理方面没有很强的发言权。这也在一定程度上导致了贫困地区农户对村级事务不够关心,对村委会干部的信任度不高。这说明一个事实,即在对贫困治理的发展规划中,农村居民的参与过程中实质上是被动式的介入。

应该说,贫困者在参与过程中的被动介入在扶贫规划的初始阶段是适用的。这主要是因为对传统中国而言,公民个体的政治社会化程度并不高,尤其是在农村社会,由于受教育水平的低下、大众传媒的单一以及生活场景远离政治中心等方面的影响,农村居民的政治文化观以及政治技能与城市居民相比无疑存在一定的差距。因此,在涉及扶贫规划项目的初始阶段,需要项目管理者通过一定的方式培育贫困者的参与意识和参与态度。当村民自治制度在农村逐渐成熟的阶段之时,公民个体的政治意识也将得到一定程度的提高,此时,被动性的参与式发展应该在政府、非政府组织、营利性组织、公民等多方协助下转变为积极的主导型参与发展。其内涵应该体现在：通过民主参与，通过村民的决策性参与和专家的辅助作用，使贫困者公平地具有发展的扶贫项目选择权、决策权和受益权。

在社会政策的意义上，主动型的参与式发展目的是达成社会发展的公正、公平和直接的目标群体受益。公平与公正的社会含义是指减少存在于社会或社区成员间的经济、政治、社会和文化等社会生活方面的不平等和差异。而直接的目标群体受益表现为使参与式发展更多地定位在社会弱势群体上，即通常意义上的穷人和妇女，或者在一个更广泛意义上的包括社会弱势群体的目标群体中，给予他们更多的政治、经济、发展机会和发展能力建设的关注，以及在发展干预手段中的选择权利。根据本研究在国家级贫困县广西龙胜各族自治县泗水乡潘内村 PRCDP 项目的调查，2006—2008 年，在不足 300 户居住的贫困村组，PRCDP项目在 2006 年针对贫困户的参与式能力建设培训达到 60 次，预防性的医疗健康服务 150 余人次，2008 年这两项数据分别达到了 100 次和 260 余人次。对于贫困户的个人技能状况、健康状况的改善而言，PRCDP 项目取得了良好的效果。

参与式农村发展的方法和实践，一方面可以拓展农村社会的发展内涵，另一方面也使得参与的权利在村民自治等制度框架下获得更多的工具性意义。它改变了以往占主流的、自上而下式的农村发展，对改进我国农村扶贫的方式提供了富有活力的实践。为此，基层政府有必要转变职能，从扶贫项目的管理者转变为项目的指导者、协助者和服务者，同时大力鼓励和扶持贫困农民建立符合现实需要的、形式多样的农民自治组织，提高农户的自我组织能力，以承载农户的利益表达和利益维护。

三、农村生计的变迁与社会政策的相应转型

在部分极端贫困地区，现在所实施的对贫困者的移民搬迁以及劳动力转移既可以看作是经济政策，也可以看作是社会政策。从经济学的视角看，贫困者的

移民搬迁可以用"推拉理论"①来解释其脱困的内在机制,"这个理论为确定和研究组成推力和拉力的内在的和外在的动因提供了解释方法,当我们说'内在'的动因时,我们所指的是使个体和家庭决定搬迁到移民地区的那些条件,而'外在'的动因表现为那些能够吸引个人或家庭移民的条件或者优势"②。我国政府主张把自愿性移民作为扶贫的一种重要手段,同时非自愿性移民搬迁也得到了政府的支持性认可。这些实践目前应用于贫困地区的资源开发,如三峡库区的移民,或针对自然环境条件极端不利于生存的政府动迁,等等。不可否认的是,移民搬迁对改善农村贫困者的生活质量起到了重要的作用,为消除部分地区的贫困现象产生了广泛而深远的意义。

尽管如此,自愿性移民搬迁还是在一定程度上造成了搬迁者的原居地和移民地区的自然环境和社会经济环境的差异性,而且最重要的是,改变了他们的社会心理情感,这无异于个体心理意义上的社会经济转型。③ 对于那些非自愿性的移民来说,迁出原居住地后所造成的社会排斥心理更不是在短期内能弥合的。

在生计途径上与移民搬迁具有一定类似性的是劳动力的转移,不过移民是具有户籍制度意义上的变化,而劳动力转移则是市场人力资源配置角度上的变化。自20世纪以来,我国很多贫困地区的富余劳动力通过多种途径,包括政府组织的培训转移以及非政府性的安置就业等方式,转移到城镇或发达地区务工就业,"农民工"就是对这一群体的传统称呼。截止到2008年的统计数据,我国农民工总量为22.542万人,其中外出务工的农民工数量为14.041万人。④ 对农

---

① 西方学者赫伯拉(Herberla)在1938年、米切尔(Michell)在1946年分别提出了推拉理论。他们指出,原住地的失业不足、就业不足、耕地不足、学校医院等基本生活设施的缺乏、关系的疏远以及紧张、自然灾害等构成了原住地的推力,这些因素促使人们向其他地区迁移;同时,迁移目的地更好的就业机会、更高的工资、更好的教育和卫生设施等构成了目的地的拉力,这些拉力吸引人们前往该地。迁移就是原住地之"推力"与目的地之"拉力"相互作用的结果。

② 林志斌:《谁搬迁了?——自愿性移民扶贫项目的社会、经济和政策分析》,7页,北京,社会科学文献出版社,2006。

③ 据部分媒体报道,移民搬迁后,各种层次上"断裂"成为他们心理环境的重要存在。部分移民在无法适应新的环境后,选择了返迁的方式。但是,身份以及土地的缺失使得他们也无法在原居地"合法地"生存,只能在夹缝中谋生。这一现实的存在需要我们对于移民搬迁政策的人文思考。见网易深度报道:《归去来兮——三峡移民后调查》,2010年2月4日。

④ 数据来源于人力资源与社会保障部、国家统计局:《2008年人力资源和社会保障事业发展统计公报》,人力资源与社会保障部网站:http://www.mohrass.gov.cn/morhass,2009年5月19日。

民工在城镇就业的政治以及经济和社会权利,学界和政府已经进行了很多的探索,此不赘述。但是也应看到,从贫困的农村到现代城市,贫困者的弱势地位在某种程度上依然没有改变,况且在生计途径上的改变也意味着原有生活模式的改变。故此,转移就业后的贫困农民在城市依然有陷入"贫困包围"的可能性,对此,我国学者党国英教授指出,传统穷人可以过自给自足的生活,公共生活的空间很小,必要的公共开支可以接近为零。现代穷人处在社会分工体系之中,人们之间的能力差异被货币交易放大了。更令人难受的是,城市社会的公共开支有某种强制性,且大量公共服务是城市精英人为地制造出来的,每个人必须购买。进城农民不能用柴薪起火做饭,必须用天然气或电能;他们必须交社区物业管理费,即使他们家徒四壁,无惧小偷光顾;他们可能不缴纳个人所得税,但各种间接税非交不可,因为政府为他们提供了各种公共"服务",这些"服务"要由他们埋单。他们上路要交过路费,因为没有自由的马路可走;他们必须买报纸、看电视,因为城市没有口头消息传播的渠道。总之,他们要为数不清的"公共服务"付账。就这样,现代社会似乎不允许存在穷人;如果在现代社会做了穷人,他要比传统穷人更真切地感受到自己的不幸。①

从传统的农村再到现代的城市,贫困农民在生计的不断转移中依然陷入贫困和弱势地位的问题同样对城市的经济和社会发展造成一定的冲击性影响,如近年来部分沿海发达地区农民工"用脚投票"的理性而导致的"招工难"问题。②很多学者把诸如涉及生计转型等制度上的社会排斥是造成招工难的主要原因。杨团(2002)认为,劣势地位"导致某些排斥,这些排斥又导致更多的多重(剥夺)劣势的'动态过程',它导致了社会纽带的断裂"③。闻英(2005)把农民工这一规模庞大的特殊社会群体所遭遇的社会门槛看作是社会排斥的结果。④ 江立华、胡杰成(2006)认为,农民工在城市遭受的经济、政治、文化等多维的社会排斥,是

---

① 党国英:《中国的传统穷人与现代穷人》,网易新闻:http://www.163.com,2009年6月20日。

② 据《人民日报》2009年10月25日的报道,在我国经济发达的长三角、珠三角等沿海地区,企业的"招工难"问题严重,收入待遇和生活成本的对比账,在明显地影响着农民工"用脚投票",像这样的情况在2005年以及2006年都发生过。虽然由于产业转移和内地经济的发展,农民固然倾向于就近在城镇就业,但其反映的实质是处于弱势地位的农民工在不断地寻求物质和心理的平衡。经济学家也警告,中国经济发展的"人口红利"将随着老龄化和人口政策的影响在2020年结束。

③ 杨团:《社会政策研究范式的演化及其启示》,载《中国社会科学》2002年第4期。

④ 闻英:《农民工群体的社会门槛与社会排斥》,载《学习论坛》2005年第9期。

通过制度机制、群体机制、市场机制得以运作,面临社会排斥,农民工主要采取自我隔离或积极融入的适应策略。对农民工的社会排斥造成了农民工在城市边缘化地位的生产与再生产。[①] 因此,农村扶贫也需要从贫困者生计变迁的视野里寻找可持续性的解决方案。以进城农民工的住房问题为例,根据建设部门的调查显示,目前我国农民工的住房问题主要依靠自行租赁房屋和用人单位提供住宿条件来解决,其中租房的比例约为 60％,用人单位提供住宿的约占 30％,只有数量非常少的农民工通过自购房的方式解决住房问题。[②] 除此之外,涉及生计变迁的城市农民工在养老保险、医疗保险和教育等方面存在相当程度的福利缺失。这就需要我们把生计保障途径作为农村扶贫的重要举措,在制度层面上预防农村贫困者在城市就业中的衍生。

发展型社会政策把反社会排斥作为脱离贫困的重要因素,这对我国农村扶贫的制度安排也是很有启发意义的。就移民搬迁与贫困地区富余劳动力的转移就业而言,促进社会融合的社会政策是富有其建设性意义的。社会融合要求城乡户籍制度、社会保障制度的统一构建以及市场机会对所有人的公开、公平。就此而言,政府需要做的不仅是制度改革,也包括了对全体公民在社会心理上的重塑和社会工作的介入,这必然需要社会政策向具有反社会排斥功能的劳动力政策转型,不能因为农产品的价格低进而降低农村劳动力的价格。只有这样,农村劳动力的转移和非农性的就业才能促进整体社会的融合和反贫困的效果。

第五节　农村基本公共服务的均等化与政府扶贫角色的转型

一、农村基本公共服务中的政府角色：以农村养老保障为例

当代世界各国,无论其社会意识形态如何,政府都是公共服务的主要提供

① 江立华、胡杰成:《社会排斥与农民工地位的边缘化》,载《江苏行政学院学报》2006 年第 6 期。
② 李春光:《农民工劳动和住房保障政策问答》,10 页,北京,中国农业科学技术出版社,2006。

者。在市场经济条件下,政府提供了那些单一依靠市场提供不了或提供不好的公共服务,也提供了那些单一通过社会自发机制满足不了或满足不好的公共需要。由于政府要满足的是社会公共需要而不是私人个别的需要,提供的是公共服务而不是私人服务,使得政府公共服务具有这样的三个属性,即效用的不可分割性、消费的非竞争性和受益的非排他性。因此,公共服务的提供主要是以公共权力依托的政府来承担的。

基本公共服务的范畴不仅涉及公共教育、公共卫生等具有普惠性的社会需要,还包括解决人的生存、发展和维护社会稳定所需要的分配、保障与福利等公平性的社会要素,对于农村贫困这一长期存在的现实而言,基本公共服务的均等化无疑成为缓解贫困的重要制度建设。我国在向市场经济体制加快转型的重要时期,基本公共服务的均等化要求政府自身的角色转型。本研究以养老保障制度的演变为例,来分析政府角色转型的必要性和转型路径。

(一)农村社会养老保障制度的简要回顾

在农村社会养老保险制度的发展史上,20 世纪 80 年代是一个重要的分水岭。我国政府自 20 世纪 80 年代中期开始推行农村社会养老保险制度建设,至今已有 20 多年的历史,但是这仅限于经济状况较好的农村地区。对于部分贫困地区而言,农村社会养老保障制度的建立时间就屈指可数了。

1986 年 10 月,民政部在江苏沙洲县(现张家港市)召开"全国农村基层社会保障工作座谈会",确定先在一些经济发达地区进行农村社会养老保险试点。1991 年 1 月,国务院决定由民政部开展建立农村社会养老保险制度的试点。从此,翻开了我国农村社会保障史上划时代的一页。1991 年 2 月,民政部制定《农村社会养老保险方案》,同年 10 月,经过总结试点经验,民政部部署农村社会养老保险在各省区市逐步推开。1992 年 1 月,民政部正式颁布《农村社会养老保险基本方案》,要求各地以县为基本单位开展农村社会养老保险工作。农村社会养老保险开始在各省市推行实施。1992 年 12 月,民政部提出"积极领导、稳步推进"的工作方针。1995 年 10 月,国务院办公厅转发民政部《关于进一步做好农村社会养老保险工作意见的通知》,确立"以个体交纳为主,集体补助为辅,国家予以政策扶持"的养老金筹资原则。这一阶段,农村社会养老保险得以推广。

1998 年以后,由于养老保险基金的记息利率大幅度下降等因素影响,大部分地区农村社会养老保险出现了参保人数下降、基金运行难度加大等困难。1999 年 7 月,国务院下发《整顿保险业工作小组保险业整顿与改革方案的通知》,将农村社会养老保险列入了清理整顿范围。这一阶段,大多数地区农村社会养老保险工作处于观望和停滞状态。2002 年 11 月,党的十六大报告指出:"有条件的地方,探索建立农村养老、医疗保险和最低生活保障制度。"①2007 年 10 月,党的十七大报告指出:"要加快建立覆盖城乡居民的社会保障体系,保障人民基本生活……探索建立农村养老保险制度。"②党的十六大、十七大以后,党和政府加大了解决"三农"问题的力度,农民收入得到较大提升,参加农村社会养老保险人数逐渐增加。截止到 2008 年末全国参加农村养老保险人数为 5595 万人,比 2007 年末增加 424 万人;全年共有 512 万农民领取了养老金,比 2007 年增加 120 万人。③ 这一阶段,由于农村养老保险制度得到较快恢复和发展,参保农民老年生活风险得到了部分化解。2009 年 9 月颁布的《国务院关于开展新型农村社会养老保险试点的指导意见》,决定从 2009 年起开展新型农村社会养老保险试点,探索建立个人缴费、集体补助、政府补贴相结合的新农保制度。农村社会养老保险制度改革进入关键时期。

(二)农村社会养老保险制度改革中面临的主要问题和挑战

自 20 世纪 80 年代中期以来,农村社会养老保险制度改革不断深入,取得了较大成就。同时,由于各种因素影响,农村社会养老保险制度改革中还面临一些问题,主要包括以下五个方面。

1. 制度不健全,覆盖面较窄,待遇水平较低。其一是农村社会养老保险没有完整的制度保障。在很长一段时期内,政府没有重视农村社会养老保险制度建设。政府面向城镇企业职工基本养老保险问题制定、颁布和实施了多项政策法

---

① 江泽民:《在中国共产党第十六次全国代表大会上的报告(5)》,引自中国共产党新闻网:http://cpc.people.com.cn/,2009 年 9 月 10 日。

② 胡锦涛:《胡锦涛在中国共产党第十七次全国代表大会上的报告(8)》,引自中国共产党新闻网:http://cpc.people.com.cn/,2009 年 9 月 10 日。

③ 人力资源社会保障部、国家统计局:《2008 年度人力资源和社会保障事业发展统计公报》,引自中华人民共和国国家统计局网:http://www.stats.gov.cn/,2009 年 5 月 19 日。

规,而面向广大农民的养老保险政策数量十分有限。同时,由于城乡二元化经济影响,城乡之间、地区之间发展不平衡依然存在,并呈现持续扩大趋势,造成城乡基本养老保险制度过度分割,缺乏公平性。其二是覆盖面比较窄。2009 年 9 月颁布的《国务院关于开展新型农村社会养老保险试点的指导意见》中指出,新农保基金由个人缴费、集体补助、政府补贴构成。这一政策对于经济较发达的农村富裕地区比较适用,而对于经济较落后的农村贫困地区来说,当地农民基本没有能力缴纳养老保险金。农村养老保险制度覆盖的人群很少,绝大部分农民没有被覆盖。其三是农村养老保障的待遇水平比较低。由于多层次的养老保险体系尚未形成,筹资模式单一,养老保险资金缺乏,难以保障农村老人的基本生活。截止到 2008 年末全国共有 512 万农民领取了养老金,共支付养老金 56.8 亿元,全年人均领取养老金约为 1109 元,折合每人每月约 92 元。[①] 当前,新农保基金由个人缴费、集体补助、政府补贴构成的政策正处于试点阶段,在实际工作中,大部分地区"集体补助"难以落实,基本上"以个人缴费为主"。

　　2.立法严重不足,至今没有一部完善的农村社会养老保障法。表现在立法上,以行政法规、部门规章和地方法规为主,法律法规数量少、层次低,削弱了农村社会养老保险的强制性。此外,由于农村社会养老保险缺乏法律规范,具有很大的不稳定性。现行我国农村社会养老保险是根据《县级农村社会养老保险基本方案》和《国务院关于开展新型农村社会养老保险试点的指导意见》来执行的。由于方案和指导意见缺乏法律效力,具有很大的不稳定性,加剧了行为主体在农村社会养老保险执行工作过程中没有法律保障的状况。目前,我国农村养老保险立法工作进展不力,举步维艰。

　　3.政府不够重视,资金投入较少,养老保险资金缺乏。我国是农业人口大国,农村老年人口众多,在农村推行社会养老保险需要相当财力支持,给政府财政带来巨大压力。随着城市化和工业化的进程,我国农村地区的人口老龄化程度明显高于城镇地区,老年人口 65％以上都集中在农村地区。[②] 与城镇企业职

---

　　①　根据人力资源社会保障部和国家统计局联合发布的《2008 年度人力资源和社会保障事业发展统计公报》整理。

　　②　郑功成:《中国社会保障改革与发展战略——理念、目标语行动方案》,155—156 页,北京,人民出版社,2008。

工基本养老保险制度相比,农村社会养老保险制度在覆盖范围、基金筹集和待遇享受等方面缺乏公平性,导致广大农民对农村社会养老保险制度了解甚少,参保意识薄弱。据统计,2004年至2008年全国参加农村养老保险人数和参加城镇基本养老保险人数差距逐年拉大,分别为10975万人、12045万人、13392万人、14966万人和16296万人①,导致《国务院关于开展新型农村社会养老保险试点的指导意见》中所提出的"集体补助"难以落实。同时,中央政府的和地方政府的财政责任未通过法律加以理顺,"政府补贴"实施难度较大。

4. 基金运营和监管机制不完善,保值增值难以实现。目前,农村社会养老保险基金监督和管理,在许多地区,特别是欠发达地区,没有专门机构进行管理,特别是没有建立基金财务会计制度,基金管理人才缺乏,运营、监督和管理制度缺失,导致养老保险基金被挪用、被滥用,甚至流失。体现在:(1)社保基金征缴方面没有形成合力。各地政府虽然要求各部门实行齐抓共管,但事实上社保基金征缴方面仍然是劳动保障部门单方管理。(2)监管方面,财政、社保部门没有形成双向制约机制。当前,政府将社保基金纳入财政专户,实行收支两条线管理,对防范社保经办机构挤占挪用社保基金起到了一定作用,但又将原来挤占挪用社保基金只发生于社保经办机构环节,变成社保经办机构和财政部门两个环节,并产生新的控制漏洞。(3)社会保险经办机构内部业务和财务管理等存在薄弱环节。一是社会保险各项业务财务的内部控制制度建设不健全;二是编制紧缺,人少事多,财务人员的素质有待提高;三是社会保险稽核工作流于形式,未能落到实处。(4)社会保险基金行政监督、内部审计监督和社会监督还有待加强。一是县级劳动保障部门基本上都没有专职的基金监督和内部审计机构;二是各地的基金监督委员会大都没有依法对社会保障政策执行情况和社会保障基金预决算、征缴、运营、管理等情况实施监督;三是没有建立社会保险基金披露制度,基金的管理与投资运营无法接受社会监督。

5. 农民的参保意识有待提高。长期以来,由于农村经济发展水平和教育发展水平比较落后,以及农民知识水平较低等原因,广大农民对农村社会养老保险

---

① 数据来源:根据人力资源社会保障部和国家统计局联合发布的2004—2007年《劳动和社会保障事业发展统计公报》和《2008年度人力资源和社会保障事业发展统计公报》整理。

制度了解甚少,参保意识薄弱。也由于部分地区对农村社会养老保险缺乏必要的舆论宣传和引导,存在敷衍了事现象。在整个社会层面,也没有鼓励和引导非政府组织参与农村社会养老保险事业建设。当然这种情况与我国农村社会的传统养老观念有关。几千年来,我国农村一直处于自给自足的小农经济社会,小农经济社会低下的生产力将农民束缚在土地上而无其他谋生手段,农民一旦进入老年丧失劳动力,就只能靠子女来赡养,小农经济决定了我国农村养老方式一直是以家庭养老为主。①

就当前状况而言,农村社会养老保险制度的改革更面临着一些重大挑战。具体表现在:(1)在人口老龄化明显加快的背景下,农村地区的人口老龄化程度明显高于城镇地区,农民养老问题尤为突出。据统计,2000 年中国农村人口为8.33 亿人,其中 65 岁以上的老龄人口占 7.36%,到 2030 年6.64亿农村人口中65 岁以上的老龄人口将占 17.39%,达到 1.2 亿②。中国的老年人口抚养比已从1982 年的 7.97%上升到 2000 年的 9.92%,2007 年达到了 12.86%。③ 预计到2050 年平均每 2.7 个劳动人口抚养 1 个老人,也就是说 2050 年的老年人口抚养比等于现在的 3 到 4 倍。④ 同时,随着家庭结构的小型化和人口流动速度的加快,农村传统家庭保障功能也在日益弱化,土地集约化经营使之对个体的养老保障功能急剧下降。人口老龄化强烈冲击通过家庭成员间的互助来养老的传统模式。据统计,我国家庭户均人数已从 1973 年的 4.81 人降为 2005 年的 3.13 人,减少了 1.68 人。⑤ (2)土地养老保障功能弱化,难以发挥养老保障功能。一是在城市化进程中,农村大量的土地已被征用或将被征用,农民人均耕地急剧减少;二是农产品投入大,产值低,农民收入水平较低;三是农村土地产权制度不完善,土地归集体所有,农民只有使用权,没有所有权,农民不能自主地合理地使用土地。(3)日益增长的城乡经济发展不平衡造成城乡基本养老保险制度的过度

---

① 王云:《我国农村社会养老保险现状》,载《合作经济与科技》2008 年第 10 期。

② 封玫等:《欠发达地区建立农村养老保障体系势在必行》,载《江西农业大学学报》(社会科学版)2002 年第 1 期。

③ 郑功成:《中国社会保障 30 年》,87 页,北京,人民出版社,2008。

④ 郭金丰:《建设社会主义新农村需要健全的农村社会保障体系》,载《江西农业大学学报》(社会科学版)2007 年第 3 期。

⑤ 数据来源:根据国家统计局《中国人口统计年鉴 2006》整理而成。

分割。由于二元经济结构的影响,在城乡之间,农村经济社会发展水平远远滞后于城市,城乡之间的收入差距无论是税前还是税后都持续扩大;社会两极分化日益严重,引发了贫穷的加剧。截止到2007年末我国城镇居民家庭人均可支配收入为13785.8元,比农村居民家庭人均纯收入4140.4元高出9645.4元。[①](4)跨区域流动的农民工养老保险问题也日益突出。农民工是改革开放和工业化、城镇化进程中涌现出的一支新型劳动大军,是构建和谐社会的重要群体,但这一群体面临的实际困难较多,特别是养老问题亟待解决。截止到2008年末我国农民工总量为22542万人,其中外出农民工数量为14041万人。[②]

如何解决好农村社会养老保险制度改革中面临的问题和挑战,加快探索和建立一个科学、合理的适合农村实际情况的农村社会养老保险制度,是政府当前迫切需要解决的问题。

（三）政府在农村社会养老保险制度改革中的基本角色[③]

在农村贫困作为客观现实长期存在的状况下,贫困地区的农村社会养老保险制度改革既面临严峻的挑战,又面临着巨大的机遇,政府应积极发挥社会其他组织和公民所不能发挥的功能,采取有效措施,逐步建立起与经济社会发展水平相适应的农村社会养老保险制度。

1. 制度变迁者:促进农村社会养老制度的有效供给。制度变迁是指新制度的产生,并同时否定、扬弃或改变旧制度的过程,它一定是向更有效率的制度演化。依据制度变迁的理论,制度变迁包括自下而上的诱致性制度变迁和自上而下的强制性制度变迁两个基本类型。有效的福利供给是引导制度变迁的推动力。在这个过程中,我国政府应在农村社会福利的供给中强化引导者的责任,以此促使社会机制与公共机制在养老保险制度领域的合理变迁。

2. 社会支持者:建立可持续性的财政和社会支持。可持续性的财政支持是农村社会养老保险制度发展的物质基础。在我国,基层政府针对农村居民的惠

---

① 数据来源:根据国家统计局《中国统计年鉴2008》整理而成。

② 人力资源社会保障部、国家统计局:《2008年度人力资源和社会保障事业发展统计公报》,引自中华人民共和国人力资源和社会保障部网:http://www.mohrss.gov.cn/mohrss,2009年5月19日。

③ 张新文、李修康:《论农村社会养老保险制度改革中的政府角色》,载《江西农业大学学报》2009年第4期。

农政策是以"多予少取"为基本的面向。但由于地方政府财政基础的薄弱,用于农村社会养老保障的可支配性资源受到限制。因此对于农村社会养老政策的规划者、制定者以及地方政府而言,一个基本的出发点是解决农村的贫困问题,而对农村社会的财政支持也应该以摆脱贫困为标准。可持续性的财政支持需要对贫困、农村养老等社会问题合并考虑,并能促使多元治理力量的出现。在现实中,政府的财政资金与农村的社会资本、人力资本具有同等的社会养老保障功能,政府的财政投资也是可以多样化分配的,也使其具有可持续性。

3. 基金监管者:完善农村社保基金的监管和市场化运作体系。加快完善农村社保基金的监管和市场化运作体系,切实加强对农村社保基金的监管和投资运营,实现农村社保基金保值增值。一是需要强化主管部门的监管权威,保障农村社会养老保险金的正常运转,并加快专业队伍建设,提高农村社会养老保险工作者的素质和工作能力;二是完善农村社保基金的市场化运作体系,建立专门的投资管理机构,减少管理漏洞;三是加强对基金投资的风险管理,分散基金的投资运营,优先考虑在具有一定深度和广度的成熟市场投资。

4. 法律维护者:加强法制建设,健全农村社会养老保险法律体系。加强法制建设是确保农村社会保险制度按照既定目标实施的前提和基础。政府应在拟定社会保险法的同时,拟定农村社会养老保险法,以法律形式明确诸如农村养老保险制度应遵守的原则、主要内容、管理体制、资金来源、支付标准、基金的运营情况、农村养老保险制度的监督和相关部门的责任等。在具体的实施中,法制性原则应得到高度的重视。同时,法制性原则也需要把农村原有的五保制度与新型农村社会养老制度进行衔接,以产生比较好的法律示范效应。

5. 农民引导者:加大组织舆论宣传和引导力度,提高农民参保积极性。针对农村社会养老保险开展时间不长,基层干部和群众需要有个提高认识的过程,农民参保意识不强等问题,应遵循政府主导和农民自愿相结合原则,引导农村居民普遍参保。通过宣传媒介宣讲农村社会养老保险的重要意义和基本做法,提高农民对养老保险的认识水平;深入乡村和农户,做细思想工作,把农村社会养老保险的政策讲明、好处讲清,坚持自愿原则;通过政策引导、集体和村民民主讨论等方法,帮助群众解除各种思想疑虑,调动各方面的积极性,吸引群众参加养老保险。

二、农村扶贫进程中的基本公共服务均等化路径

对贫困的测量以及政府对贫困现象的干预政策可以追溯到 20 世纪 50 年代,无论是发达国家还是发展中国家,都普遍制定国家贫困标准,而制定国家贫困标准的目的主要是识别穷人并为各种类型的反贫困政策干预提供依据。从逻辑上来说,贫困可以理解为"福利的被剥夺"。然而对于福利的界定,或者说福利的范围,通常又基于消费或收入层面上的基本公共服务供给。就此而言,基本公共服务的均等化成为缓解贫富之间巨大差距的重要政策干预行为。

按照我国学者的论述,"均等化"的含义可以从四个层面来把握:一是基本公共服务供给的总量充足,这是进一步实现基本公共服务均等化的前提。二是全体公民享有基本公共服务的机会和原则应该均等,由于每个人的天赋能力不同,所占有的资源也不尽相同,但享受基本公共服务均等化的机会和原则应该是均等的。三是全体公民享有基本公共服务均等化的结果应该大体相等。这里讲的"大体相等"绝非平均主义,只是在结果上尽量向"均等化"靠拢,内容上也绝非所有公共服务,而是仅限于基本公共服务。四是社会在提供大体均等的基本公共服务成果的过程中,尊重某些社会成员的自由选择权。[①] 很明显,基本公共服务的均等化旨在从事前,或者说从问题源的体制层面上能合理地配置,且作为任何公民所能公平获得的福利资源。从我国农村贫困所分布的区域而言,贫困者生计的脆弱性与引发的贫困风险是相伴而生的客观事实。国外学者 Jamal(2009)认为,风险和脆弱性应该作为贫困概念的组成部分,传统的贫困测量忽视了家庭福利的几个重要维度。[②] 因为"家庭的福利不仅依赖于平均收入和支出,也依赖于家庭面临的风险,特别是拥有资产少的家庭"(Ligon and Schechter, 2003)。[③]因此,考察家庭的福利最好能够同时考虑家庭人均支出和家庭面临的风险,而这直接与地方政府所能提供的基本公共服务密切相关。脆弱性通过区别事前贫困预防干预和事后贫困减轻干预,有利于设计出较好的风险管理和反贫困政策。

---

① 胡均民、艾洪山:《匹配"事权"与"财权":基本公共服务均等化的核心路径》,载《中国行政管理》2009 年第 11 期。

② Jamal Haroon(2009). Assessing Vulnerability to Poverty: Evidence from Pakistan. Research Report, No. 80.

③ Ligon E. and L. Schechter (2003),"Measuring Vulnerability", The Economic Journal, 113.

世界银行在 2000 年发布的报告也指出,脆弱性分析对于理解贫困非常重要,因为它能够区分贫困家庭的特点,并制定满足他们特殊需求的人类发展政策,也可以计算出已经贫困的群体和哪些将来处于贫困危险的群体。

从内涵上来说,对脆弱性的界定是发展型社会政策在农村扶贫模式上的重点所在,根据国内外对生计脆弱性的解释,大致包括以下几个方面:(1)它是一些基本的公共福利水平对家庭而言在未来经历损失的概率;(2)它是一个家庭由于不确定事件引起的未来福利损失;(3)脆弱性的程度取决于风险的特点和家庭应对风险的能力;(4)脆弱性是随着时间对风险发生的响应,例如家庭可能在下个月或下个年度对风险而言是脆弱的;(5)穷人或接近贫困的人因资产的限制和应对风险的能力限制,趋于脆弱。从这个意义上讲,脆弱性的内涵表现为将来没有达到一定福利水平的可能性,因此制度层面的基本公共服务均等化将从起点上减少这种可能性的发生。

政府是公共服务的主要提供者。提供公共服务一方面是为了适应政府干预市场经济的需要(因为市场主要是为提供私人产品而服务),另一方面也需要从理论上证明政府统治的合法性基础,诚如马克思所言:政治统治到处都是以执行某种社会职能为基础。

当代著名经济学家诺斯曾经有这样的感慨:"国家的存在对于经济增长来说是必不可少的,但国家又是经济衰退的人为根源。"[①]而他所指的"国家悖论"也就是"政府悖论"。世界银行的研究结论与"诺斯悖论"基本一致,即"政府对一国的经济和社会发展以及这种发展能否持续下去有举足轻重的作用。在追求集体目标上,政府对变革的影响、推动和调节方面的潜力是无可比拟的。当这种能力得到良好发挥,该国经济便蒸蒸日上。若情况相反,则发展便会停滞不前"[②]。根据前面有关地方政府基本公共服务供给的论述,我们可推论出这样一个结论,即地方政府是区域性公共服务提供的关键,然而地方政府又是基本公共服务供给低水平"趋中"行为的人为根源。显而易见,包括中央与地方政府自身的创新

---

① [美]道格拉斯·诺斯:《经济史中的结构与变迁》,厉以宁译,25 页,北京,商务印书馆,1995。
② 世界银行:《1997 年世界银行报告:变革世界中的政府》,蔡秋生译,155 页,北京,中国财政经济出版社,1997。

是摆脱"政府悖论"的重要途径,对地方政府基本公共服务"趋中"供给的治理取向需要适应迅速变化的社会环境。

以大面积缓解农村贫困的我国"西部大开发"战略实施 10 年来,西部地区的农村经济有了比较大的发展,但是地区间的发展并非同等程度,而是呈现出巨大的差异。这不仅体现在经济发展与财政能力方面上,其基本公共服务的供给水平与全国经济发达地区相比存在很大的差距。同时,西部地区之间的分化也十分明显。因此,西部广大地区迫切需要在追求经济发展的同时,增强政府提供公共服务的能力。只有改变各区域间公共服务供给的不均衡,才能从根本上实现全国范围内的基本公共服务均等化目标。其路径选择可以从以下方面进行:

1. 发展型政府向服务型政府转变是构建公共服务均等化的制度关键。当前我国正处于经济转型与社会转型的重要时期,各种复杂的现实的困难使得要在全民范围内实现公共服务均等化,政府必须发挥关键性的主导角色。因此,政府能否从过去的发展型角色转变为与当今市场经济和全球化经济相适应的服务型角色成为问题的关键。可以说,没有政府的彻底转型,任何改善基本公共服务均等化的措施都是低效和不可持续的。实现由发展型政府向公共服务型政府的转变,一是要消除各级政府对 GDP 的盲目崇拜和追求,增强其社会发展的自觉性。而长期以来,以经济增长为导向的干部政绩考核制度问题颇多,制度层面上需要促进以公共服务为导向的考核制度转变,创造公共服务的竞争性市场[1];二是要明确划分中央政府与地方政府的公共服务职责,保证各级政府公共服务的责任与财政能力相匹配,这些都需要制度层面的确认与规划。

2. 完善公共财政体制,建立可持续性的财政支持体制。财政体制可以在一定程度上对各级政府提供公共服务的能力和各地区居民所承担的公共服务供给成本进行调节。改革开放以来,我国先后进行了数次财政体制改革,经历了以经济增长为中心的"建设财政",逐步走向"公共财政",再到时下聚焦于民生问题的"民生财政"的改革历程。然而长期以来,我国财政依然没有摆脱"建设财政"的影子,各级政府在财力不足的情况下,不断将很大部分的财政资金投入一般竞争

---

① 张新文、李文军:《地方政府如何提高公共服务供给的水平》,载《中国社科院研究生院学报》2010年第 4 期。

性领域,而对关系民生的医疗卫生、教育、社会保障与就业等领域的投资严重不足。完善公共财政体制,一要规范中央和地方在公共服务上的职责划分,使各级政府的财权与事权相匹配;二要完善财政转移支付制度,调整转移支付结构,增加一般性转移支付在财政转移支付中的比重,减少并逐步取消对公共服务具有逆均等化效果的税收返还和原体制补助,规范专项转移支付并加强对转移支付的监督和均等化效果的评估;三要调整财政支出结构,把更多的财政资金投向公共服务领域并适当向落后地区倾斜。

3. 全力促进贫困地区经济社会发展,打破区域经济非均衡发展的恶性循环。长期以来,贫困地区的经济社会发展远远滞后于全国其他地区,这种经济发展水平的滞后有其深刻的自然和历史原因,如脆弱的生态环境、频发的自然灾害、落后的社会文化环境等。贫困地区经济发展水平的落后在很大程度上限制了各级政府提供公共服务的财政能力的自觉性意识,而由此导致公共服务供给不足,反过来又制约了贫困地区的经济发展,进一步拉大了农村与城市发展的差距,从而陷入恶性的循环,最终使区域经济社会非均衡发展的现状不断加剧。[①]从地理区域上讲,不少贫困地区拥有丰富的自然资源,这为其经济发展提供了得天独厚的条件。与此同时,自 2001 年国家制定《中国农村扶贫纲要(2001—2010年)》实施以来,倾斜性的财政、金融和产业发展政策也成为贫困地区加快发展的良好契机。从这个意义上讲,贫困地区的基层政府应该抓住历史机遇和内外部各种有利的条件,大力促进经济发展和社会进步,不断缩小公共服务供给的城乡差距与区域差距,彻底打破区域经济非均衡发展的恶性循环。

4. 分税制改革有必要在农村贫困者居多的西部地区实行创新性的试点。分税制改革是 20 世纪 90 年代以来我国在经济体制、行政体制乃至政治体制改革的重要创新。在 10 多年的改革发展过程中,分税制所承载的历史使命绝不仅仅是增强中央宏观调控能力以及调动地方发展经济和增收节支的积极性等显性目标,其隐含的更为重要目标是以财政手段重构国家秩序,即通过制定收支规则来调节中央与地方两级政府的财力,影响政府间的行为,避免地方政府之间的过度竞争,削减中央与地方讨价还价高昂的交易成本,使国家政治结构的特征从人

---

① 柯卉兵:《中国社会保障财政支出的地区差异问题分析》,载《公共管理学报》2009 年第 1 期。

事集权化逐渐转变为理性制度化。但从实践来看,分税制在规制地方政府行为的效果方面并不明显,各地方政府的"驻京办"就表现了财政支出层面的寻租可能性。对于西部省区市而言,在中央与地方共享的税收分成上可更多地偏向地方,以便增强西部省区市在公共服务支出上的财政能力。

5. 基础设施的建设与环境生态的保护相适应。近年来,西部地区的经济快速增长,各项基础设施的建设取得巨大成就,但是也付出了很大的资源和环境代价,这种状况与经济结构不合理、增长方式的粗放直接相关。如果不加快调整结构、转变增长方式,不仅资源与环境支撑不起,社会和经济的协调发展也就难以为继。故此,西部地区基础设施的建设要符合可持续发展的长远规划。

本章小结

在贫困所涉及的物质和情感方面问题的时候,我们往往以"幸福"来解释贫困的反方向含义。然而"幸福只是一种个人现象,它不一定要由一个在选举过程对合理性需要敏感的国家机器来促进,对整个主题进行重新检讨的时代需要我们通过不同的赋能方法来促进整体性的发展"[①]。吉登斯·安东尼(2003)也这样说道:"幸福的实现是由安全(心灵和肉体上的)、自尊、自我实现的机会以及爱的能力推动的。如果幸福被普遍化了,并且不威胁到别人,那么它就是一种积极的追求。"[②]很明显,从幸福的心理学观点出发,涉及对贫困救助的一些来自政府和市场的制度性因素以及来自社会的心理援助因素对于理解农村扶贫的整体战略有极大的帮助,而它也非常影响作为我国农村发展的制度性福利观构建。

传统的贫困测量和减贫政策是一种事后的干预,而现在越来越多的研究开始关注事前的状况,即生计的脆弱性。因为脆弱性不仅是贫困的一个重要维度,而且是造成贫困和赤贫的重要原因,它对于人力资本的形成,营养的获取以及收

---

① [英]诺曼·巴里:《福利》,储建国译,151页,长春,吉林人民出版社,2005。
② [英]吉登斯·安东尼:《超越左与右——激进政治的未来》,李惠斌、杨雪东译,133页,北京,社会科学文献出版社,2003。

入的增加都有持久的影响,所以针对脆弱群体所采取的事前政策干预措施将有利于政府在减贫政策上的有效性,而国家层面上所制定的基本公共服务均等化制度安排对于扶贫政策具有降低政策成本的重要意义。

本章的结论是,对于发展型社会政策嵌入农村扶贫领域中的路径设计,需要关注那些不仅在现在,而且在长远直接关系到农村社会结构和社会关系变迁与重建的元社会政策这一宏观背景上,更不能将社会发展的衡量长期停留在社会稳定、经济效率和福利再分配这三个短期目标上,进而忽视了社会政策的长期目标,即可持续、抵御风险和对脆弱性的应对机制,以及社会政策的实施能力和内在的相互制衡机制,因此,基本公共服务的均等化有助于从起点面上改进农村扶贫的有效性。此外,社会质量的概念应用于农村扶贫领域将是社会发展的新指标。同时,从发展型社会政策嵌入农村扶贫路径而言,农村的社会保险、医疗卫生、劳动力培训、社会福利等需要社会政策和经济政策的全方位对接。如果没有一种整合以及以发展为导向的社会资源配置思路,只重视对已有制度的单向改革,缺乏能够指导农村未来发展的整体性思路,那么将不仅导致现行农村扶贫政策不断衍生新的问题,也导致许多新社会经济领域内的再生风险,由此导致政府公共管理的合法性危机。

第六章　结语

　　美国第 30 任总统弗兰克林·D. 罗斯福在 1937 年 1 月 20 日的就职演说中曾经这样说过："检验社会进步的标准不是看我们给富人增加了多少财富,而是看我们是否为穷人提供了足够的援助。"世界银行前行长詹姆斯·沃尔芬森先生在 2004 年的报告中指出这样一个观点,即穷人不应仅仅被看作是施舍的对象,他们也应参与到脱贫、健康、教育的实践中来。并明确地说:"穷人应该获得五种权利。我们首先要给穷人发言权,倾听他们的声音。第二就是要给他们尊重。第三,要给他们能够不断进步的机会。第四,让他们有能够负责的权利。第五就是要在他们努力的过程中不断地给他们支持。"①只有我们把对缓解贫困的观念转入到上述框架,贫困者的能力才有可能得到提高,并实质性地改变他们的境遇。

　　减贫是增长和分配共同作用的结果,经济增长是基础,福利分配是保障。但是增长和分配并不是割裂的关系,或者说是涉及其优先性排序的问题,在这个过程中,发展是经济和社会进步的共同指标。只有将贫困者的生产与就业、福利与幸福持久均衡地融入扶贫的过程,伴随着收入日趋公平的经济增长,才能实现可持续的减贫目标。对于我国农村扶贫的战略而言,促进农村社会的福利权利与实现经济的快速发展具有同等的重要性。在 30 年的改革开放之后,我们有必要重新审视农村的社会政策以及它对现阶段农村扶贫的发展蕴意。在可持续发展和以人为本的扶贫战略框架下,发展型社会政策的嵌入将是一个可行且富有福利意义的操作理念。

---

　　① ［美］詹姆斯·沃尔芬森:《发展与减困——回顾与展望》,《世界银行报告 2004 年》,第 6 页。

第一节　嵌入我国农村扶贫的发展型社会政策：
一个整体性的框架

　　研究制度理论的日本学者青末昌彦(2001)认为,制度变迁的历时性特征使路径依赖成为社会演化的阻碍性力量,而社会变迁的共时性特征又使不同的因素(例如人力资本、户籍制度等)相互作用使原有制度体系赖以存续的路径依赖性"累积"成一种难以摆脱的制度困境。[①] 故此,制度不会抽象地起作用,相反它要通过具体影响到人们内在的习俗、态度、价值观等因素,并通过公共机制与社会机制彼此作用的联动效应,最终形成适应社会发展的诱致性制度变迁。以我国在 1978 年以后的重大变化和实践来看,我们所实施的各项在经济、政治以及社会领域内的渐进性改革就是这种诱致性制度变迁的结果。然而,从何谓"社会"这一具有共同体概念的意义上讲,在计划体制时代,我国的社会政策建设处于空缺的实质地位。城市与农村二元社会的分割造成不同的福利制度,但这种福利制度是建立在国家全能主义的基础上,社会力量的介入几乎为零,而行政的力量渗透于公民生活的所有角落。改革开放后,我国以建设现代市场经济体制的逐步发展促成了公民社会、国家以及市场这三角力量的兴起。政府与社会、政府与市场等关系的变迁对于公民的社会生活产生了巨大的影响,而社会问题的出现也促使了政府在公共领域的治理方式转型,由此形成了类似于西方国家在早期对诸如贫困、失业、医疗、养老保障等社会问题的政治和社会议程,其所反映出来的就是社会政策。很明显,与西方福利国家相比较,我国具有一个完整意义上的社会政策历史还只有三十年左右的时间。

　　贫困是西方福利国家所力图解决的第一个社会问题,社会政策也是最早以贫困问题为重点。由于贫困所引致的后果涉及政治和社会的稳定以及市场的有序发展,几乎所有国家都力图通过不同的机制和政策来最大限度地减少贫困的

---

①　[日]青木昌彦:《比较制度分析》,212 页,上海,远东出版社,2001。

发生。减少贫困发生和缓解贫困的社会政策成为一个国家能够稳定发展的重要基础。

我国农村是涉及贫困人口数量最多的区域,农村扶贫的难度也远超城市。从最大数量的贫困者入手解决减少贫困问题,本身就充满了挑战性意义,不过这一挑战性意义的背后换来的是国家的长治久安与和谐发展。就农村的扶贫进程而言,1984年,中共中央、国务院发出《关于帮助贫困地区尽快改变面貌的通知》,围绕着进一步放宽政策、减轻负担、给予优惠、增加智力投资等思路,提出了一系列具体的扶贫政策。1994年,国务院公布了著名的以消除农村贫困问题为目标的《国家八七扶贫攻坚计划》,决定从1994年到2000年间,集中人力、物力、财力,动员社会各界力量,力争用7年左右的时间,基本解决当前全国农村8000万贫困人口的温饱问题。1996年,中共中央、国务院颁布了《关于尽快解决农村贫困人口温饱问题的决定》,就进一步落实《国家八七扶贫攻坚计划》提出了明确的要求。总之,我国采取的种种农村扶贫政策,在现阶段也取得了非常明显的成果。但随着这种以增加收入为主要导向的开发式扶贫政策效应逐渐降低,农村扶贫的难度逐渐加大,同时经济扶贫政策对社会发展的局限性也促使我们寻求社会政策与经济政策的平衡。本书以图6.1来表示我国农村扶贫的现有框架。

从农村扶贫战略的社会路径上看,我国实行的是一种具有选择性的公共扶贫方式。运用社会政策扶贫的主体主要还是政府,体现在对农村贫困者的医疗救助、五保制度等。即使NGO扶贫以及国际发展援助对我国农村扶贫作出了很大的贡献,但这也是在政府相关机构的支持下得以进行。

随着全球社会对发展理念的重新认识,有关经济政策以及社会政策的联系问题获得了更多的关注。就发展目标而言,它不仅仅是经济增长和国民收入的增加。发展意味着为全体社会成员创造一个能够充分发挥自身潜力、能够过上符合自身需要和利益的生活环境,使他们对自己认为有价值的生活有更多的选择空间。这不仅是经济政策促进发展的意义,更应该是社会政策蕴含的价值所在。

就前述章节对发展型社会政策嵌入我国农村扶贫战略的背景、必要性、可行性与策略安排的分析基础上,结合所讨论的福利国家社会政策发展的趋势和启

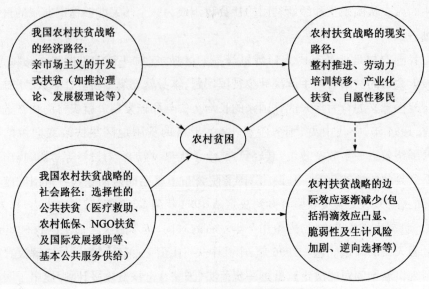

图 6.1　我国现在的农村扶贫框架①

图例说明：实线代表直接相关，虚线代表间接相关。

示，这里试图作一个简短的全面概括，以此作为本研究的最终结论：

1. 贫困是具有复杂且非稳定性的概念，在内涵上表现为依次递进的四种形式，即低收入—社会排斥—能力不足—发展机会缺失，我们可以把个体需求层面的未满足作为相对稳定的贫困内涵。相比较而言，增加收入意义上的经济政策扶贫解决了贫困者的低收入问题，社会政策解决的是反社会排斥和能力不足的问题，而发展机会的缺失只能在政治制度的层面予以消解。有关缓解贫困问题的经济、社会与政治政策是相互制约和相互弥补的关系，只有在对彼此同等重视和关注的基础上，人的发展才是有价值的追求。

2. 贫困的致因与生计的脆弱性有着天然的联系，造成贫困人口脆弱性的原因与贫困人口缺乏资产保障、市场竞争能力低下、生存和发展环境恶劣、受到社会排斥和歧视等有很大的关系。当面临经济、自然和社会风险的冲击时，贫困人

———————

① "逆向选择"表示为了获得贫困的"帽子"，即便已经脱贫的区域或贫困者有可能的话，会力争使自身再度拥有这顶贫困的"帽子"或身份，以便获得国家和社会在政策和资金上无偿的资金援助和支持，这一现象在很多地方并不少见。

口不仅抵御能力低,而且所受到的短期和长期损害相对而言更为严重,恢复发展的能力也更低,这就需要政府具有可持续发展能力的事前政策设计,故此,旨在从源头层面解决社会问题发生的发展型社会政策成为重要的干预行为选择。

3. 发展型社会政策对于我国农村扶贫战略框架的嵌入并非弥补开发式扶贫政策的缺陷,而是要在扶贫的社会意义上直接增加能力发展和权利发展的要素,或者说把发展的现代要素嵌入农村的整体扶贫战略。在我国社会和经济体制双重转型尚未完成的时期,社会政策和经济政策的扶贫策略是同等重要的。同时,有效的反贫困政策是包括政府、市场、非营利组织和家庭在风险面前的共同治理结果,良好的公共治理机制是形成有效的利益表达和实现机制的基础,这是保证反贫困政策资源的使用具有针对性和有效性的基础条件。

4. 在有助于农村扶贫的发展型社会政策层面,有这样一些重要的分析要素可以解释其反贫困框架的发展内涵。它们是:具有全球化背景的社会风险意识、农村传统生计的保护与发展、反社会排斥、社会资本、福利多元化与 NGO、贫困者的资产建设、基本公共服务的均等化等,这些要素的嵌入对我国的农村扶贫以及农村发展中的社会政策转型具有现实的理论和实践意义。

5. 西方福利国家减少贫困的背景来源于福利体制的困境,由此他们选择福利政策的"第三条道路",以及对传统公共行政范式进行反思和改革。而对于我国而言,减少贫困的发生是随着体制关系的变迁而得到国家和社会的逐步重视。虽然在发展型社会政策的目标上有若干相同之处,但也应该看到,由于彼此经济和社会背景的差异,我国发展型社会政策的扶贫干预还需要经济政策的自身调整,即以公共服务的现代转型为基础,以此取代一味地亲市场主义路径。

本研究的上述观点对于我国农村扶贫模式框架而言,可以用图 6.2 来直观地表示。其中,扶贫的经济政策与社会政策相互影响,共同作用于农村贫困的缓解,而以发展为维度的要素嵌入应更多地体现出社会政策的内涵。(见图 6.2)

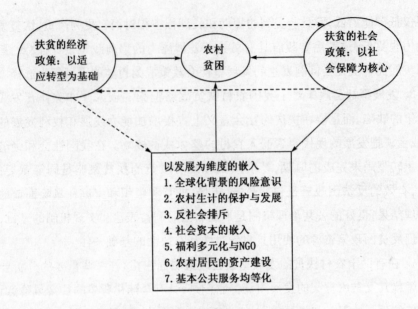

图 6.2　我国农村扶贫框架的模式创新

图例说明：实线代表直接相关，虚线代表间接相关。

第二节　发展型社会政策在农村扶贫中的局限和尚待研究的问题

一、发展型社会政策在扶贫中的局限和可能的风险

在发展型社会政策嵌入我国农村扶贫的操作层面，也应注意到这样一个需要直面的事实基础，那就是对具有生产性的社会投资主体在当下的贫困地区主要是精英阶层，他们要么是掌握权力的政治精英，要么是掌握财富的经济精英，"精英合盟"的事实不可避免。① 政治资本与经济资本是具有可转换性的，而他

---

① 在我国传统的乡村社会，由于基层政权力量的薄弱，以及家族制事实上的长期存在，那些在农村经济和社会生活生活中出现的"能人"，即在农村具有重要影响力和话语权的成员，实际上扮演了重要的社会管理角色，他们与基层行政权力的联系构成了当下农村主要的社会运行机制。这在我国相当部分的贫困农村表现得甚为明显。可参见徐勇《从"能人"治理到法治：中国农村基层治理模式的转换》(《中国政治学会年会论文集》，武汉，1995 年 5 月）以及徐勇《中国农村村民自治》(华中师范大学出版社 1997 年版）。

们所掌握的社会资本在一定程度上影响了农村生产性投资的方向,这对于发展型社会政策在我国贫困地区的实施来说,也具有积极和消极的影响。积极的影响在于村级治理中,治理者如果希望发挥链锁的正面效应首先要做的是发动农村精英积极参与到他们所组织的活动中去或者说响应他们的号召,然后通过农村精英言行举止的影响吸引大多数农户的参与,从而不断推动村级治理的开展。而负面影响也在于,农村资源的有限性决定了人们在利益的驱动下,不可避免地为争夺资源而发生利益冲突,或者为利益而采取非民主的手段。对于扶贫而言,参与式方式所需要的民主化途径以及贫困农户的生计选择会由于"精英合盟"的存在出现盲目性和虚拟性。此外,发展型社会政策在我国农村扶贫领域的适用还面临社会老龄化以及城镇化的影响。根据《2008 年国民经济和社会发展统计公报》的统计数据,我国 60 岁以上的人口已占全国总人口的 12%,其中 65 岁以上的老人占全国人口的 8.3%,城镇化率在 2008 年底也已达到 45.68%。在贫困农村,老龄化的趋势也日趋明显,而随着"70 后"以及"80 后"在城市的就业成为他们生计途径的选择项后,农村扶贫的经济政策和社会政策也存在诸多的挑战。另外,发展型社会政策在农村扶贫的嵌入可能会存在一定的实施困难,例如,老、弱、病、残、寡、鳏等贫困主体的存在对于发展型社会政策的执行力会产生效应不足的问题。因此,从目前的现状来看,发展型社会政策在农村扶贫的嵌入应该有一个阶段性和区域性的类别区分,以适应不同的农村现实。

对于中国社会政策在构建过程中的潜在风险方面,社会政策的研究学者洪大用教授(2004)曾作了这样的总结:第一,原有治理结构所隐含的风险。在某种程度上,原有治理结构可以概括为政府中心的治理结构。新的社会政策议程可能难免对政府的路径依赖,并因此继承了很多弊端;此外,主管社会事务的政府部门实际上处于弱势地位,在整个政府决策中,主管社会事务的部门仍然只能发挥有限的影响力。第二,盲目引进国际经验所隐含的风险。在国际经验非常容易获取并成为决策参考的情况下,我们倾向于把中国目前等同于某个发达国家所经历的某个发展阶段,并以此为基础提出社会政策设计的做法是要冒很大风险的。第三,相较于整个社会日益增长的自由流动资源而言,政府的财政资源是有限的。在保障社会政策资金,推动社会政策落实方面,如果仅仅依赖政府有限的财政资源,有可能使政府背上沉重的包袱,并使有关社会政策难以持续。

第四,过于激进的社会政策议程可能损害效率。我国仍然是一个经济总量有限的发展中国家,过于激进地设计中国未来的社会政策,不仅有可能重蹈西方福利国家的覆辙,而且将直接损害中国经济增长的动力。[①]

本研究同时认为,社会政策作为议程的可能风险还存在于主体角度。从现有我国社会政策的主体来说,中央政府扮演了不可置否的决定性力量,地方政府则是中央政府的辅助者和政策的实施者。在我国很多的民生问题中,社会各方对地方政府的责任提出了较多的要求,"责任缺失"成为社会对政府在某些层面"无为而治"的指责。故此,一味指责制定主体中的政府责任缺失也可能会导致政府在社会管理领域的权力回归,甚至有回到政府"包办社会"的风险。因此在社会政策的议程设置上有必要作系统性的分析,即包括各层级政府以及社会各组织在参与主体、角色、运行机制等方面的整体性考察。发展型社会政策在农村扶贫领域的嵌入就需要融合多方面因素的考察,以便能回避经济政策与社会政策的不平衡。此外,发展型社会政策在我国的潜在风险还在于,旨在构建平等的城乡社会政策需要政府不断地对地方和行政官员如何利用资源的问题进行干预。而在此过程中,就会阻碍有益的试验和创新。国外学者也曾这样说过:"我们越是强调平等政策,政府的官僚机构就会变得越庞大,也就会变得越缺少灵活性。"[②]

从本研究所谈论的发展型社会政策在农村扶贫中的运用而言,其执行的过程由于涉及现有社会政策的调整,故此其失败的风险也是有可能的。例如提倡农村生计的全面保护对于经济发展的边际效应可能会降低,对于农村的福利多元化路径可能只是一种理想化的设计等。此外,本研究对于扶贫所提倡的多元主义路径在经济政策与社会政策相融合的过程中也存在如何取得平衡的问题,因为贫困者并不是"完全知情的消费者",扶贫性质的社会福利存在服务质量和交易成本的问题。不过,本研究同时也认为,评价一个制度无论如何也不能以个别事件的实质性对错为标准,而是要作出总体上的利害权衡,而这种权衡是公众在历史中进行的。我国著名的法学家朱苏力这样说过:"社会在任何时候都不可

---

① 洪大用:《中国社会政策议程》,载 2004 年 3 月 15 日《天津日报》。

② [美]德博拉·斯通(Deborah Stone):《政策悖论——政治决策中的艺术》,顾建光译,78 页,北京,中国人民大学出版社,2006。

能只依赖某一个制度,而需要的是一套相互制约和补充的制度。这些制度不仅包括成文宪法和法律明确规定的,可能更重要的是包括了社会中不断形成、发展、变化的惯例、习惯、道德和风俗这样一些非正式的制度。"①因此,对于农村扶贫而言,不依赖于经济政策扶贫的唯一模式将会由于发展型社会政策的嵌入而产生积极的变化,它们将共同对农村减少贫困的发生面发挥功能。

二、本研究存在的不足与尚待研究的后续问题

本研究的不足很有可能体现在这样几个方面:一是由于全书是对农村扶贫战略中如何嵌入发展型社会政策的探讨,故在具体的细节层次无法进行详尽的研究,其性质属于宏观面上的探讨,故此可能存在"由面到面"的缺陷。二是研究方法的问题。对福利制度的比较研究应该是多面向的,既有定性层次的,也有定量层次的,有纵向的也有横向的比较,等等。但本研究由于限定在农村扶贫领域,故在论述中局限于开发式扶贫与社会政策如何嵌入的方面,比较的层次和定性的层次存在一定的不足。三是提出发展型社会政策嵌入的框架应该有一定的理论假设,再根据理论假设进行实践上的验证,而本研究在这方面主要是从发展型社会政策的视角入手,通过推理性的逻辑分析来讨论。即便本研究存在实地调查和访谈的结论性思考和理论辨析,但由于其建立的基础偏重于社会政策的视角,从而可能忽视了贫困农村中那些千差万别的整体向度。

现实社会的计划与现实时代的变化很多时候的节奏并不吻合,计划往往落后于变化,或者计划不符合变化都是理论与实践的矛盾。本研究所追求的正是寻求具有平衡关系的计划与变化构成,亦即社会(发展)计划与社会(现实)变化的平衡。21 世纪以来的农村反贫困属于我国整体发展战略的重要组成部分,在我国政府提出的科学发展观指导下,农村可持续发展的理念以及以人为本的价值不仅成为经济发展和政治发展的重要议程,更是社会发展的宗旨和目标。而本研究所提出的嵌入性要素,如生计保护与发展、农村居民的资产建设、农村福利需求与供给的互动等将成为本研究后期进行纵深研究的重点环节。

---

① 苏力:《制度是如何形成的》,55 页,北京,北京大学出版社,2007。

参考文献

1. Andrea Cornwall and Karen Brock. (2007), *Beyond Buzzwords*: *Poverty Reduction*, *Participation and Empowerment in Development Policy*. United Nations Research Institute for social Development, November 10.

2. Adelman, Irma and Cynthia T. Morris. (1973). *Economic Growth and Social Equity in Developing Countries*. Stanford: Stanford University.

3. Alock, Pete. (1993), *Understanding Poverty*. London: The Macmillan Press.

4. Alcock, Pete (1999). *Poverty and Social Security. In British Social Welfare in the Twentieth Century*. R. M. Page & R. Silburn. (ed.) Basingstoke New York, Macmillan Press;

5. Alock, Pete. & A. Erskin, et al. (2002), *The Blackwell Dictionary of Social Policy*. Oxford; Malden, Mass. Blackwell.

6. Alcok, Pete, (2003), *The Student's Companion to Social policy* (2nd ed.), Malden, MA: Blackwell Pub.

7. A. S. Bhalla and Frederic Lapeyre, (1999)*Poverty and Exclusion in a Global World*, Basing Stoke and London: Macmillan.

8. Barker, Robert L. 1999, *The Social Work Dictionary* (4th ed.). Washington, D. C. , NASW Press.

9. Bourdieu, P. (1983), *The Forms of Capital*, John G. , Richardson

Press.

10. Beck, W. , Vander Maesen, L. and walker, A (eds.). (1997). *The Social Quality of Europe*, The Hague: Kluwer International.

11. Claire Dorsner, (2004) *Social Exclusion and Participation in Community Development Project*, Social Policy & Administration, Vol. 38, No. 4.

12. Culpitt,I. (1992). *Welfare and Citizenship: beyond the crisis of the welfare state?* London, Sage Publications.

13. Chambers, R. , and R. Conway, (1992), *Sustainable Livelihood: Practical Concepts for the 21st Century*, IDS Discussion Paper, No. 296.

14. D—M. Shin. (2000). *Economic Policy and Social Policy: Policy— Linkages in an Era of Globalization*, International Journal of Social Welfare.

15. David Ellwood, (1988), *Poor Support: Poverty in the American Family*. New York: Basic Books.

16. David G. Mayes, Jos Berghman, and Robert Salais (2001), *Social Exclusion and European Policy*, Cheltenham, Edward Elgar.

17. Department of Social Security, (1999)*Opportunity for all tackling poverty and social exclusion*. London: HMSO.

18. Ellis, F. , (2000),*Rural Livelihoods and Diversity in Development Countries*, New York: Oxford University Press.

19. Fan Shenggen, (2003),*Public Investment and Poverty Reduction: What Have We Learnt from India and China?* Paper prepared for the ADBI Conference, Infrastructure Investment for Poverty Reduction: What Do We Know? Tokyo, June 12—13.

20. Gough, I. (1996). *Social Welfare and 'Competitiveness*. New Political Economy (2).

21. Gough,I. (2003). *Social Policy and Economic Policy*. In P. Alcock, A. Erskine and M. May. The student's Companion to Social Policy. Malden, MA: Blackwell Pub. .

22. Gil, Davaid G. (1992), *Unravelling Social Policy: Theory, Analysis, and Political Action towards Social Equality*. Rochester, Vt. : Schenkman Books.

23. Gorge A. Boyne, (1998) *Public Service Under New Nabour: Back to Bureaucracy*? Public Money & Management, July/September.

24. Granovetter. Mark. (1985) *Economic Action and Social Structure: the Problem of Embeddedness*, American Journal of Sociology, Vol. 91. No. 3.

25. Gilmour, Ian. (1978): *Inside Right: A Study of the Conservatism*, London: Quarter Books.

26. Gordon, D. (2000). *Poverty and Social Exclusion in Britain*. New York: Joseph Rowntree Foundation.

27. Helen Ginsburg, (1983). *Full Employment and Public Policy*, Lexington: Health and Company.

28. Michael Hill, (1988). *Understanding Social Policy*, the Third Edition, Blackwell, Oxford, p. 8.

29. Hill, M. (2003). *Social Policy and Political Process*. In P. Alcock, A. Erskine and M. May. The student's Companion to Social Policy. Malden, MA: Blackwell Pub.

30. Holliday, Lan. (2000). *Productivist welfare capitalism: Social policy in East Asia*. Political Study, Vol. 48.

31. Holzman, R. and Jorgenson, S. (2000) *Social Risk management: A New Conceptual Framework for Social Protection, and Beyond*. Social protection discussion Paper No. 6. Washington, DC: World Bank. .

32. Iatridis, Demetrius S. (1994) *Social Policy: Institutional context of Social Development and Human Service*. Pacific Grove, Calif. : Brooks/Cole Pub. Co.

33. Ian Shaw, (1999) *Resouces for Social Policy*, Social Policy & Administration. Vol. 33, No. 4.

34. Jacobs, Didier. (2000). *Low public expenditure on social welfare*: *Do East Asian countries have a secret*? International Journal of Social Welfare, Vol. 9.

35. J. Machael Finger, (2003). *Poor People's Knowledge*: *Helping Poor People to Earn from Their Knowledge*. World Bank and Oxford University Press.

36. Janie Percy — smith edited. (2000). *Policy Responses to Social Exclusion towards Inclusion*, Buckingham, Open University Press.

37. James W. Fesler and Donald F. Kettle, (1996) *The Politics of the Administrative Process*. Chatham, New Jersey: Chatham House Publishers, Inc.

38. Jamal Haroon (2009. *Assessing Vulnerability to Poverty*: *Evidence from Pakistan*. Research Report, No. 80.

39. Karl. Polanyi(1992), *The Economy as Instituted Process*. In Mark Granovetter and Richard Swedberg (eds.) , The Sociology of Economical Life . Boulder , Colo. : Westview Press .

40. Lester M. Salamon, Anheier, Helmut K. (1999), *Global Civil Society*: *Dimensions of the Nonprofit Sector*, The John Hopkins University, Maryland.

41. Lewis, O. (1968). *On Understanding Poverty*, New York: Basic Books.

42. Ligon E. and L. Schechter (2003), *Measuring Vulnerability*, The Economic Journal.

43. Matt Barnes, (2002) *Social Exclusion and Left Course*, in: Matt Barnes, Poverty and Social Exclusion in Europe. Chelteham (UK) and Northampton (MA, USA): Edward Elgar.

44. Martin Ravallion & Shaohua Chen, (2004) *China's (Uneven) Progress Against Poverty*, World Bank Policy Research Working Paper 3408, September.

45. Margaret Alston, (2002) *From local to global: making social policy more effective for rural community capacity building*, Australian Social Work, Vol. 55, No. 3.

46. Mark Shucksmith, (2004). *Young People and Social Exclusion in Rural Areas*, Sociologia Rurallis, Vol. 44, Number 1.

47. Mead, L. M. (1991). *The New Politics of the New Poverty*. Public Interest, Spring (91).

48. Milbourne, L. (2002). *Unspoken Exclusion: Experiences of Continued Marginalisation from Education among "Hard to Reach" Groups of Adults and Children in the UK*. British Journal of Sociology of Education, 23(2).

49. Morales — Gomez, D. (1999), *Transnational Social Policies: The New Development Challenges of Globalization*, London: Earthscan Publications and Ottawa.

50. Oppenheim, (1993). *Poverty: the Facts*, Child Poverty Action Group.

51. OECD (2001), *The Well — being of Nations: The role of Human and Social Capital*.

52. OECD (2005), *Extending Opportunities — How Active Social Policy Can Benefit Use All*.

53. Pamela Bloomfield, (2006). *The Challenging Business of Long — Term Public — Private Partnerships: Reflections on Local Experience*, Public Administration Review: March/April.

54. Scoones, I., (1998) *Sustainable Rural Livelihoods: A Framework for Analysis*, IDS, Working Paper, No. 72.

55. Sherraden, Michael W. (1991). *Assets and the Poor: A New American Welfare Policy*. New York, NY: M. E. Sharpe.

56. Stephen Devereux, (2001), *Livelihood Insecurity and Social Protection: A Re — emerging Issue in Rural Development*, Development Policy

Review, 19(4).

57. Steve Bundred, (2006), *The Future of Regulation in the Public Sector*, Public Money & Management, June.

58. T. H. Marshall, (1965) *Social Policy*, London, Hutchinson & Co. Ltd.

59. Titmuss, R. M. (1964): *Essay on "The Welfare State"(2nd ed.)*. London: Allen & Unwin.

60. Titmuss, R. M. (1968): *Commitment to Welfare*. London: Gerge Allen and Unwin.

61. Thandika Mkandawire, (2001). *Social Policy in a Development Context*, Social Policy and Development Program Paper, UNRISD. Number 7.

62. Taylor — Gooby, P. (1997), *In defence of second — best theory: state, class and capital in social policy*, Journal of Social Policy, 26(2).

63. Walker, (1984), *Social Planning*, Oxford: Blackwell.

64. World Bank (2001), *China: Overcoming Rural Poverty*. The World Bank, Washington, D. C.

65. Zukin, Sharon & Paul J. DiMaggio (eds.), (1990), *Structures of Capital: The Social Organization of the Economy*, New York: Cambridge University Press.

66. [美]埃莉诺·奥斯特罗姆:《公共事物的治理之道》,上海,上海三联书店,2000。

67. [美]道格拉斯·C.诺思:《理解经济变迁过程》,钟正生等译,北京,中国人民大学出版社,2008。

68. [美]安东尼·哈尔、詹姆斯·梅志里:《发展型社会政策》,罗敏等译,北京,社会科学文献出版社,2006。

69. [美]尼古拉斯·亨利:《公共行政学》,项龙译,北京,华夏出版社,2002。

70. [美]米尔顿·弗里德曼:《资本主义与自由》,张瑞玉译,北京,商务印书馆,2001。

71. [美]曼库尔·奥尔森:《集体行动的逻辑》,陈郁等译,上海,上海三联书店、上海人民出版社 1995。

72.［美］乔·B. 史蒂文斯:《集体选择经济学》,杨晓维等译,上海,上海三联书店、上海人民出版社 1999。

73.［美］詹姆斯·梅志里:《社会发展——社会福利视角下的发展观》,苗正民译,上海,上海人民出版社,2009。

74.［美］米歇尔·克罗齐、塞缪尔·亨廷顿:《民主的危机》,马殿军等译,沈阳,辽宁人民出版社,2003。

75.［美］查尔斯·H. 扎斯特罗:《社会工作与社会福利导论》,孙唐水等译,北京,中国人民大学出版社,2005。

76.［美］罗兰德·斯哥:《地球村的社会保障——全球化和社会保障面临的挑战》,华迎放等译,北京,中国劳动社会保障出版社,2004。

77.［美］詹姆斯·E. 安德森:《公共决策》,北京,华夏出版社,1990。

78.［美］戴维·伊斯顿:《政治体系——政治学状况研究》,马清槐译,北京,商务印书馆,1993。

79.［美］托马斯·R. 戴伊:《理解公共政策》,彭勃译,北京,华夏出版社,2004。

80.［美］托马斯·戴伊:《理解公共政策》,北京,华夏出版社,2004。

81.［美］詹姆斯·P. 莱斯特:《小约瑟夫·斯图尔特》,《公共政策导论》(英文影印第二版),北京,中国人民大学出版社,2004。

82.［美］罗伯特·K. 默顿:《社会研究与社会政策》,林聚任等译,北京,生活·读书·新知三联书店出版社,2001。

83.［美］戴维·麦卡洛夫:《社会福利:结构与实践》,官有垣译,台北,双叶书廊有限公司,2000。

84.［美］科斯等:《财产权利与制度变迁——产权学派与新制度经济学派文集》,刘守英等译,上海,上海三联书店、上海人民出版社,1994。

85.［美］林南:《社会资本——关于社会结构和行动的理论》,张磊译,上海,上海人民出版社,2005。

86.［美］戴维·杜鲁门:《政治过程》,陈尧等译,天津,天津人民出版社,2005。

87.［美］曼库尔·奥尔森:《国家兴衰探源》,北京,商务印书馆,2007。

88.［美］德博拉·斯通:《政策悖论:政治决策中的艺术》,顾建光译,北京,中国人民大学出版社,2006。

89.［美］道格拉斯·诺斯:《经济史中的结构与变迁》,厉以宁译,北京,商务印书馆,1995。

90.［英］弗冯·哈耶克:《通往奴役之路》,王明毅等译,北京,商务印书馆,1997。

91.［英］高夫:《福利国家的政治经济学》,古允文译,台北,巨流图书公司,2000。

92.［英］诺曼·巴里:《福利》,储建国译,长春,吉林人民出版社,2005。

93.［英］吉登斯:《安东尼,超越左与右——激进政治的未来》,李惠斌、杨雪东译,北京,社会科学文献出版社,2003。

94.［英］安东尼·吉登斯:《失控的世界》,周红云译,南昌,江西人民出版社,2001。

95.［英］安东尼·吉登斯:《第三条道路——社会民主主义的复兴》,郑戈译,北京,北京大学出版社,2000。

96.［英］诺曼·弗林:《公共部门管理》,北京,中国青年出版社,2004。

97.［英］简·莱恩:《新公共管理》,赵成根等译,北京,中国青年出版社,2004。

98.［英］理查德·蒂特马斯:《社会政策十讲》,江绍康译,香港,商务印书馆,1991。

99.［英］朱利安·勒·格兰德等:《社会问题经济学》,苗正民译,北京,商务出版社,2006。

100.［英］H. K. 科尔巴奇:《政策》,张毅、韩志明译,长春,吉林人民出版社,2005。

101.［英］迈克尔·希尔:《理解社会政策》,北京,商务印书馆,2003。

102.［德］乌尔里希·贝克:《风险社会学》,南京,学林出版社,2003。

103.［加］迈克尔·豪利特、M. 拉米什:《公共政策研究——政策循环与政策子系统》,庞诗等译,北京,生活·读书·新知三联书店,2006。

104. [日]青木昌彦:《比较制度分析》,上海,远东出版社,2001。

105. [澳]欧文·E.休斯:《公共管理导论》(第二版),北京,中国人民大学出版社,2001。

106. [法]弗朗西斯·布吉尼翁、[巴]路易斯·A.佩雷拉·达席尔瓦:《经济政策对贫困和收入分配的影响》,北京,中国人民大学出版社,2007。

107. [印]阿玛蒂亚·森:《贫困与饥荒》,北京,商务印书馆,2001。

108. [孟加拉]穆罕默德·尤努斯:《穷人的银行家》,吴士宏译,北京,生活·读书·新知三联书店,2006。

109. [美]乔治·弗雷德里克森:《公共行政的精神》,张成福译,北京,北京,中国人民大学出版社,2003。

110. [美]蒂莫西·M.马奥尼:《以资产为基础的扶贫策略》,高鉴国、展敏编:《资产建设与社会发展》,北京,社会科学文献出版社,2005。

111. [美]唐纳德·沃斯:《国际发展理论的演变及其对发展的认识》,载《经济社会体制比较》2004年第2期。

112. [美]C. Peter Timmer:《农业和扶贫:国际经验与教训》,程艳军译,载《农业经济问题》2005年第10期。

113. [美]迈克尔·谢若登、邹莉:《个人发展账户——"美国梦"示范工程》,载《江苏社会科学》2005年第2期。

114. [美]亚力山德罗·波茨:《社会资本:在现代社会学中的缘起和应用》,李惠斌、杨雪东译,《社会资本与社会发展》,北京,社会科学文献出版社,2000。

115. [美]罗伯特·C.埃里克森:《无须法律的秩序:邻人如何解决纠纷》,苏力译,北京,中国政法大学出版社,2003。

116. [美]罗伯特·D.普特南:《繁荣的社群——社会资本与公共生活》,李惠斌、杨雪东译,《社会资本与社会发展》,北京,社会科学文献出版社,2000。

117. [英]艾伦·沃克:《21世纪的社会政策:最低标准,还是社会质量》,杨团、葛道顺主编:《社会政策评论》,第1辑,北京,社会科学文献出版社,2007。

118. [英]彼得·泰勒-古拜:《社会福利与社会投资:福利国家的创新》,杨团、葛道顺主编:《社会政策评论》,第1辑,北京,社会科学文献出版社,2007。

119. [英]托尼·阿特金森:《社会排斥、贫困与失业》,丁开杰译,载《经济社会体制比较》2005 年第 3 期。

120. [英]斯蒂芬·德沃鲁:《社会政策是否满足了社会需求》,沙琳(Sarah Cook)编:《需要和权利资格:转型期中国社会政策研究的新视角》,北京,中国劳动社会保障出版社,2007。

121. [英]沙琳(Sarah Cook):《中国农村无保障的产生》,沙琳(Sarah Cook)编:《需要和权利资格:转型期中国社会政策研究的新视角》,北京,中国劳动社会保障出版社,2007。

122. [法]阿里·卡赞西吉尔:《治理和科学:治理社会与生产知识的市场式模式》,俞可平主编:《治理与善治》,北京,社会科学文献出版社,2000。

123. [德]G. 施米特:《社会政策是社会市场的组成部分》,载《国外财经》1995 年第 3 期。

124. [韩]金容益:《韩国卢武铉政府的社会政策》,《第四届社会政策国际论坛文集》,上海,2008 年 7 月。

125. [韩]金渊明:《超越"生产主义福利体制":韩国的经验》,《当代社会政策研究(Ⅱ)——第二届社会政策国际论坛论文集》,北京,中国劳动出版社,2007。

126. 胡鞍钢:《转型与稳定:中国如何长治久安》,北京,人民出版社,2005。

127. 曾繁正:《西方国家法律制度、社会政策及立法》,北京,红旗出版社,1998。

128. 世界银行:《2000/2001 年世界发展报告:与贫困作斗争》,北京,中国财政经济出版社,2001。

129. 世界银行:《1997 年世界银行报告:变革世界中的政府》,蔡秋生译,北京,中国财政经济出版社,1997。

130. 王碧玉:《中国农村反贫困问题研究》,北京,中国农业出版社,2006。

131. 舒尔茨:《论人力资本投资》,北京,北京经济学院出版社,1990。

132. 张英洪:《农民权利论》,北京,中国经济出版社,2007。

133. 张磊:《中国扶贫开发政策演变(1949 年—2005 年)》,北京,中国财政经济出版社,2007。

134. 张岩松:《发展与中国农村反贫困》,北京,中国财政经济出版社,2003。

135. 李兴江:《中国农村扶贫开发的伟大实践与创新》,北京,中国社会科学出版社,2005。

136. 林志斌:《谁搬迁了?——自愿性移民扶贫项目的社会、经济和政策分析》,北京,社会科学文献出版社,2006。

137. 郑功成:《中国社会保障改革与发展战略——理念、目标语行动方案》,北京,人民出版社,2008。

139. 张秀兰、徐月宾、梅志里(Midgley):《中国发展型社会政策论纲》,北京,中国劳动社会保障出版社,2007。

140. 林卡、陈梦雅:《社会政策的理论和研究范式》,北京,中国劳动社会保障出版社,2008。

141. 周沛:《社会福利体系研究》,北京,中国劳动社会保障出版社,2007。

142. 晏智杰:《边际革命与新古典经济学》,北京,北京大学出版社,2003。

143. 朱国宏:《经济社会学》,上海,复旦大学出版社,2005。

144. 杨伟民:《社会政策导论》,北京,中国人民大学出版社,2003。

145. 陈国钧:《社会政策与社会立法》,台北,三民书局,1983。

146. 王思斌:《社会工作概论》,北京,高等教育出版社,2001。

147. 杨伟民:《社会政策导论》,北京,中国人民大学出版社,2004。

148. 关信平:《社会政策概论》,北京,高等教育出版社,2003。

149. 尚晓援:《中国社会保护体制改革研究》,北京,中国劳动社会保障出版社,2007。

150. 李迎生:《转型时期的社会政策:问题与选择》,北京,中国人民大学出版社,2007。

151. 宋晓梧:《中国社会保障体制改革与发展报告》,北京,中国人民大学出版社,2001。

152. 孟昭华、王明寰:《中国民政史》,哈尔滨,黑龙江人民出版社,1986。

153. 刘伯龙、竺乾威、程惕杰:《当代中国农村公共政策研究》,上海,复旦大学出版社,2005。

154. 丁建定、魏科科:《社会福利思想》,武汉,华中科技大学出版社,2005。

155. 库少雄、[美]Hobert A. Burch:《社会福利政策分析与选择》,武汉,华中科技大学出版社,2006。

156. 颜鹏飞、张彬:《凯恩斯主义经济政策述评》,武汉,武汉大学出版社 1997。

157. 林闽钢:《社会政策——全球本地化视角的研究》,北京,中国劳动社会保障出版社,2007。

158. 钱宁:《现代社会福利思想》,北京,高等教育出版社,2006。

159. 唐兴霖:《公共行政学:历史与思想》,广州,中山大学出版社,2000。

160. 王振华:《挑战与选择》,北京,中国社会科学出版社,2001。

161. 唐钧:《社会政策学导引》,载《社会科学》2009 年第 4 期。

162. 陈振明:《政府再造》,北京,中国人民大学出版社,2003。

163. 朱崇实、陈振明:《公共政策——转轨时期我国经济社会政策研究》,北京,中国人民大学出版社,1999。

164. 胡昌宇:《英国新工党政府经济与社会政策研究》,合肥,中国科学技术大学出版社,2008。

165. 邓正来、[英]J.C.亚历山大:《国家与市民社会——一种社会理论的研究路径》,北京,中央编译出版社,2002。

166. 王名、刘国翰、何建宇:《中国社团改革——从政府选择到社会选择》,北京,社会科学文献出版社,2001。

167. 周红云:《社会资本与中国农村治理改革》,北京,中央编译出版社,2007。

168. 胡伟:《政府过程》,杭州,浙江人民出版社 1998。

169. 庹国柱、王国军:《中国农业保险与农村社会保障制度研究》,北京,首都经济贸易大学出版社,2003。

170. 燕继荣:《投资社会资本》,北京,北京大学出版社,2006。

171. 彭华民:《社会福利与需要满足》,北京,社会科学文献出版社,2008。

172. 苏力:《制度是如何形成的》,北京,北京大学出版社,2007。

173. 丁宁宁:《构建和谐社会——30 年社会政策聚焦》,北京,中国发展出版社,2008。

174. 柳拯:《当代中国社会救助政策与实务研究》,北京,中国社会出版社,2005。

175. 李小云、左停、叶敬忠:《2006—2007中国农村情况报告》,北京,社会科学文献出版社,2008。

176. 联合国开发计划署(UNDP):《1990年全球人类发展报告》。

177. 联合国开发计划署(UNDP):《2003年人类发展报告——千年发展目标:消除人类贫困的全球公约》,北京,中国财政经济出版社,2003。

178. 世界银行:《从贫困地区到贫困人群:中国扶贫议程的演进》,2009年3月。

179. 世界银行东亚与太平洋地区:《改善农村公共服务》,北京,中信出版社,2008。

180. 李森:《中国基层财政困境问题研究:症结与出路》,上海,上海三联书店,2009。

181. 林尚立:《制度创新与国家成长:中国的探索》,天津,天津人民出版社,2005。

182. 林卡:《东亚"生产主义"社会政策模式的产生和衰落》,载《江苏社会科学》2008年第1期。

183. 童星、林闽钢:《我国农村贫困标准线研究》,载《中国社会科学》1993年第3期。

184. 赵玉亮、邓宏图:《制度与贫困:以中国农村贫困的制度成因为例》,载《经济科》2009年第1期。

185. 银平均:《社会排斥视角下的中国农村贫困》,载《思想战线》2007年第1期。

186. 汪三贵:《贫困与政府干预》,载《管理世界》1994年第3期。

187. 陈彬文:《扶贫攻坚:重视模式选择》,载《经济体制改革》1998年第3期。

188. 卢淑华:《科技扶贫社会支持系统的实现——比较扶贫模式的实证研究》,载《北京大学学报》(哲社版)1999年第6期。

189. 赵昌文、郭晓鸣:《贫困地区扶贫模式:比较与选择》,载《中国农村观察》2000年第6期。

190. 曹洪民:《中国农村开发式扶贫模式研究》,北京,中国农业大学,2003年6月。

191. 赵曦、成卓:《中国农村反贫困治理的制度安排》,载《贵州社会科学》2008年第9期。

192. 张全红、张建华:《中国经济增长的减贫效果评估》,载《南方经济》2007年第5期。

193. 周业安等:《嵌入性与制度演化》,载《中国人民大学学报》2001年第6期。

194 王思斌:《改革中弱势群体的政策支持》,载《北京大学学报》(哲社版)2003年第6期。

195. 杨团:《社会政策的理论与思考》,载《社会学研究》2004年第4期。

196. 张敏杰:《社会政策及其在我国社会经济发展过程中的取向》,载《浙江社会科学》1999年第6期。

197. 陈涛:《社会政策学:政策科学之外的一种选择》,载《中国行政管理》1999年第12期。

198. 杨团:《社会政策研究范式的演化及其启示》,载《中国社会科学》2002年第4期。

199. 黄晨熹:《社会政策概念辨析》,载《社会学研究》2008年第4期。

200. 唐钧:《社会政策学导引》,载《社会科学》2009年第4期。

201. 韩嘉玲等:《社会发展视角下的中国农村扶贫政策改革30年》,载《贵州社会科学》2009年第2期。

202. 沈小波、林擎国:《贫困范式的演变及其理论和政策意义》,载《经济学家》2005年第5期。

203. 胡敏华:《我国农村扶贫的制度性陷阱:一个基于组织的分析框架》,载《财贸研究》2005年第6期。

204. 都阳、蔡昉:《中国农村贫困性质的变化与扶贫战略调整》,载《中国农村观察》2005年第5期。

205. 姜晓星:《论我国社会政策的传统模式及其转变》,载《社会学研究》1992年第1期。

206. 毕天云:《论社会政策时代的农村社会政策体系构建》,杨团、王思斌:《当代社会政策研究》,北京,中国劳动社会保障出版社,2008。

207. 赵慧珠:《中国农村社会政策的演进》,载《东岳论丛》2007 年第 1 期。

208. 梁祖彬:《演变中的社会福利政策思维——由再分配到社会投资》,载《中国社会科学》2004 年第 6 期。

209. 成志刚:《西方社会保障理论主要流派论析》,载《湘潭大学学报》2002 年第 5 期。

210. 李斌等:《农村发展中的生计途径研究与实践》,载《农业技术经济》2004 年第 4 期。

211. 尹枚:《从凯恩斯主义到"第三条道路"》,载《探求》2003 年第 3 期。

212. 彭华民、黄叶青:《欧盟反社会排斥的社会政策发展研究》,载《社会工作》(学术版),2006 年第 7 期。

213. 王云:《我国农村社会养老保险现状》,载《合作经济与科技》2008 年第 10 期。

214. 李斌:《社会排斥与中国城市住房制度改革》,载《社会科学研究》2002 年第 3 期。

215. 杨团:《资产为本的社会政策——对社会政策范式的一场革命》,杨团、葛道顺:《社会政策评论》,第 1 辑,北京,社会科学文献出版社,2007。

216. 杨团、孙炳耀:《资产社会政策与中国社会保障体系重构》,载《江苏社会科学》2005 年第 2 期。

217. 熊贵彬、黄晓燕:《资产社会政策在我国反贫困中的应用前景分析》,载《思想战线》2005 年第 6 期。

218. 苗齐、钟甫宁:《中国农村贫困的变化与扶贫政策取向》,载《中国农村经济》2006 年第 12 期。

219. 楚永生:《新时期中国农村贫困的特征、扶贫机制及政策调整》,载《宏观经济研究》2008 年第 10 期。

220. 吴国宝:《新时期我国农村扶贫解困出路初探》,载《红旗文稿》2004 年第 16 期。

221. 刘卫星:《新农村建设中的扶贫开发研究》,载《贵州师范大学学报》

2007 年第 5 期。

222. 陕立勤、Kangshou Lu：《对我国政府主导型扶贫模式效率的思考》，载《开发研究》2009 年第 1 期。

223. 楚永生：《新时期中国农村贫困的特征、扶贫机制及政策调整》，载《宏观经济研究》2008 年第 10 期。

224. 郑杭生、洪大用：《现代化进程中的中国国家与社会——从文化的角度看国家与社会关系的协调》，载《云南社会科学》1997 年第 5 期。

225. 许源源、苏中英：《中国农村扶贫瞄准的历史演变》，载《老区建设》2007 年第 4 期。

226. 刘穷志：《公共支出归宿：中国政府公共服务落实到贫困人口手中了吗》，载《管理世界》2007 年第 4 期。

227. 章元、丁绎镁：《一个"农业大国"的反贫困之战——中国农村扶贫政策研究》，载《南方经济》2008 年第 3 期。

228. 胡鞍钢等：《中国经济增长与减少贫困(1978—2004)》，载《清华大学学报》2006 年第 5 期。

229. 郭洪泉：《农村贫困与反贫困策略》，载《社会福利》2008 年第 5 期。

230. 郭瑜、白雪飞：《金融危机下"家电下乡"政策的社会经济意义——基于农村家庭需求的分析》，载《第五届社会政策国际论坛论文集》，济南，2009 年 8 月。

231. 展敏：《存款与发展：个人发展账户中的预期应用与存款模式》，载《山东大学学报》2005 年第 1 期。

232. 赵祁、曾国平：《基于资产建设理论的中国反贫困政策研究》，载《重庆大学学报》(社科版)2008 年第 5 期。

233. 雷玉琼、余斌：《公共支出增长的利益集团研究》，载《当代财经》2004 年第 12 期。

234. 吴玉岭：《美国反垄断领域的福利转移市场——利益集团对反垄断目标的异化》，载《经济经纬》2006 年第 6 期。

235. 彭华民：《福利多元主义：福利提供从国家到多元部门的转型》，载《南开学报》2006 年第 6 期。

236. 张康之:《限制政府规模的理念》,《人文杂志》2001 年第 3 期。

237. 刘熙瑞:《服务型政府——经济全球化背景下中国政府改革的目标选择》,载《中国行政管理》2002 年第 7 期。

238. 张乐:《公共政策与社会政策:一个系统论的比较》,载《天津行政学院学报》2007 年第 2 期。

239. 杨团:《社会政策研究范式的演化及其启示》,载《中国社会科学》2002 年第 4 期。

240. 闻英:《农民工群体的社会门槛与社会排斥》,载《学习论坛》2005 年第 9 期。

241. 江立华、胡杰成:《社会排斥与农民工地位的边缘化》,载《江苏行政学院学报》2006 年第 6 期。

242. 王绍光:《政策导向、汲取能力与卫生公平》,载《中国社会科学》2005 年第 6 期。

243. 李卫平等:《我国农村卫生保健的历史、现状与问题》,载《管理世界》2004 年第 4 期。

244. 解垩:《新型农村合作医疗的福利效应分析——微观数据的证据》,载《山西财经大学学报》2008 年第 9 期。

245. 吴佳:《发展型农村医疗救助政策的探讨》,载《中国初级卫生保健》2008 年第 2 期。

246. 胡均民、艾洪山:《匹配"事权"与"财权":基本公共服务均等化的核心路径》,载《中国行政管理》2009 年第 11 期。

248. 柯卉兵:《中国社会保障财政支出的地区差异问题分析》,载《公共管理学报》2009 年第 1 期。

249. 郭金丰:《建设社会主义新农村需要健全的农村社会保障体系》,载《江西农业大学学报》(社会科学版)2007 年第 3 期。

250. 周明海:《民生的关注与追寻——当前基本公共服务均等化问题研究的主要观点综述》,载《兰州学刊》2008 年第 4 期。

251. 周天勇:《中国行政体制改革 30 年》,上海,上海人民出版社,2008。

252. 汪永成:《亲流动性要素的服务型政府:形成机理与矫正策略》,载《学习与探索》2008 年第 3 期。

253. 李涛、周业安：《中国地方政府间支出竞争研究》，载《管理世界》2009 年第 2 期。

254. 傅勇、张晏：《中国式分权与财政支出结构偏向：为增长而竞争的代价》，载《管理世界》2007 年第 3 期。

255. 郑磊：《财政分权、政府竞争与公共支出结构——政府教育支出比重的影响因素分析》，载《经济科学》2008 年第 1 期。

257. 吕炜、王伟同：《发展失衡、公共服务与政府责任》，载《中国社会科学》2008 年第 8 期。

258. 杨善华、苏红：《从"代理型政权经营者"到"谋利型政权经营者"——向市场经济转型背景下的乡镇政权》，载《社会学研究》2002 年第 1 期。

259. 荣敬本：《从压力型体制向民主合作体制的转变：县乡两级政治体制改革》，北京，中央编译出版社，1998。

269. 董志勇：《行为经济学》，北京，北京大学出版社，2005。

270. 王敬尧、宋哲：《地方政府财力投入与基本公共服务均等化》，载《华中师范大学学报》2008 年第 1 期。

271. 陈抗等：《财政集权与地方政府行为变化——从援助之手到攫取之手》，载《经济学》2002 年第 1 期。

272. 徐现祥：《渐进改革经济中的最优增长》，载《数量经济与技术经济研究》2005 年第 8 期。

273. 石彤：《社会排斥：一个研究女性劣势群体的新理论视角和分析框架》，王思斌主编：《中国社会工作研究》，北京，社会科学文献出版社，2002。

274. 秦晖：《从传统民间公益组织到现代"第三部门"》，中国青基会编：《处于十字路口的中国社团》，天津，天津人民出版社，2001。

275. 郑杭生、李迎生：《社会分化、弱势群体与政策选择》，郑杭生主编：《中国人民大学中国社会发展研究报告（2002）——走向更加公正的社会》，北京，中国人民大学出版社，2003。

276. 杨雪东：《社会资本：对一种新解释范式的探索》，李惠斌、杨雪东译，《社会资本与社会发展》，北京，社会科学文献出版社，2000。

277. 唐均:《中国城乡低保制度发展的现状与前瞻》,《首届社会政策国际论坛暨系列讲座论文集》,天津,南开大学,2005。

278. 石智雷等:《非自愿移民、搬迁方式与能力损失》,载《南方人口》2009 年第 2 期。

279. 国务院:《国家八七扶贫攻坚计划》,中共中央文献研究室编:《十四大以来重要文献选编》(上),北京,人民出版社,1996。

280. 宋士云:《新中国农村社会保障制度结构与变迁(1949—2002)》,武汉,中南财经政法大学,2005。

281. 赵慧珠:《走出中国农村反贫困政策的困境》,载《文史哲》2007 年第 4 期。

282. 杨团:《中国社会政策研究十年》,北京,社会科学文献出版社,2009。

后　记

本书是在我博士学位论文的基础上进行了一定程度的修改而成。

回想在上海交通大学国际与公共事务学院攻读博士学位期间，着实觉得有点辛苦，尤其对于已有家室并工作多年的我来说，学业和家庭两头牵挂。南宁相距上海，有 2100 公里的铁路里程。在我从湘桂线，转浙赣线，再走沪杭线，到达交大宿舍的时候，往往是疲惫不堪的状态。记得有几次春运期间，到学校之后的当天，就匆匆洗漱，不去管宿舍里多久没有晾晒的被子有什么霉味了，倒床就睡，直到休息好后的第二天才开始对宿舍及衣物进行打扫和整理。

我想，攻读博士学位大概类似于一个不断转变的过程吧。从本科到硕士是一个转变，而从硕士到博士的学术训练过程应该又是一个质的转变。这种变化不仅体现在理论阅读和学术思考的数量加大，而且更多体现在对现实的观察力和感悟力的增强。博士研究生阶段的课程学习、中期考核、论文选题、研究及撰写、预答辩和答辩，大致相当于坐长途火车，老是不停地在各个必须停靠的站点进行补给性的停留。答辩似乎可以看作是目的地，但事实上它远不是终点站。因为，人生可以有限，而学术则永远无限。

把发展型社会政策与我国农村扶贫的联系作为我的博士学位论文以及置于案头这本书的主题，来源于两个方面：一是对所处区域在减少农村贫困方面所使用政策的工具性感触，二是在 2008 年的时候刚好主持了这项国家社科基金课题。当我把选题计划告诉顾建光导师的时候，他非常认真地听取了我的想法，并给予了积极和肯定的回应。不仅如此，开题之后导师在论文的提纲、研究方法、基本观点的论证,甚至文法上的逻辑等诸多方面都给了我非常多的指导。和导师的交谈,感染我的不仅是他认真的学术风格,更是他的工作态度、治学精神和为人处世等方面的影响。对导师的感恩之情无以言表。

在交通大学攻读博士学位的四年间,有太多值得我去感谢的教师。胡伟教授在学识的渊博及睿智上给我非常多的学术启迪,唐兴霖教授对我的论文提出了许多宝贵的建议,还提供了不少文献供我进一步参考。预答辩过程中,李建强研究员、朱启贵教授、翟新教授、马风书教授等都给我提出了很多中肯的建议。授课的教师中还有胡惠林教授,他总是叫我第一个发言,作为他看中发言的学生,常常使我备感荣幸。非常感谢任教和指导过我的教师,是你们使得我能在学术道路上获取灵感、培养信心,以及获得继续前进的动力。

除此之外,还得益于我的朋友。和我一起入学的解学芳、王新龙、孔凡宏、殷翔等博士同学,大家相处得非常好,在学习和生活的过程中,彼此之间的互相帮助和照顾令我备感亲切。特别是詹国彬博士,他是我的同门师弟,对我来说,他不仅是我推心置腹的挚友,他对社会问题的思考还给了我很多新的启发。情谊愈久弥新,非常感谢与我一路同行到今天的同学,真诚地祝愿你们事业有成、家庭幸福。

在论文研究的过程中,我也得到了很多来自调研地及单位的支持。广西巴马瑶族自治县凤凰乡政府、环江毛南族自治县明伦镇政府等在我实地调研的过程中给予了不少帮助。广西民族大学管理学院的领导不仅积极支持我的学业,还提供了很多工作上的方便。此外,我的同事陈路芳、冯亦强等在我远赴上海求学的时候替我做了很多工作。还要感谢我指导过的硕士研究生潘思柳、梁柏章、刘剑、李文军、李修康、唐青青等,他们在和我一起学习和探讨的时候为我的课题研究做了不少基础性的工作。特别是潘思柳同学,他 2009 年就已毕业,并考上了博士研究生。还有温桂珍、唐荣伟、陈会方等,他们虽然不是我直接指导的硕士研究生,但是同样分担了我的部分研究任务。还有,我的家人为此也付出了很多。在交通大学读书的那几年,我的儿子从幼儿园的大班读到了小学四年级,孩子的成长与妻子的付出密不可分。可以说,这本书的出版是集体的贡献。

记得有句话的大意是:人生是一个需要不断前行的旅程,在乎的并不是目的地,而是在行程中所经历的各种风景。

这么多年的教学和科研经历,今天还只是一个最基本的交代。我很清楚,要想在发展型社会政策与农村扶贫领域的工具层面做出更好的研究,无疑这是一个初步的开始,我将继续在以后的工作和研究中再度跋涉。

谨以此记。

张新文,2011 年 3 月,广西南宁